NetMiner를 활용한 소셜미디어 분석 기법과 활용

정원준 저

학지사

소셜미디어는 기존의 TV, 라디오, 신문, 잡지 등 전통적 혹은 레거시(legacy) 미디어와는 차별화된 개념이다. 이는 소셜(social)이라는 단어가 갖는 의미처럼 사이버 공간에서 다양한 사람과 동시에 연결이 가능하며 사회적 관계망을 생성할 수 있는 온라인 기반의 인맥 구축 중심 미디어라 할 수 있다. 또한 양방향성의 특징을 토대로 개인의 의사 표현, 정보 및 경험을 공유하기도 하며, 여러 사용자가 커뮤니티를 생성하여 그들 간 정보교환과 더불어 이성적 · 감성적 커뮤니케이션을 가능하게 하는 등 새로운 정보교류의 장(場)을 제공한다. 전 세계적으로 소셜미디어 사용 인구의 급증으로 인하여 조직이나 개인의 소통이나 광고/PR/마케팅 수단으로 활용되고 있으며, 특히 스마트폰의 대중화로 미디어의 이동성이 강화되어 많은 사람이 더욱 빈번하게 자주 소셜미디어를 이용하게 됨에 따라 이를 통한 커뮤니케이션이 소통 대상자들에게 미치는 영향력이 점점 커지고 있다.

전통적 미디어 활용과 연관한 선행 연구 결과를 보면, 미디어 리터러시(literacy)의 차이가 성별, 연령별, 사회경제적 지위(socio-economic status: SES)별로 존재하는 것으로 이해되어 왔다. 하지만 이와 상이하게도 소셜미디어를 이용하는 성별의 격차는 점차 줄어들고 40~50대 중장년층의 이용률이 증가하고 있어 소셜미디어는 더 이상 젊은 층만의 전유물이 아닌 전 세대를 아우르는 커뮤니케이션 도구가 되고 있다.

최근 소셜미디어는 기존의 기능 중심에서 진일보하여 데이터 기반(data-driven)의 서비스를 강화하는 패러다임으로 변화하고 있다. 가령, 페이스북, 인스타그램, 트위터, 텀블러, 틱톡이나 유튜브 쇼츠(shorts)와 같은 숏폼 콘텐츠, 메타버스 등 현재 사용되고 있는 소셜미디어 플랫폼에서는 사용자가 업로드하는 게시글과 해시태그, 사용자가 누른 '좋아요' 등 반응형 데이터를 기반으로 개인 맞춤형 추천 서비스를 제공하고 있다. 나아가, 소셜미디어는 이제 단일 플랫폼 자체에서 벗어나 소셜미디어 플랫폼 간 융합으로 인하여 새로운 커뮤니티를 형성하는 등 그 범위가 확장되고 있다.

소셜미디어 사용자가 생성하는 콘텐츠 그리고 이와 연관된 반응 하나하나가 데이터가 된다. 기존의 전통적인 미디어 콘텐츠가 정형화되어 있는 형식에 맞추어 형성되었던 것과 달리 소셜미디어 데이터는 트윗이나 피드(Feed)처럼 사용자가 직접적으로 작성해서 공유하는 콘텐츠뿐만 아니라 '좋아요' '관심글'이나 '리트윗' 혹은 '공유'와 같은 사용자의 반응형 행동 데이터를 포함하고 있다. 사용자가 다른 사용자를 팔로우(follow)하거나 친구 관계를 맺는 것 또한 소셜미디어 데이터에 속한다. 이처럼 소셜미디어 테이터는 전통적인 정형 데이터와 다르게 서비스의 종류에 따라 형식이 상이한 비정형 데이터의 특성을 담고 있기 때문에, 소셜미디어 분석 그리고 이를 바탕으로 한 효율적인 활용을 위해서는 기존과는 다른 접근 방식이 필요하다. 이것이 연구자나 실무자 입장에서 소셜미디어 분석에 관심을 가져야 하는 근본적인 이유이다.

이 책에서는 소셜미디어의 정의 및 속성과 특징 그리고 이 새로운 미디어가 주는 사회적 영향력에 대해 알아보고 그 활용을 지원하는 빅데이터 분석기술을 소개하고자 한다. 특히 다양한 빅데이터 분석 tool 중 ㈜사이람에서 개발한 NetMiner(넷마이너)를 소개하고 이를 이용한 소셜미디어 분석에 대하여 다루고자 한다. 나아가, 소셜미디어의 대표 격인 다양한 SNS 채널에서의 분석을 실습하고자 한다. 이러한 분석을 통해 조직의 소통 대상자인 다양한 공중이 소셜미디어에서 표출한 반응을 분석하고, 구전 및 인플루언서 찾기 등 소셜미디어상 네트워크 관점에서 온라인 소통의 방향과 전략을 제공하는 지표가 될 수 있는 통찰력을 제공하고자 한다.

세부적으로, 이 책의 제1장에서는 소셜미디어의 출현 배경과 정의 및 특징 그리고 분류를 소개하고, 제2장에서는 소셜미디어 분석의 의의와 가치에 대하여 중점적으로 논

의한다. 제3~6장에서는 소셜미디어 분석을 위한 NetMiner 프로그램을 소개하며 그 기능들에 대하여 세부적으로 알아보고자 한다. 제7장과 제8장에서는 NetMiner를 이용한 소셜미디어 분석 기법을 활용하여 SNS 채널 내 분석을 실습하고, 제9~11장에서는 다양한 소셜미디어 분석 사례에 대해 살펴보고자 한다.

이 책이 독자들에게 빅데이터 기반의 소셜미디어 분석 과정을 전반적으로 이해하는 데 도움이 되고, 학문적으로나 실무적으로 유용한 길잡이가 되기를 바란다.

2022년 9월 20일

정원준

이 책의 내용을 실습할 수 있도록 학지사 홈페이지에 실습데이터를 제공하고 있습니다. 다운로드하여 사용하실 수 있습니다.

차례

제2부 NetMiner의 이해

제3장 NetMiner의 이해 · 51

제4장 NetMiner 프로젝트 생성 · 83

제5장 NetMiner 시각화 · 99

제6장 SNS Data collector 기능 · 131

제3부 NetMiner를 활용한 소셜미디어 분석 실습

제4부 NetMiner를 활용한 소셜미디어 분석 사례

제11장 페이스북 분석 · 237

제1부

소셜미디어의 이해

제1장
소셜미디어의 이해

1. 소셜미디어의 등장

1990년대 웹(web) 1.0 시대의 서막을 연 월드와이드웹(WWW)은 일반인들도 컴퓨터와 인터넷을 손쉽게 이용할 수 있는 사용자 친화적(user-friendly) 환경을 제공하였다. 초창기 인터넷은 컴퓨터 사용자들을 사이버상에서 연결해 주고 정보제공과 이메일을 주고받는 기초적인 용도로 사용됐지만, 지속적인 기술혁신을 통해 일상의 중요한 도구로 정착하게 되었다. 온라인 신문과 포털 등 인터넷 기반의 정보제공 서비스가 보편화되고, 정보검색과 전자상거래, 금융거래 등 온라인 서비스 산업이 크게 성장하였다. 정부와 기업 같은 거대 조직의 인터넷 활용뿐만 아니라 개인적인 차원에서도 정치인과 연예인 등의 유명인 그리고 일반인까지 개인 홈페이지와 블로그 그리고 소셜 네트워크 서비스(social network services, 이하 SNS) 등을 통해 온라인 공간에서 전 세계 누구와도 쌍방향으로 소통하고, 사이버 공간에 담론 형성을 위한 공론장을 형성하는 등 소통 활동이 크게 활성화되었다.

21세기에 접어들면서 정보통신 기술의 발달로 웹 2.0이라는 용어가 등장하게 되었으며, 그 특징인 '참여 · 개방 · 대화 · 연결 · 커뮤니티'에 기반을 둔 다양한 뉴미디어 형태가 생성되고 확산되면서 본격적인 소셜미디어 시대가 열렸다. 특정한 주제에 관심이 있는 사람들이 자발적으로 지식과 의견 및 피드백을 공유하면서 여러 종류의 도구를 사용해 일대일(one-to-one), 일대다(one-to-many), 다대다(many-to-many)의 양방향(two-way) 커뮤니케이션이 가능해진 것이다.

웹 2.0 시대에는 인터넷 이용자들이 직접 콘텐츠를 생산하고 타인과의 공유가 가능해지면서, 포털을 중심으로 이루어지던 인터넷 활용의 패러다임이 변화하였다. 이러한 변화의 결과로 궁극적인 양방향 대칭적(two-way symmetric) 커뮤니케이션이 가능해지는 소셜미디어가 발전하게 되었다. 소셜미디어는 기존의 대중 매체와 대비되는 개념으로, 개인 또는 기관의 사회성을 증대시켜 주었다. 웹 2.0은 웹과 관련된 새로운 기술, 문화 그리고 경제적 현상의 복합적인 변화를 통칭하는 의미로 사회 변화의 핵심적 동인인 동시에 그 변화를 관찰하고 예측하는 중요한 수단이 되었다.

소셜미디어가 등장하고 전 세계적으로 이용자층을 넓힐 수 있었던 환경 및 시대적 배경을 종합적으로 살펴보면 다음과 같다.

첫째, 정보통신 및 멀티미디어 기술의 발전에 따른 새로운 패러다임의 등장과 그에 따른 라이프 스타일의 변화이다. 인터넷이 빠르게 보급되면서 대중화되었고, 디지털 카메라 등의 멀티미디어 기기를 바탕으로 콘텐츠를 직접적으로 생산함과 동시에 소비하는 프로슈머(prosumer)의 개념이 자리 잡게 되었다. 또한 온라인상에서 손쉽게 다른 이들과 커뮤니케이션하고 의견을 공유하게 되면서 프로슈머의 자기표현 욕구는 증대되었으며, 소셜미디어는 마치 1인 미디어 같은 역할을 하고 사회관계망 등으로 교류 및 접속할 수 있게 됨으로써 이용자들로부터 폭발적인 반응을 얻게 되었다.

둘째, 웹 2.0이라는 새로운 시대적 트렌드가 가져온 정보공유와 네트워킹 기능의 확대로 사람들은 개방적인 플랫폼을 지향하게 되었다. 특히 소셜미디어는 원하면 누구나 계정을 만들 수 있을 뿐만 아니라 댓글이나 공유를 통해 상호 교류를 가능하게 해 주는 개방적인 구조를 가짐으로써 그 자체가 플랫폼으로 진화하였으며, 최근에는 '소셜 플랫폼'이라는 개념까지 등장하였다. 이제 레거시 미디어라고 볼 수 있는 TV, 라디오, 신문 등의 매스미디어와 달리 양방향으로 이용자들과 정보를 공유할 수 있게 된 소셜미디어는 큰 비용을 들이지 않고 이용자들과 관계 및 네트워크를 구축할 수 있게 해 주었으며, 이러한 사회문화적 변화의 이면으로 멀티미디어를 통한 양방향성 소통으로 인한 참여와 숙의라는 사회적 합의 체계가 새롭게 구축되었다.

이러한 소셜미디어 서비스를 스마트폰의 발달로 언제 어디서나 이용할 수 있게 되면서 누구나 콘텐츠를 생산하고 유통할 수 있는 기술을 가질 수 있고 능동적으로 지식과 정보를 공유함으로써 새로운 인적·사회적 관계를 맺을 수 있는 환경이 제공되었다. 이는 현재 웹 3.0 시대의 기반이 되며, 온라인 이용자들은 단순히 정보를 검색하고 지식 공유를 하는 데 그치지 않고 다양한 방식으로 상호작용하고 있다. 가령, 소셜미디어에서는 사람들이 뉴스나 이벤트에 대한 정보를 전파하고 다른 이들의 의견을 공유하며 세력화하거나 첨예하게 대립하는 경우도 발생한다. 이러한 정보제공과 피드백 과정을 기반으로 친구 네트워크가 형성되기도 한다. 다양한 커뮤니티에서는 자신들의 일상, 생각, 지식 등을 공유하며 상호 협력하기도 한다. 또한 이들의 온라인 참여 양상은 글, 후기, 평점, 좋아요, 공유 등 다양한 방식으로 변화하고 있다. 이처럼 사용자들의 참여를 이끌어 내는 일이 더욱 중요해지고 있는데, 이들을 이해하는 데 활용할 수 있는 데이터로서의 가치가 소셜미디어에 포함되어 있다.

웹 2.0 미디어 환경과 스마트폰의 등장으로 인한 웹 3.0은 사회 전반에 커다란 변화를 가져왔고, 소셜미디어의 성장을 가속화시켰다. 또한 소비자는 모바일, 인터넷 등을 개별적으로 사용하지 않고 통합하여 이용하기에, 온라인과 오프라인의 경계가 허물어지고 있다. 이처럼 소셜미디어는 온라인상에서 서로의 콘텐츠를 공유하고 생산해 내는 상호작용(interaction), 하나의 공동체를 통한 사회적 관계형성(relationship), 동시다발적인 피드백과 공감대가 형성되는 커뮤니케이션의 주요 속성을 가지고 있으므로 의사결정을 해야 하는 소비자들과 효율적인 마케팅을 해야 하는 기업에 있어 가장 중요한 수단이라고 볼 수 있다. 무엇보다 소셜미디어의 출현은 스토리텔링에 있어서도 소비자들의 역할을 수동적 청취자에서 능동적 참여자로 변모시켰다. 소셜미디어 이용 시간이 늘어나면서 사람들의 미디어 이용 행태가 점차 달라졌고, 특정 미디어 형태로 제공되는 다양한 종류의 각기 다른 서비스를 동시에 사용하고 있다.

2. 소셜미디어의 정의

소셜미디어란 개방, 공유, 참여의 가치를 표방하는 웹 2.0 시대가 도래함에 따라 사람들의 의견이나 생각, 경험, 관점, 가치 등의 콘텐츠를 생산하고 서로 공유하기 위한 인터넷에 기반을 둔 애플리케이션이다(FKII 조사연구팀, 2006). 이는 개인적·사회적 네트워크를 형성해 주고, 네트워크 구성원 간의 효율적인 커뮤니케이션을 가능케 하는 콘텐츠 생산과 유통시스템을 제공하는 플랫폼 기반의 온라인 서비스로 정의된다(Boyd & Ellison, 2007). 소셜미디어라는 용어를 처음 사용한 사람은 티나 샤키(Tina Sharkey)로, 1997년에 사람들의 관계를 엮어 주는 서비스를 총칭하는 말로서 이 개념을 사용하였다. 또한 크리스 시플리(Chris Shipley)는 2004년 블로그, 위키, SNS 같은 참여와 공유의 가치를 기반으로 하는 웹 2.0의 특성을 반영하는 기술 및 플랫폼을 소셜미디어라고 칭하였다(유호종, 2010; 이희수, 2009).

소셜미디어와 매스미디어 간의 큰 차이점은 '쌍방향 대화'를 지향한다는 것이다. 이전 매스미디어의 형태에서 대중이 콘텐츠의 소비자 역할만 했다면, 소셜미디어 시대에서 대중은 콘텐츠의 생산자 및 소비자 역할을 하게 되었다. 소셜미디어는 누구나 쉽게 접근이 가능하고 특별한 전문성 없이도 누구나 콘텐츠를 생산할 수 있기에 참여와 공유의 가치를 기반으로 한다.

유호종(2010)은 소셜미디어를 공유를 위한 온라인 툴이자 플랫폼이라고 정의하였는데, 여기서 공유의 대상이 되는 콘텐츠들은 웹 2.0을 잘 반영하여 참여, 공개, 대화, 커뮤니티, 연결의 특징을 가지고 있으며, 사람들의 의견, 생각, 경험, 관점들로 이루어져 있다고 하였다. 이희수(2009)는 출판, 방송과 같은 전통적인 미디어 모델과의 비교를 통해서 소셜미디어를 바라보았는데, 콘텐츠의 '생성–유통–소비'의 순환구조에서 전통 미디어가 소수의 생산자로 출발하여 다수의 대중에게 이르는 구조인 반면, 소셜미디어는 일반인들 모두가 콘텐츠를 만들어 내는 생산자이자 이를 유통시키는 유통자 그리고 매체를 소비하는 대중까지 모든 역할을 담당하는 수평적인 모델을 이룬다고 역설하며 소셜미디어의 개념을 논하였다.

이 외에 선행연구에서 제시한 소셜미디어 개념과 정의를 정리하면 〈표 1–1〉과 같다.

〈표 1–1〉 소셜미디어의 개념과 정의

연구자	개념
Chan & Guilet (2011)	인터넷 이용자들이 상호작용하고 소통하며 그들의 생각과 아이디어, 경험, 관점, 정보, 유대관계를 공유할 수 있는 웹 2.0 플랫폼의 인터넷 애플리케이션 집단
Kaplan & Haenlein (2010)	유저 생성 콘텐츠(user generated contents: UGC)의 창작과 교환을 용이하게 하고, 웹 2.0의 관념적이고 기술적인 토대를 구성하는 인터넷 기반 응용 프로그램의 집합
Moran & Gossieaux (2010)	동일한 관심사를 갖는 상대를 돕고, 소속 집단의 명성을 발전시키고자 하는 인간 본연의 초사회성(hyper–sociality)과 결합되어 중요한 마케팅적 영향력을 발휘하는 온라인 커뮤니티 형태의 인터넷 커뮤니케이션 플랫폼

Chen et al. (2011)	구전(words-of-mouth: WOM) 커뮤니케이션과 구매 후기를 통하여 소비자들이 구매한 상품에 대해 개인적인 평가와 사용 경험을 공유할 수 있는 비대칭적 플랫폼
Agichtein et al. (2008)	온라인 커뮤니티 사용자 간의 관계에 대한 강조를 하는 웹포럼, 소셜북마킹 사이트, 사진·동영상 공유 커뮤니티, SNS를 모두 포함하는 도메인들의 조합
유호종(2010)	인터넷 사용자들의 생각과 의견, 경험, 관점을 공유하기 위한 온라인 툴이자 플랫폼
이희수(2009)	일반인들 모두가 콘텐츠를 만들어 내는 생산자이자 이를 유통시키는 유통자 그리고 매체를 소비하는 대중까지 모든 역할을 담당하는 수평적인 모델

〈표 1-1〉의 정의와 개념을 정리하면, 다음과 같은 공통점을 도출할 수 있다. 첫째, 소셜미디어의 기능적 정의는 특정한 시스템 내에서 정보를 제공하거나 받고자 하는 기능성을 포함한다. 둘째, 소셜미디어의 사회적 정의는 관계를 형성하고 유지하고 싶어 하는 사회적 동기를 포함한다. 이는 사용자와 사용자 간의 관계를 구축하고 관계를 유지하고 싶은 다른 이용자들의 리스트를 형성하여 관계를 엮어 주기 때문이다. 셋째, 소셜미디어의 심리적 정의는 개인의 목표를 추구하거나 개인의 생각과 관점을 표현하는 심리적 동기이며, 사용자가 자유롭게 자기표현을 하며 만족하는 감정적 부분을 포함한다. 넷째, 소셜미디어의 유희적 정의는 오락과 즐거움을 추구하는 유희적 동기이며, 즐거움과 오락 등의 흥미와 재미를 찾는 부분을 포함한다.

지금까지 서술한 여러 가지 정의를 종합하면, 소셜미디어는 웹 기술에 기반을 두어 자유롭게 콘텐츠를 생산하고 기능적·사회적·심리적·유희적 등의 다양한 개념으로 정보를 공유하고 다양한 활동을 할 수 있게 하는 양방향적이고 개방적인 대화형 미디어라고 정의할 수 있다.

3. 소셜미디어의 특징과 유형

소셜미디어는 다음과 같은 네 가지 세부적인 특징을 가진다.

첫째, 소셜미디어는 쉽고 빠르게 콘텐츠를 전파시키며, 한 번 콘텐츠가 게시되면 영향력이 지속적으로 발휘된다. 매스미디어에 비해 콘텐츠를 신속하게 생산하고 등록할 수 있으며 상대방의 반응을 즉각적으로 인지하고 그에 맞게 반응할 수 있다. 또한 정해진 시간이 아니라 언제 어디서든 콘텐츠를 게시할 수 있을 뿐만 아니라 소셜미디어 이용자 간에 구축된 네트워크 구조에 의해서 빠른 속도로 콘텐츠가 확산된다.

둘째, 정보전달의 대상에 있어서 다수성 및 다양성이라는 특징을 갖는다. 이용자들의 친분관계 등 자발적으로 형성된 소셜미디어의 네트워크는 정보가 전달되는 데 거쳐야 하는 사람 수가 적어 보다 많은 이에게 콘텐츠 확산이 용이하게 이루어질 수 있다. 또한 매스미디어의 경우 그 영향력이 통상적으로 자국 내로 범위가 국한되지만, 소셜미디어에서는 콘텐츠가 특정 사회 집단에만 머물지 않고 다양한 국가와 대상에게 전파되고 소통이 가능하다.

셋째, 비용적인 측면에서 매스미디어보다 큰 경제적 이점을 가진다. 소셜미디어의 경우 기존의 미디어에 비해 상대적으로 절감된 비용으로 활용할 수 있다. 유명인이나 광고 제작자를 섭외하지 않더라도 자체적으로 창의적인 콘텐츠 제작 및 게시가 가능하고, 대부분의 소셜미디어 이용은 거의 무료이기 때문에 기존의 미디어보다 훨씬 적은 비용으로 사용할 수 있다는 특징이 있다.

넷째, 소셜미디어상에서 커뮤니케이션이 이루어지는 관계적 특성은 친근성과 신뢰성에 기반하고 있다. 실제로 SNS의 가치는 네트워크 효과로 더욱 극대화될 수 있으며, 대부분의 SNS 이용자는 주변 사람들에게 자신의 일상생활에서부터 취미 · 취향 등을 공유와 공감이라는 목적으로 표현하고자 하는 동기가 강한 편이기 때문에 관심과 친근성으로 연결망이 구축된다(전범수, 2010).

한편, 선행연구(강성중, 이보임, 2011; 김재영, 2011)에서는 〈표 1-2〉와 같이 소셜미디어가 갖추어야 하는 핵심적 특성으로 '참여, 공개, 대화, 커뮤니티, 연결' 등의 요소를 주장하였다. 이는 간단한 정보처리 중심의 웹 1.0과 비교해 보았을 때 확실히 구분되는 점이라 할 수 있다. '참여'는 관심 있는 모든 사람의 기여와 피드백을 촉진하고 미디어와 오디언스의 개념을 불명확하게 하는 것을 말하며, '공개'는 대부분이 공개되어 있으며 투표, 피드백, 코멘트 정보공유를 촉진함으로써 콘텐츠 접근 및 사용에 대한 장벽이 거의 없음을 나타낸다. '대화'는 양방향으로 정보를 제공하고 제공받는 쌍방향성을 의미하며, '커뮤니티'는 빠르게 커뮤니티를 구성하고 커뮤니티로 하여금 공통의 관심사에 대해 이야기하거나 사회적 이슈에 대하여 집단 지성의 특성을 가지게 하는 것을 말한다. 또한 '연결'은 다양한 미디어의 합이나 링크를 통한 연결의 확장을 통해 전파되는 특징을 가지고 있다. 이러한 소셜미디어의 기능과 특성을 전제로 사람들은 소셜미디어를 통해 자신을 표출하고 다른 사람들과 관계 맺기를 원하며, 새로운 콘텐츠를 생산하여 다른 이용자들과의 공유 형태로 확산시키고 있다. 이와 함께 스마트폰의 대중화로 편재성, 도달성, 보안성, 편리성, 위치 확인성, 즉시 연결성, 개별성 등의 특성을 지닌 소셜미디어를 통한 실시간 상호작용이 활발하게 이루어지고 있다.

〈표 1-2〉 소셜미디어의 특성

구분	내용
참여 (Participation)	정보생산자와 수신자의 개념이 모호하지만 관심 있는 사용자들의 기여도와 피드백을 촉진
공개 (Openness)	대부분의 소셜미디어는 참여나 피드백이 공개되어 있으며 투표나 코멘트, 정보공유를 촉진하므로 콘텐츠 접근과 사용에 대한 장벽이 거의 없음
대화 (Conversation)	전통적 미디어는 일방적인 방송(broadcast)으로 콘텐츠가 청중(audience)에게 전달되는 반면 소셜미디어는 쌍방향성을 가짐
커뮤니티 (Community)	빠르게 커뮤니티를 구성할 수 있게 하고 커뮤니티에서 공통의 관심사에 대해 이야기를 나눌 수 있도록 함
연결 (Connectedness)	대부분의 소셜미디어는 다양한 미디어의 조합이나 링크, 공유 등으로 연결을 통해 번성함
편재성 (Ubiquity)	실시간 정보를 어디서나 받아 볼 수 있는 속성
도달성 (Reachability)	시간과 공간에 제한 없이 접속할 수 있는 속성
보안성 (Security)	보안과 안전이 보장되는 속성
편리성 (Convenience)	가벼운 의사소통 도구로 편리하게 사용할 수 있는 속성
위치 확인성 (Localization)	특정 시점에 사용자의 현 위치가 어디인지 보여 주는 속성
즉시 연결성 (Instant connectivity)	무선단말기를 통해 즉시 인터넷에 접속하는 것이 가능한 속성
개별성 (Personalization)	사용자의 개인화와 차별화된 고객 서비스 속성

출처: 강성중, 이보임(2011); 김재영(2011); FKII 조사연구팀(2006).

〈표 1-2〉에서 언급한 소셜미디어의 특성 외에 주요 특성 중 하나가 네트워크 커뮤니케이션이다. 소셜미디어는 인터넷 온라인 네트워크에 기반을 두고 있는데, 소셜미디어의 사회적인 네트워크는 이용자의 필요와 자율성에 따라 형성되며, 강요나 구속, 책

임과 의무를 요구하지 않는다. 가입과 탈퇴는 물론 커뮤니케이션 역시 사람들과의 관계를 확대하고자 하는 필요에 따라 네트워크가 확대된다. 네크워크 구조 측면에서 '일대 다수'와 '다수 대 다수'의 실질적인 양방향 네트워크가 실현되고, 각각의 관계가 서로 상호의존적 그리고 자발적으로 확대된다.

또한 소셜미디어는 콘텐츠의 양식과 내용, 소재가 일정하지 않은 특성이 있다. 소셜미디어는 텍스트와 사진, 동영상, 데이터 등 다양한 형태의 정보와 제작물의 생산 유통 서비스가 가능하다. 특별한 기술이나 훈련을 받지 않아도 텍스트와 사진 그리고 동영상 등을 쉽게 제작해 올릴 수 있다.

지금까지 언급한 소셜미디어의 특징을 바탕으로 하여 소셜미디어를 다양하게 유형화할 수 있는데, 몇 가지만 소개하자면 다음과 같다.

먼저, 한국인터넷진흥원(2014)에 따르면 소셜미디어는 블로그(blog), 소셜 네트워크 서비스(SNS), 위키(Wiki), 유저 생성 콘텐츠(UGC), 마이크로블로그, 소셜북마킹, 가상세계, 팟/비디오캐스팅 등으로 나뉘는데, 각각의 대표적인 예는 〈표 1-3〉과 같다.

〈표 1-3〉 소셜미디어의 분류와 대표 서비스

구분	기능	대표 서비스
블로그	특정 주제에 대한 자신의 주관적 견해나 전문성이 있는 정보를 게시	텀블러(Tumblr), 블로거(Blogger)
SNS	정보공유와 관계형성	페이스북(Facebook), 링크드인(LinkedIn)
위키	공동창작, 정보공유, 협업에 의한 지식 창조	위키피디아(Wikipedia), 공유사이트(Sharing sites)
UGC	이용자가 상업적인 의도 없이 콘텐츠를 제작하고 온라인상에 업로드	유튜브(Youtube), 핀터레스트(Pinterest), 인스타그램(Instagram)
마이크로 블로그	짧은 단문형으로 의미 있는 정보를 전달하거나 자신의 의견을 표현	트위터(Twitter), 웨이보(Weibo)
소셜북마킹	인터넷에서 찾은 정보를 저장 및 공유하거나 댓글을 남길 수 있음	레딧(Reddit), 디그(Digg), 스텀블어폰(StumbleUpon)
가상세계	가상세계에 형성된 커뮤니티에서 타인과 상호작용	세컨드 라이프(Second Life)
팟/비디오 캐스팅	인터넷을 통해 영화나 음원 등의 콘텐츠를 다운받아 모바일 기기로 감상	팟캐스트(podcast), 비디오캐스트(video-cast)

출처: 경기연구원(2015); 한국인터넷진흥원(2014).

또한 소셜미디어의 유형을 전통적 웹(조직 홈페이지)과 블로그(개인 블로그), SNS(페이스북), 위키(위키피디아), UCC(유튜브), 마이크로사이트(트위터)의 총 여섯 가지로 유형화할 수 있으며, 전통적 웹을 제외한 유형을 소셜미디어로 구분하기도 한다.

전통적 웹은 정보전달을 목적으로 사용자가 불특정 다수에게 정보를 전달하는 것이다. 대표적인 예로 공공기관이나 기업 등 조직이 직접 운영하는 홈페이지가 있다. 공식적 커뮤니케이션 특성상 정보 왜곡의 가능성이 낮으며, 고객 질문, 불만사항, 공지사항, 답변 등이 주요 콘텐츠이다.

블로그는 정보전달, 정보공유, 관계형성 등을 목적으로 블로그 사용자가 불특정 다수에게 정보를 공유하며 대표적인 예로 개인 블로그가 있다. 블로그는 평판 훼손의 우려로 인해 악의적 왜곡 가능성이 낮으며, 특정 주제를 시청각 표현에 의존하여 주관적으로 평가하는 것 등이 주요 콘텐츠로 사용된다.

SNS는 정보전달, 정보공유, 관계형성 등을 목적으로 사용자가 불특정 다수에게 정보를 공유하며 대표적인 예로 페이스북이 있다. 실명을 기반으로 하는 네트워킹으로 악의적 왜곡 가능성이 낮으며, 특정 주제를 시청각 표현에 의존하여 주관적으로 전달하는 것 등이 주요 콘텐츠이다.

위키는 협업에 창조된 지식으로 정보를 전달하고 협업에 의한 지속적인 업데이트가 필요하다. 불특정 다수가 불특정 다수에게 정보를 공유하며 대표적인 예로 위키피디아가 있다. IP 등의 주소 추적이 가능하여 악의적 왜곡 가능성은 낮지만 주관적 해석이 있을 수 있다.

UCC는 정보전달, 정보공유, 엔터테인먼트 등을 목적으로 사용자가 불특정 다수에게 특정 주제에 대한 창작물과 정보를 공유하며 대표적인 예로 유튜브와 같은 동영상 사이트가 있다. 유튜브는 평판 훼손의 우려로 악의적 왜곡 가능성은 낮으나, 사용자의 창의성에 의한 창작 콘텐츠로 주관적 왜곡 가능성이 존재한다.

마이크로사이트는 정보전달, 정보공유, 관계형성 등을 목적으로 사용자가 불특정 다수에게 개인적인 감정을 표현하며 대표적인 예로 트위터가 있다. 익명성으로 인해 정보 왜곡의 가능성이 존재한다.

SNS 유형별 사용 목적, 주체 대상, 사용 환경, 콘텐츠, 대표 사례를 정리하면 〈표 1-4〉와 같다.

〈표 1-4〉 SNS의 특징 및 유형

구분		전통적 웹	블로그	SNS	위키	UCC	마이크로 사이트
사용 목적		• 정보전달	• 정보전달 • 정보공유 • 관계형성	• 정보전달 • 정보공유 • 관계형성	• 정보공유	• 정보전달 • 정보공유 • 엔터테인먼트	• 정보전달 • 정보공유 • 관계형성
주체 대상		• 1:N	• 1:N	• N:N • 1:1	• N:N	• 1:N	• N:N • 1:1
사용 환경	채널 다양성	• 인터넷 • 이동통신	• 인터넷 • 이동통신	• 인터넷 • 이동통신	• 인터넷 • 이동통신	• 인터넷 • 이동통신	• 인터넷 • 이동통신
	즉시성	• 사후기록 • 인터넷 가능 시 정보전달	• 사후기록 • 인터넷 가능 시 정보전달	• 사후기록 • 현시점 기록 • 인터넷 가능 시 정보공유	• 사후기록 • 인터넷 가능 시 정보전달	• 사후기록 • 현시점 기록 • 인터넷 가능 시 정보공유	• 실시간 기록 • 인터넷 가능 시 정보공유
콘텐츠	주요 콘텐츠	• 고객질문, 불만사항 등 • 공지사항, 답변 등	• 특정 주제 주관적 • 시청각	• 특정 주제 주관적 • 시청각	• 협업의 창조된 지식 • 지속적 업데이트	• 특정 주제 주관적 • 시청각	• 개인 감정 • 시각적(문자 수 제한적)
	신뢰성	• 정보 왜곡 가능성이 낮음(공식적 커뮤니케이션 특성)	• 주관적 · 악의적 왜곡 가능성 낮음(평판 훼손 우려)	• 주관적 · 악의적 왜곡 가능성 낮음(실명 기반 네트워킹)	• 주관적 · 악의적 왜곡 가능성 낮음(주소 추적 가능)	• 주관적 · 창의적 왜곡 가능성 존재	• 주관적 정보 왜곡 가능성 존재(익명성)
대표 사례		• 홈페이지	• 개인 블로그	• 페이스북	• 위키피디아	• 유튜브	• 트위터

출처: 동아일보 미래전략 연구소(2009).

또한 나종연(2010)과 정혜림(2015)은 〈표 1-5〉와 같이 소셜미디어의 기능을 프로필 기반, 비즈니스 기반, 블로그 기반, 버티컬(vertical), 협업 기반, 커뮤니케이션 중심, 관심 주제 기반, 마이크로블로깅으로 구분하였다. 프로필 기반은 페이스북이나 카카오스토리 등과 같이 특정한 제한 없이 사용자 누구나 참여 가능한 기능이다. 비즈니스 기반은 링크드인, 링크나우, 비즈스페이스 등과 같이 전문적인 비즈니스 중심으로 업무나 사업관계를 목적으로 하는 서비스이다. 블로그 기반은 네이트통과 같이 소셜 네트워크 기능과 개인 미디어인 블로그 기능이 결합된 서비스이다. 버티컬은 유튜브, 인스타그램, 링크드인, 핀터레스트 등과 같이 사진, 비즈니스, 음악, 게임, 레스토랑 등의 특정 관심 분야만 공유하는 서비스이다. 버티컬 소셜미디어는 작은 플랫폼에서 정보를 공개하는 것에 부담을 갖던 사람들도 직접 그들의 콘텐츠를 생산하고 활동하도록 유도

한다. 이로 인하여 페이스북이나 트위터 같이 다양한 정보와 기능을 백화점 식으로 나열하여 공유하는 것과는 차별화된 서비스를 제공하며, 미디어의 양은 적어지지만 특정 분야에 관해서 보다 질 높은 정보를 제공하게 된다. 협업 기반은 위키피디아와 같이 협업을 기반으로 공동 창작 등을 하는 서비스이다. 커뮤니케이션 중심은 카카오, 네이트온 등과 같이 채팅, 메일, 동영상 등을 통해 사용자들 간의 연결이 가능한 커뮤니케이션 중심 서비스이다. 관심 주제 기반은 트렌드밀, 도그스터, 와인로그 등과 같이 특화된 네트워크로 분야별 관심 주제가 나뉘어 있는 서비스이다. 마이크로블로깅은 트위터, 텀블러, 미투데이와 같이 틈새를 공략하는 짧은 단문형 서비스이다.

〈표 1-5〉 소셜미디어의 기능별 구분

분류	기능	서비스
프로필 기반	특정한 제한 없이 누구나 참여 가능한 서비스	페이스북, 카카오스토리
비즈니스 기반	전문 비즈니스 중심으로 업무나 사업관계를 목적으로 하는 서비스	링크드인, 링크나우, 비즈스페이스
블로그 기반	소셜 네트워크 기능이 결합한 개인 미디어 중심 서비스	네이트통
버티컬	특정 관심 분야만 공유하는 사진, 비즈니스, 게임 등의 서비스	유튜브, 인스타그램, 링크드인, 핀터레스트
협업 기반	협업 기반 공동 창작 서비스	위키피디아
커뮤니케이션 중심	커뮤니케이션 중심의 채팅, 메일, 동영상 등 사용자 간 연결 서비스	카카오, 네이트온
관심 주제 기반	특화된 네트워크로 분야별 관심 주제가 나뉘어 있는 서비스	트렌드밀, 도그스터, 와인로그
마이크로 블로깅	틈새시장을 공략하는 짧은 단문형 서비스	트위터, 텀블러, 미투데이

출처: 강성중, 이보임(2011); 나종연(2010); 동아일보 미래전략연구소(2009); 정혜림(2015).

최민재와 양승찬(2009)은 소셜미디어 특성에 따라 커뮤니케이션 모델, 협업 모델, 콘텐츠 공유 모델, 엔터테인먼트 모델의 네 가지 유형으로 구분하였고, 서비스 유형을 포함하여 해외 서비스와 국내 서비스로 구분하였다. 그 내용은 〈표 1-6〉과 같다.

〈표 1-6〉 소셜미디어 유형 구분

구분	서비스 유형	해외사이트	국내사이트
커뮤니케이션 모델	Blog	Blogger, Live Journal, Open Diary, TypePad, Word Press etc.	포털, 블로그, 티스토리, 이글루스 등
	Micro Blog	Twitter, Plurk, Jaiku etc.	미투데이, 토씨, 플레이톡 등
	Social Networking	Bebo, Facebook, LinkedIn, Myspace, Orkut, Skyrock, Hi5, Ning, Elgg, FriendFeed, Weibo	싸이월드, 카카오스토리
	Event Networking	Upcomming, Eventful, Wetpaint	
협업 모델	Wikis	Wikipedia, PBwiki, Wetpain	
	Social Bookmarking (or tagging)	Delicious, StumbleUpon, Reader, CiteUlike	마가린, 네이버, 북마크, 안드로이드 북마크
	Social News	Reddit, Digg, Mixx	다음 뷰
	Review & Opinion Sites	Yelp, Epinions, City-data.com etc.	디시인사이드, 다음 아고라 등
	Community Q&A	yahoo! Answer, WikiAnswer, Askville, Google Answer	네이버지식iN, 네이트Q&A, 다음지식
콘텐츠 공유 모델	Photo Sharing	Flicker, Zooomr, Photobucket, Instargram	
	Video Sharing	Youtube, Vimeo, Tiktok etc.	판도라TV, 엠군, 다음TV팟, 네이버TV캐스트
	Livecasting Ustream	UstreamTV, Just in.tv, Stickam, Bizbuzztour.com	아프리카TV, 윙크TV
	Audio and Music Sharing	Imeem, The Hype Machine etc.	벅스뮤직, 지니뮤직, 멜론
엔터테인먼트 모델	Virtual Worlds	Second Life, The Slims, Online, Forterra	누리엔
	Game Sharing & Play	Miniclip, Kongregate	한게임

출처: 동아일보 미래전략연구소(2009); 최민재, 양승찬(2009).

커뮤니케이션 모델이란 쌍방향적인 소통과 대화를 가능하게 하는 플랫폼을 말하는데, 이러한 과정을 통해서 공통의 관심사에 대한 대화가 활성화되고 커뮤니티가 구성되기도 한다. 이 모델의 유형으로는 블로그(Blog), 마이크로블로그(Micro Blog), 소셜 네트워킹(Social Networking)이 있다. 블로그는 일기와 같이 개인의 일상이나 의견 또는 이야기를 자유롭게 올릴 수 있는 플랫폼이며 대표적인 예로는 네이버 블로그가 있다. 마이크로블로그는 트위터와 같이 140자에서 250자에 해당하는 한두 문장의 짧은 글을 올리는 블로그를 지칭한다. 소셜 네트워킹은 싸이월드나 페이스북과 같이 사람들의 관계망을 구축하는 서비스가 이에 해당한다.

협업 모델은 '집단 지성'이 웹 2.0의 기술력과 접합하여 상호 간의 소셜 러닝(Social Learning)을 가능하게 하는 플랫폼으로서 온라인에서의 '연결'과 '협업'을 통해 지식의 공유와 확산이 이루어진다. 협업 모델의 대표적인 플랫폼으로는 위키피디아, 영화나 여행지 리뷰 사이트, 네이버 지식인 등이 있다.

콘텐츠 공유 모델은 이미지, 음성, 영상과 같은 콘텐츠를 공유할 수 있는 플랫폼을 제공하는 형태로 현재 가장 주목받고 있는 형태의 소셜미디어 모델이라고 볼 수 있다. 이 모델은 콘텐츠 생산자의 창작 욕구를 뽐내는 강력한 공간이며, 콘텐츠 소비자에게도 매우 매력적이며 편리하고 정보를 이해하는 데 훨씬 더 용이하다고 평가되고 있다. 대표적 콘텐츠 공유 모델로는 유튜브, 아프리카TV 등이 있다.

온라인 플랫폼은 점점 더 앞의 세 가지 모델을 아우르는 '만능 플랫폼'으로 발전하고 있는 추세로 오늘날 현대인의 가치와 사고에 강한 영향력을 행사하고 있으며, 매스미디어의 역할을 압도하는 미디어로서 성장하고 있다.

4. 소셜 네트워크 서비스(SNS)

최근 소셜미디어의 대표격으로 인식되는 SNS는 'Social Network Service' 또는 'Social Network Site'의 약자로, 소셜미디어와 개념적으로 유사하며 심지어 동의어로 인식되거나 사용되기도 한다. 이는 일반적으로 외국과 우리나라 간에 차이가 있는데, 해외에서는 웹사이트를 기반으로 실행되는 점을 강조하고 우리나라의 경우에는 서비스에 초점을 맞추고 있어서 표기가 다르다. 이처럼 SNS에 대한 정의는 〈표 1-7〉과 같이 학자마다 상이하지만, 다양한 정의를 종합하면 SNS는 인터넷상의 개인 프로필을 기반으로 커뮤니티를 형성하며 다양한 사람과 정보를 공유하고 소통할 수 있는 웹 기반의 플랫폼이라고 할 수 있다.

〈표 1-7〉 SNS의 정의

구분	정의
Boyd & Ellison (2007)	SNS 이용자들이 자신의 프로필을 공개 혹은 준공개하고 그들과 관련 있는 타인들의 목록을 제시할 뿐만 아니라, 다른 이용자들과의 연계망까지 검색 및 이동하는 서비스
Trottier & Fuchs (2014)	다른 미디어, 정보, 커뮤니케이션 기술 등을 통합해 사용자의 정보를 공개하고 사용자 간 관계형성을 허용하며 그들 간의 커뮤니케이션을 가능하게 하는 웹 기반의 플랫폼
정기주, 서효영, 조성도 (2011)	기존에 오프라인에서 존재하는 네트워크가 온라인으로 이동하여 친목관계를 형성하게 하는 서비스
표원정(2011)	인터넷상에서 이용자들 간의 커뮤니케이션을 통해 인맥을 형성하고, 형성된 네트워크 안에서의 정보공유를 가능케 하는 서비스

현재의 SNS는 3세대 SNS까지 발전해 왔다. SNS의 발달 과정은 〈표 1-8〉과 같으며, 흡사 웹 1.0부터 3.0까지의 변천사와 유사하다. 1세대 SNS는 기존에 형성되어 있는 오프라인상의 관계를 온라인으로 확장시켜 연결하는 형태로 발달하기 시작했으며, 이 시기 온라인은 보조적 수단으로만 이용되었다. 개인이 생산하는 콘텐츠를 중심으로 발전되는 특징이 있었고, 오프라인에서의 관계가 주가 되었기 때문에 폐쇄적 성격을 갖고 있었다. 1세대 SNS는 사회적 관계를 이해한다는 점에서 새로운 지평을 열었다고 볼 수 있으나 10대부터 30대까지의 한정적인 연령층의 사용자들로 인해 제한적인 데이터 분석만 가능했던 한계가 존재한다.

2세대 SNS는 웹 2.0 시대가 도래하면서 자료의 개방 및 공유에 대한 자율성이 확대되어, 불특정 다수 간의 소통이 활발하게 이루어졌다. 2세대 SNS에서는 단순한 오프라인 관계를 넘어 선호하는 콘텐츠를 중심으로 네트워크가 형성될 뿐만 아니라 이러한 네트워크 내의 관계가 강해지는 특성을 갖는다. 소위 스마트폰이라 불리는 모바일폰이 등장하면서 스마트 모바일 환경과 접목이 되었고, 트위터 등 2세대 SNS가 폭발적으로 증가하게 되었다. 불특정 다수와의 관계 속에서 이용자들은 자신이 선호하는 콘텐츠를 중심으로 네트워크를 강화하고 커뮤니티를 구성하였다. 또한 대용량 콘텐츠의 공유가 가능한 환경이 만들어지면서 콘텐츠 중심의 SNS가 등장하였다.

3세대 SNS는 1, 2세대의 관계에서 커뮤니케이션의 특성을 기본으로 가져가면서 동시에 더욱 가치 있는 정보를 수집하고 더 많은 사람과 가치를 공유하는 '디지털 큐레이션' 서비스를 대두시켰다. 그 결과 구글, 애플 등 거대 플랫폼과의 경쟁이 아닌 하나의 특정 주제를 중심으로 개인의 관심사를 공유하는 성격의 버티컬 SNS가 등장하였다. 텍스트로 이루어진 단편적인 정보에서 벗어나 이용자의 관심사나 취미 등을 사진이나 영상 등 이미지적인 요소를 통해 보다 감각적이고 시각적으로 공유하는 것을 특징으로 한다. 이러한 3세대 SNS의 경우 사진 혹은 짧은 영상 등 이미지 기반의 감성 커뮤니케이션의 장으로 이용되면서 이용자들이 자신과 또 다른 자아를 구성하는 새로운 공간으로 그 영역이 확산되고 있다.

특히 인스타그램의 경우 사진 콘텐츠를 중심으로 등장하여 이용자 수가 폭발적으로 증가하며 3세대 SNS의 대표적인 예로 급성장하고 있다. 인스타그램은 사진 콘텐츠를 주로 다룬다는 점에서 콘텐츠 중심 SNS의 성격을 가지며, 하나의 키워드를 주제로 콘텐츠를 검색 및 분류하는 디지털 큐레이션 서비스를 적용한다는 점 그리고 버티컬의 성격을 갖는다는 점으로 인하여 3세대 SNS의 가장 대표적인 서비스라 할 수 있다.

〈표 1-8〉 SNS의 발달 과정

분류	1세대	2세대	3세대
관계	• 오프라인 관계를 온라인으로 확대	• 불특정 다수 간의 참여와 공개	• 큐레이션과 제한적 네트워크
특성	• 기존 인맥관계를 강화하는 형태 • 오프라인 관계 중심 폐쇄적 성격 • 제한적 데이터 분석 가능	• 공개와 공유, 웹 2.0 서비스 • 콘텐츠 중심의 불특정 다수 간 네트워크 확장	• 디지털 큐레이션 서비스 • 특정 주제 중심의 버티컬 SNS
종류	• 아이러브스쿨, 싸이월드 등	• 유튜브, 페이스북 등	• 인스타그램, 핀터레스트 등

출처: 한국지능정보사회진흥원(2012).

각 SNS별 특성을 논하면 다음과 같다.

1) 페이스북

다양한 SNS 중 가장 대표적인 페이스북(Facebook)은 2003년 설립되었으며, 2004년 서비스를 시작해 조직 및 개인 간의 커뮤니케이션과 사회적인 관계를 디지털로 옮겨 놓은 것으로, 서로의 개인정보와 글, 동영상 등을 상호 교류하는 온라인 인맥 서비스로 정의할 수 있다. 페이스북은 작성하는 글자 수에 제한이 없으며 최대 100장의 사진을 업로드할 수 있고, 동영상과 기타 파일 첨부도 가능하다. 페이스북은 친구로 맺은 이용자가 새로운 내용을 업데이트하면 자동적으로 알림이 뜨며, 공통의 관심사를 가진 이용자들이 속해 있는 그룹에 가입할 수도 있다. 이런 그룹들은 학교나 출신지 등과 같은 특성에 따라 분류되기도 하고, 취미 등과 같은 특성에 따라 분류되기도 한다.

페이스북은 이용이 쉽고 사람들과의 관계를 기반으로 하고 있기 때문에 많은 사람이 이용하는데, 이는 초창기 블로그와는 달리 글 작성에 대한 부담 없이 콘텐츠를 생산하고 공유할 수 있을 뿐만 아니라 지인 중심의 네트워크를 통하여 실시간으로 업데이트되는 새로운 정보를 확인하여 대인관계를 원만하게 유지할 수 있게 도와준다. 시간과 장소에 구애받지 않는 스마트폰과 태블릿 PC의 등장이 페이스북의 대중화에 기여한 것으로 보인다. 페이스북은 사회의 여러 분야에 그 영향력을 행사하고 있다. 개인 간 소통 및 사회관계망의 대폭적인 확장뿐만 아니라 기업의 사업화와 정치적 활용을 위한 도구로도 중요한 의미가 있다.

페이스북은 구전(WOM)을 쉽게 할 수 있는 기본적인 기능을 가지고 있으며, 댓글을 달거나, 공유하기 · 좋아요를 누르는 행위를 통해 구전을 확산시키는 도구로 인식되고 있다. 2016년 2월부터 만족을 나타내는 기존의 '좋아요' 외에 다른 감정들을 표현할 수 있는 여섯 가지 '이모지(emoji)' 아이콘 서비스를 확대해 시행하는 등 소셜미디어 시장에서 반복적으로 나타나는 서비스의 노화와 피로감을 감소시키기 위해 진화하고 있다. 페이스북에서 나타나는 메시지 공급지는 세 가지로 나눌 수 있다. 즉, 나와 직접적인 친구관계를 맺고 자신의 뉴스피드에 자주 볼 수 있는 '내 친구', 기업에서 특정 제품이나 서비스에 대한 소개가 운영되는 '팬 페이지', 시장정보를 지니고 막대한 영향력을 행사하는 '마켓 메이븐(Market Maven)'이 그것이다. 기업은 이런 기능들을 파악하고 효과적인 SNS 전략을 수립하기 위해 메시지 수용자의 자발적인 참여를 유도하고 자유로운 소통의 기회를 통한 마케팅 전략을 이용할 수 있다. 이러한 장점과 특성을 가지고 있는

〈표 1-9〉 페이스북의 특성과 기능

특성	기능
사회성 (Social)	친구 추가(friend requests), 메시지 전달(messages), 소식 알림(notifications), 뉴스피드(news feed), 친구(friends), 링크(links), 댓글 달기(comments), 검색하기(search), 생일(birthdays), 혹시 알 수 있는 사람(people you may know), 타인과 연결되기(get connected), 채팅(chat)
정체성 (Identity)	프로필 사진(profile picture), 사진(photo's), 그룹(groups), 노트(notes), 개인 상태(status update)
오락성 (Entertainment)	이벤트(events), 게임(games)

소셜미디어 채널이 바로 페이스북이다.

특히 페이스북의 팬페이지를 주목할 필요가 있다. 이는 개인이 관심을 갖고 있는 유명인, 기업, 그리고 특정 브랜드 등을 위한 페이지로서 '좋아요'를 클릭한 팬이 25명 이상만 넘으면 팬페이지 주소(URL)를 발행할 수 있다. 팬페이지에서 어떤 단체나 브랜드의 팬이 된다는 것은 친구 맺기와 비슷한 개념으로 사적인 관계인 친구처럼 해당 단체나 브랜드의 친구가 된다는 것을 의미한다(이경렬, 2012). 이용자가 페이스북에 개설된 특정 단체나 브랜드의 '좋아요' 버튼을 누른 후 팬이 되는 것은 향후 뉴스피드를 통해 단체나 브랜드가 업데이트하는 모든 게시물을 자발적으로 받아 보겠다고 수락하는 것과 같다. 이용자들은 팬페이지에 게시된 콘텐츠를 접하고 '좋아요'와 댓글 등으로 자신들의 의견을 첨부하여 해당 콘텐츠를 자신의 페이스북에 공유하며 친구들에게 보여 줌으로써 버즈와 구전 효과를 유발할 수 있다(이수범, 김남이, 2012).

일반 이용자의 경우에는 페이스북을 통해 친구를 맺고 정보공유 및 관계를 형성할 수 있는 최대 네트워크 수가 5,000명으로 제한되지만, 팬페이지의 경우에는 팬 수의 제한이 없고 페이스북 이용자나 팬이 아니더라도 게시한 콘텐츠에 접근해 볼 수 있다는 특징이 있다. 또한 해당 팬페이지에 '좋아요' 버튼을 누르는 것만으로도 클릭한 일반 이용자의 뉴스피드에 게시되기 때문에 노출효과가 극대화될 수 있도록 공유 방식이 설계되어 있다. 특정 기업이나 브랜드의 팬이 된 페이스북 이용자에게는 해당 팬페이지에 업데이트되는 다양한 프로모션의 기회나 관련 정보가 실시간으로 제공되고 팬페이지에는 기업이나 제품에 관한 많은 이야기가 모이게 되며, 이를 통해 브랜드와 관련된 스토리텔링의 형성이 가능해진다(이경렬, 2012).

2) 트위터

트위터는 소셜미디어 커뮤니케이션 모델 유형의 대표적인 마이크로블로그 서비스 중 하나이다. 트윗(tweet)의 사전적 의미는 작은 새가 지저귀는 소리를 나타내는 영어 단어로, 트윗은 작은 새가 재잘거리는 것처럼 이용자가 하고 싶은 말을 순간마다 짤막하게 메모하여 업로드할 수 있는 공간을 의미한다. 트위터는 에반 윌리암스(Evan Williams)와 노아 글래스(Noah Glass)가 참여한 프로젝트에서 시작되었으며, 2007년 4월 샌프란시스코의 벤처기업 오데오(Odeo, Inc.) 사에서 분리되어 지금에 이르고 있다.

트위터는 팔로잉(following)과 팔로워(follower)를 통해 관계 맺기가 가능하며, 140자 내외로 게시하는 게시글(tweet)과 트위터의 메인 페이지에 접속했을 때 가장 먼저 보이는 페이지 타임라인(timeline)이 있고, 특정인에게 의견이나 답글(reply)을 달 수 있으며, 서로 팔로우(follow)하는 사이에는 비밀 글(direct message)을 보낼 수 있고, 리트윗(retweet)을 통해 다른 사람의 트윗(tweet)을 자신의 트위터에서 불특정 다수에게 전달할 수 있는 기능이 있다.

다른 SNS와 동일하게 트위터는 스마트폰의 급속한 발전과 보편화에 따라 대중화되었고, 시간과 공간의 제한을 받지 않고 즉각적이면서 편리한 이용 패턴 때문에 많은 이용자를 보유하고 있으며, 이용자가 네트워크를 기반으로 다양한 사람과 의견을 교류하고 표현할 수 있는 공간으로 발전하였고, 국적을 불문한 공론장으로 인식되기도 한다.

트위터의 옛 버전은 텍스트만 지원하였기 때문에 이미지나 동영상의 직접적인 업로드가 불가능하였다. 이용자들은 트위터와 연동된 기타 SNS에서 링크를 걸거나 첨부하는 방식으로 이미지와 동영상 파일을 공유하였다. 현재는 트윗을 작성할 때 이미지도 업로드할 수 있는 기능이 있다. 한편, 트위터 첫 페이지에 리스트 형식으로 이용자들이 공유한 정보들이 나오는데 이를 타임라인이라 부른다. 이용자는 이 타임라인을 보면서 마음에 드는 트윗은 추천하고 중요하거나 필요하다고 생각하는 게시물은 공유할 수도 있다. 해당 게시물 아래에 댓글을 남기는 형식으로 대화를 하며 소통을 할 수도 있다. 또한 누군가의 게시물을 더 많은 사람과 공유하는 리트윗 기능도 사용할 수 있다. 팔로워 수가 적은 이용자의 게시물이라도 단시간 내에 많은 이용자가 끊임없이 리트윗을 한다면 그 전파력은 크다고 할 수 있다.

트위터는 친구 맺기 기능에서도 보다 신속성을 갖추었다고 볼 수 있다. 페이스북에서 친구 추가를 할 때 동의를 얻는 것과는 달리 트위터에서는 상대방의 동의 없이도 주목하고 싶은 상대방을 팔로잉하는 것으로 관계를 형성할 수 있는데, 이런 이유로 페이스북에 비해서 상호작용성이 더 약하고 디지털 피로감이나 프라이버시 측면에서 부정적인 면이 많은 것도 사실이다. 트위터에서는 팔로워 수가 많을수록 트위터 내에서 큰 영향력을 지니고 있음을 의미한다. 대부분 인기가 많은 연예인이나 정치인 등의 유명인사 같은 경우에는 팔로워 수가 상당히 많다. 이들은 트위터 활동을 거의 하지 않더라도 많은 팔로워를 유지하고 있는 현상을 볼 수 있는데, 이 경우 트위터는 커뮤니케이션의 도구로서만이 아닌 1인 미디어로도 그 역할을 수행한다고 볼 수 있다.

3) 유튜브

유튜브는 2005년 채드 헐리(Chad Hurley)와 스티브 첸(Steve Chen) 그리고 조드 카림(Jawed Karim)이 만든 사이트로, 친구들에게 비디오를 배포할 목적으로 누구든 쉽게 비디오 영상을 공유할 수 있는 기술을 생각하는 것에서 시작되어 설립된 회사이다. 2006년 10월 구글(Google)이 유튜브 사를 인수하였으며, 2007년부터 글로벌 현지화를 통해 점점 확장하였고, 2008년 1월 한국에도 서비스되기 시작하였다. 2015년 기준으로 54개국의 언어를 지원하는 다국적 플랫폼으로 성장하였고, 동영상에 댓글을 달아 크리에이터와 유저 간에 소통을 할 수 있으며, '모두가 동영상을 공유할 수 있는 기술'이라는 초기의 유튜브 목표처럼 전문 스튜디오 없이 누구나 만들 수 있는 플랫폼으로서 인스타그램과 함께 대표적인 소셜미디어의 콘텐츠 공유 모델이다.

국내의 소셜미디어 이용 패턴도 유튜브의 폭발적인 성장과 함께 변화가 감지된다. 닐슨코리안클릭의 조사 결과에 따르면 인터넷 서핑 중심으로 디지털 매체를 이용하던 기성세대들과는 달리 특히 흔히 Z세대라 불리는 1995년부터 2005년까지 출생한 세대의 경우 다른 연령대에 비해서 일평균 유튜브 사용시간이 압도적으로 높게 나타나고 있으며, 젊은 층일수록 더욱 두드러지게 유튜브가 삶의 일부가 될 정도의 영향력을 지녔다는 것을 알 수 있다. 유튜브는 요즘 젊은 세대들에게 단순히 동영상을 보는 매체 그 이상의 영향력을 지니고 있다.

최근 유튜브에서는 빅데이터와 인공지능을 이용한 서비스로 유튜브 큐레이션 기능을 추가하여 유튜버의 사용 패턴을 분석하고 좋아할 만한 콘텐츠를 추천해 주는 서비스를 제공함으로써 이용시간을 늘리는 등의 방식으로 진화하고 있다. 또한 360도 동영상이나 실시간 방송, 라이브 채팅, 쇼츠(shorts) 등 더욱 다양한 방식의 기능을 추가했으며, 비실시간 커뮤니케이션만이 가능하던 시스템에서 게시된 콘텐츠를 중심으로 실시간 커뮤니케이션이 이루어지게 되면서 즉각적인 반응을 유도하고 있다.

4) 인스타그램

'세상의 모든 순간을 포착하고 공유한다(capturing and sharing the world's moments)'라는 슬로건으로 2010년 선보인 인스타그램은 인스턴트 카메라(instant camera)와 텔레그램(telegram)의 합성어로서 모바일을 기반으로 탄생한 사진 콘텐츠를 중심으로 하는 이미지 기반의 소셜 네트워크이다.

인스타그램의 특징은 크게 총 다섯 가지(사각형 포맷, 카메라 기능, 해시태그, 스토리, 라이브 방송)로 나눌 수 있다. 첫째, 인스타그램은 사각형 포맷의 폴라로이드 사진을 연상하게 하는 정사각형의 사진 크기로 모바일 기기에서 이용하는 일반적인 16:9 비율과는 차이가 있으며, 스마트폰에서 이미지를 쉽게 접하는 플랫폼으로 시각화된 소셜미디어로서의 편리성을 가지고 있다. 현재 인스타그램은 사각형 포맷 특성상 게시물을 모두 표현할 수 없는 사용자들의 아쉬움을 보완하기 위해 사각형 포맷은 유지한 채 다양한 화면 비율을 지원하는 등의 발전된 서비스를 제공한다.

둘째, 일상생활 속에서 일어나는 사건을 카메라나 스마트 디바이스를 통해 촬영하고, 사용자는 자신의 인스타그램에 게시할 수 있다. 초기 인스타그램은 30초 이내의 영상 업로드와 사진 촬영이 가능한 기능을 제공했으며, 자신만의 독창적인 콘텐츠를 제작하고 마치 전문가가 되어 사진을 촬영하는 듯한 기능을 제공하였다. 이후 30초에서 60초 이내의 영상을 게재할 수 있도록 전환하고 사용자가 촬영한 영상을 다른 SNS에도 공유할 수 있도록 하였다(남민지, 이은지, 신주현, 2015). 또한 선명한 색감 보정 기능과 사진 콘셉트에 맞는 다양한 컬러 톤을 제공하는 필터 기능 등으로 일상의 사진을 이용자들이 마치 사진 전문가처럼 연출할 수 있는 경험을 제공한다. 그리고 언제 어디서든 스마트폰을 통해 사진을 찍고 필터로 보정해서 그 자리에서 올릴 수 있는 편의성을 제공하고 있다. 특히 인스타그램의 '퍼가기' 기능은 자체 내의 동영상 및 사진 등을 인스타그램 홈페이지 밖의 웹상에서도 편하게 사용할 수 있도록 지원하고 있다.

셋째, SNS에서 특정 키워드의 콘텐츠를 모아 볼 수 있게 하는 해시태그(Hashtag)라는 기능, 즉 해당 키워드 앞에 '#'을 붙여 정보를 만든다. 인스타그램은 해시태그 기능을 통해 자신의 관심사를 간편하게 검색 가능하게 함으로써 사용자들에게 편리함과 호기심을 제공하는데, 방대한 콘텐츠 속에서 개인의 기호와 취향에 부합하는 콘텐츠를 탐색하는 기능도 필수적으로 요구된다. 또한 해시태그를 통해 자신과 관심사가 동일한 사람들을 팔로우하여 인스타그램 내에서 인맥을 맺어 다양한 사람과 소통하고, 자신이 팔로우한 계정의 사진과 영상을 모아 볼 수 있으며, 새로 게시된 콘텐츠에 '좋아요'를 누르거나 댓글을 작성할 수 있다. 이 기능은 사용자들에게 자신의 관심사를 검색하는 흥미를 부여하여 적극적이고 능동적인 사용 환경을 제공함으로써 정보 검색의 용이성과 확장성을 통해 다양한 정보를 얻을 수 있게 한다.

인스타그램의 스토리 기능은 메인 화면의 피드 왼쪽 상단 자신의 프로필 플러스 버튼을 눌러 실시간으로 촬영한 사진 및 동영상을 게시할 수 있는 기능을 말한다. 24시간만 공개되는 스토리 기능은 휘발성 공유 기능으로 사용자가 보다 편안하게 정보를 공유할 수 있으며, 다른 사용자가 게시한 스토리 기능은 인스타그램 메인 화면 상단에 뜨는 링테두리의 프로필을 눌러 확인할 수 있다. 스토리에는 사진이나 동영상을 연속해서 게시할 수 있으며, 자신이 촬영한 사진 및 동영상에 위치, 장소, 글, 이모티콘 등을 넣을 수 있어 간단하고 편리하게 정보를 공유할 수 있다.

2016년 하반기에 인스타그램은 실시간 생중계가 가능한 라이브 방송 기능을 선보였다. 라이브 방송은 최대 1시간까지 촬영이 가능하며 사용자들과 댓글로 실시간 소통이 가능하다. 이미지와 동영상 위주의 커뮤니케이션 도구를 사용하는 인스타그램은 텍스트 위주의 트위터나 콘텐츠를 공유하는 페이스북에 비해 직관적이고 즉각적인 반응을 이끌어 내기에 좋으며, 실제 동일한 키워드로 소셜 모니터링을 진행했을 때 체감상의 반응 속도는 타 플랫폼에 비해 3~4배 빠른 것으로 나타났다. 이에 따라 일상 속에서 펼쳐지는 순간을 카메라로 포착하여 빠르게 공유할 수 있으며, 최근에는 텍스트보다 감각적으로 인지하고 즐길 수 있는 이미지 소통이 확대되면서 각자의 '관심사'를 중심으로 이미지와 릴스(reels)를 활용한 동영상 콘텐츠 중심의 트렌드에 부합하도록 개선된 서비스를 제공하고 있다.

지금까지 언급한 인스타그램, 유튜브, 페이스북의 특징을 요약하면 〈표 1-10〉과 같다.

〈표 1-10〉 SNS 플랫폼별 비교

플랫폼	인스타그램	유튜브	페이스북
월 유저 수	• 6억 명	• 10억 명	• 132억 명
월평균 사용기간	• 220분	• 60분	• 887분
콘텐츠	• 사진 및 영상	• 동영상	• 사진 및 영상 • 게시글
연령대	• 주로 10~30대	• 중장년 선호도 높음	• 전 연령대
장점	• 이미지 기반 • 높은 신뢰도 • 해시태그를 통한 그룹화 가능 • 소통성 높음	• 정보유지 기간 무한대 • 구글과 연동 가능 • 콘텐츠 전파 빠름	• 다양한 연령대가 사용 • 바이럴 마케팅에 활용 • 신뢰도 높음(실제 친구)
단점	• 정보 유지 기간이 짧음 • 링크로 공유가 어려움 • 검색이 어려움	• 신뢰도 낮음 • 저작권 침해 문제 • 콘텐츠 제작이 어려움	• 정보 유지 기간이 짧음 • 소통성이 낮음(지인 위주)
마케팅 초점	• 시각적인 효과와 해시태그 활용 극대화	• 동영상의 장점 최대 활용	• 직관적, 심플한 정보 위주

출처: KOTRA (2017).

제2장 소셜미디어 분석

1. 소셜미디어 분석의 의의

디지털 기술이 더욱 진화함에 따라 소셜미디어를 기반으로 하는 커뮤니케이션 시대가 새롭게 등장하게 되었으며, 조직에게 소셜미디어 커뮤니케이션은 반드시 도입해야 할 주요 요소로 받아들여지게 되었다. 이에 따라 정부와 기업들을 중심으로 뉴미디어 전담 커뮤니케이션팀이 신설되고 있으며, 온라인 및 모바일을 활용한 소통 활동을 강화하고 있는 추세이다.

온라인상의 커뮤니케이션 활동에 있어 소셜미디어의 활용가치는 바이럴 마케팅 등의 촉진 채널로서 더 없이 유용하게 활용될 수 있다는 데 있으며, 특히 SNS상에서 사람들 간의 커뮤니케이션을 통해 자발적으로 확산되는 구조를 가질 때 그 파급력과 태도 변화의 가능성이 높은 편이다. 구전커뮤니케이션과 이를 활용한 바이럴 마케팅은 이미 사회적 네트워크의 의미를 담고 있어 소셜미디어의 속성과 분류하여 생각할 수 없으며, 웹 기반에서의 사회적 관계형성에 따른 자발적 입소문 효과로 간주되어 왔다.

소셜미디어는 낮은 비용으로 콘텐츠의 공유와 재생산이 용이하며, 이렇게 생산되는 콘텐츠들은 빠르게 온 · 오프라인으로 확산되는 파급력을 갖는다. 그렇기에 소셜미디어를 분석할 필요가 있으며, 그 결과를 기반으로 커뮤니케이션 방향과 전략을 제시할 수 있어야 한다.

소셜미디어 연구는 소셜미디어 자체에 대한 연구와 소셜미디어를 분석하는 방법을 활용한 연구로 나누어 볼 수 있다. 초기의 연구 동향은 소셜미디어를 이용하는 행태나 사용 동기, 저작권 및 사생활 문제 등 소셜미디어의 자체적 특성에 대한 연구들이 주를 이루었다. 그러나 데이터 생성의 주체가 일반 개개인으로 크게 확대되었고, 매 순간 다양한 형태의 데이터가 축적되고 있어 데이터는 과거에 비해 더 방대하게 늘어나게 되었으며, 더 다양한 형태를 가지게 되었다. 또한 실시간에 가까운 속도로 생성되면서 무궁무진한 가치를 지닌 빅데이터의 수집 대상이 되고 있다. 이러한 소셜미디어의 방대한 데이터를 수집, 저장, 관리, 분석, 시각화하기 위한 기술이 요구되고 발전함에 따라 빅데이터 분석 방법을 활용한 연구가 증가하기 시작하였다.

소셜미디어의 빅데이터 분석 방법을 분류해 보면 크게 세 가지로 요약할 수 있다.

첫째, 정량적 통계와 정성적 해석 부분이다. 소셜미디어에서 일어나는 활동과 트렌드를 보여 주는 다양한 반응형 데이터를 추출하여 통계적으로 분석하는 것이다. 가령, '게시(post)' '좋아요(like)' '태그(tag)' '퍼 나르기(dig)' 등과 같은 소셜미디어상의 정보교환과정에서 발생하는 다양한 형태의 반응형 데이터를 정량적으로 분석할 수 있다.

한편, 정량적 데이터 결과 이외에 정성적 데이터가 창출해 낼 수 있는 가치에 주목하면서 연구자의 '해석'에 주목하는 연구도 존재한다. 소셜미디어 데이터의 자원이 축적과 공유를 통해 엄청난 규모로 쌓이면서 빅데이터의 연구가 분석과 추론의 방향으로 진화해 가고 있음을 알 수 있다. 하지만 단순히 크기만 커진 데이터에서 빅데이터가 유의미한 정보로 활용되기 위해서는 결국 데이터 분석자의 '해석'이 필요하다. 빅데이터 분석 활용 연구는 양적 혹은 질적 방법 어느 한 가지에 초점을 두는 것이 아니라 연구 목적과 대상에 맞게 방법과 그 기술을 적절하게 혼합하여 사용해야 한다.

예를 들어, 사용자 개인 맞춤형 기능을 제공하기 위해서는 소셜미디어 사용자 간의 관계 분석이 진행되어야 한다. 사용자 관계 분석은 일차적으로 사용자가 업로드하는 게시글과 그에 대한 반응을 파악하는 것으로 시작한다. 사용자 간에 주고받은 게시글과 댓글을 정량적, 즉 주고받은 상호작용의 양을 분석함으로써 사용자 간의 관심도를 파악할 수 있고, 정성적, 즉 주고받은 상호작용의 내용을 분석함으로써 사용자 간의 호감도를 파악할 수 있다. 정량적 분석은 수집된 소셜미디어 데이터에서 상호작용의 개수를 카운트하는 것으로 판단할 수 있고, 정성적 분석은 감성사전을 활용하여 사용자가 의도한 글의 감정을 분석할 수 있다.

둘째, 네트워크 분석이다. 이는 소셜미디어에서 활동하는 사람들 사이의 연결관계를 보여 주고 상호 영향의 강도를 측정하여 정보의 흐름을 구조적으로 파악하고 분석하기 위함이다. 인터넷 온라인 네트워크에 기반을 둔 소셜미디어의 대표적인 특성 중 하나가 네트워크 커뮤니케이션이라고 앞서 언급한 바 있다. 소셜미디어의 네트워크 커뮤니케이션은 웹사이트와 달리 사람들 간의 관계를 확인하고 재형성한다. 가령, 소셜미디어 중 하나인 트위터와 페이스북은 기존에 알거나 접촉이 있었던 사람들 그리고 친구들과 네트워크를 주로 형성한다. 소셜미디어의 사회적인 네트워크는 이용자의 필요와 자율성에 따라 형성된다. 강요나 구속, 책임과 의무를 요구하지 않는다. 가입과 탈퇴는 물론 커뮤니케이션 역시 사람들과의 관계를 확대하고자 하는 필요에 따라 네트워크가 확대되기에 이것의 패턴과 구조를 분석할 필요가 있다.

셋째, 텍스트 마이닝 부분이다. 통상의 방법으로는 파악하기 어려운 소셜미디어 콘텐츠의 주제 내용, 어조 등을 판별 · 분석할 수 있다. 텍스트 마이닝은 자연어처리(natural language processing) 기술에 기반하여 비정형 · 반정형 텍스트 데이터에서 유용한 정보를 추출, 가공하는 것을 목적으로 하는 기술이다. 소셜미디어에서 이용자들이 사회 문제에 대한 그들의 생각과 의견을 나누며 상호작용하고, 이것이 공유되고 빠르게 확산됨에 따라 공간을 초월한 '참여'와 '결집'이 가능해졌다. 또한 이러한 사회적 현상에 대해 인플루언서의 영향력이 더해지며 그 파급력은 더 강력해졌다. 최근 다양한 사회적 이슈에 소셜미디어의 상호작용이 여론을 형성하고 사람들을 결집하여 사회의 변화를 이끌어 냈다. 나아가 소셜미디어는 개인의 일상적 생활의 공유를 넘어서 사회의 공유된 가치관을 형성하고 새로운 사회문화적 맥락을 만들어 내고 있다. 또한 어떠한 사건이나 이슈를 바라보는 언론이나 일반인이 가지고 있는 아젠다와 프레임을 포함한 담론을 생성 · 확산할 수 있게 되었다. 이처럼 텍스트로 표현된 여론 및 담론 형성과 시간 추이를 분석하고자 할 때 텍스트 마이닝 분석이 유용하다.

종합하면, 소셜미디어 데이터들이 기하급수적으로 늘어나게 되면서 소셜 빅데이터를 형성하게 되었다. 이러한 소셜미디어가 복잡해지는 사회 현상을 인적관계로 분석할 수 있는 중요한 렌즈가 될 수 있기에 소셜미디어 데이터를 분석할 필요가 있다.

2. 소셜미디어 분석의 가치

소셜미디어 분석의 가치는 온라인에 존재하는 누군가(예: 국민, 대중, 공중, 고객 등)의 소리를 실시간으로 들을 수 있고, 그들의 불만사항이나 만족도를 모니터링하여 이를 조직 활동에 적극적으로 반영할 수 있다는 것에 있다. 가령, 트위터나 페이스북을 운영하는 기업들은 고객들의 질문이나 의문사항들에 실시간으로 답을 해 주거나, 신상품을 소개하거나, 할인 쿠폰을 발행해 제품에 관심 있는 소비자들을 매장 방문으로 유도하거나 구매를 유도할 수 있다(정혜림, 2015). 이렇게 관계를 형성한 고객들은 스스로 자발적으로 기업의 제품을 홍보하고 정보를 확산시켜 주는 프로슈머가 될 수 있기 때문이다.

다양한 소셜미디어 분석의 필요성과 가치가 존재하지만, 이 책에서는 구전 및 인플루언서의 규명과 활용에 대하여 중점적으로 논하고자 한다.

1) 구전

구전(WOM)은 여러 학자에 의해서 조금씩 다르게 정의되고 있지만, 입에서 입으로 전해지는 정보의 흐름이라는 측면에서 공통된 견해를 보인다. 즉, 한 개인이나 집단이 자신의 이익과 상관없이 제품 및 서비스에 대한 정보를 타인에게 전달하는 행위이며, 직접적이든 간접적이든 본인이 느낀 제품과 관련된 경험에 대한 상호 간의 의사소통을 통해 경험을 주고받는 비공식적인 과정이라고 할 수 있다.

구전은 사회구조적인 맥락에서 하나의 사회 현상이기 때문에 어떠한 상호작용이 발생하는지를 이해해야 할 필요가 있다. 상업적인 부분을 배제한 소비자가 자신이 경험한 제품이나 그와 관련된 정보를 입에서 입으로 교환하는 행위이며, 자신이 속한 사회공동체 환경에서 상호 간의 대화를 통해 정보를 공유하는 행위로 볼 수 있다.

인터넷상에 존재하는 구전커뮤니케이션을 인터넷 구전 또는 온라인 구전이라고 한다(Chatterjee, 2001). 인터넷을 통해 소비자 간에 생성되는 제품정보, 사용경험, 추천 등의 정보교환이 인터넷상의 구전이다. 구전은 더 이상 오피니언 리더(opinion leader)가 속해 있는 가족이나 주변 지인들에만 한정되어 있지 않고, 인터넷을 매개로 한다는 점에서 오프라인 구전과 구별된다. 온라인 구전은 제품이나 서비스에 대한 경험과 정보를 주고받는 상호적인 커뮤니케이션 과정이라는 점에서 전통적인 오프라인 구전과 비슷하지만, 인터넷을 기반으로 한다는 점에서 오프라인 구전과는 차이가 있다. 온라인 구전은 기존 오프라인 구전이 제공할 수 없는 정보에 대한 이용성, 접근성, 지속성을 제공한다. 기존의 오프라인 구전은 면대면의 말을 통해 이루어지는 반면 온라인 구전은 인터넷을 통하여 글 또는 사진, 영상 등으로도 전달되기 때문에 확산이 용이하다. 특히 모바일과 소셜미디어의 대중화로 소비자 쌍방 간의 의사소통 비용이 크게 감소함에 따라 온라인 구전의 장소, 대상, 범위의 제약이 사라져 온라인 구전의 파급효과는 갈수록 커지고 있다. 오프라인 구전과 온라인 구전의 특징을 정리하면 〈표 2-1〉과 같다.

〈표 2-1〉 **오프라인 구전과 온라인 구전의 비교**

구분	오프라인 구전(WOM)	온라인 구전(e-WOM)
구전 장소	현실 공간	가상 공간
구전 시점	특정된 시기	상시(시공간 초월)
구전 방식	면대면(face to face), 단계적	비대면, 동시다발적
구전 지속성	일회성(저장 불가)	지속 가능(저장 가능)
정보 형태	음성 언어	문자 언어, 사진, 영상
정보신뢰도	높음	낮음
정보확산성	제한적	무제한
정보 원천	지인이나 계약관계	익명성
구전 범위	좁음(제한적)	넓음(무제한적)
참여자 정체성	배경, 외모, 지위, 직업 등	물리적 요소의 영향 미비
정보제공자의 신뢰도	발신자의 전문성이나 의견 선도력 등 여러 가지 평가단서 존재	익명성으로 정보제공자의 신뢰성을 평가하기 어려움
피드백의 양과 가능성	수신자가 요구하거나 조절 가능	피드백을 받기 어렵고 지연됨
정보획득 시점	수시로 가능하나 매번 구매 시점과 동시대라고 할 수는 없음	구매 시점과 가까운 시기에 정보획득이 용이
정보수집 비용	시간적인 측면의 높은 비용 발생	시간과 비용이 거의 발생하지 않음

소셜미디어는 많은 사람에게 온라인 구전 정보를 빠르고 쉽게 보급할 수 있도록 하며, 심지어 동의하는 게시물을 전달하는 것만으로도 생각을 공유할 수 있게 된다. 이러한 이유로 소비자들은 브랜드에 대한 정보를 얻기 위해 소셜미디어에 더욱더 의존하게 되는 경향도 있다. 소비자들은 제품이나 서비스를 구매하기 전에 그에 대한 정보를 확인하여 불안감을 줄이고자 먼저 이용해 본 경험이 있는 사람이 게시한 정보를 검색하게 되는데, 구전을 통해 보급된 정보는 공평하고 공정하며 과장되지 않은 것으로 받아들여지는 경향이 있으며, 구전은 브랜드에 대한 소비자들의 태도를 형성하기 때문에 더욱 중요하다.

구전은 소비자의 태도 및 행동 형성에 있어 매우 중요한 역할을 한다. 이제 소비자들은 인터넷 환경에서 제품이나 서비스의 선택을 고려하며, 제공자의 정보보다 구매나 사용 후기 등 구전 정보에 대한 평가를 바탕으로 한 구매를 선호하고 있다. 구매 이후에도 능동적으로 자신의 태도나 감정을 타인에게 전달하는 구전까지 만들어 내고 있는 추세이다. SNS상에서는 소비자들이 자발적으로 상품에 관해 의견을 올리거나 주변 사람들에게 추천하는 것을 시민행동이라고 하는데, 구매 후에 하는 행동 중 하나가 추천이며 소비자들이 상품을 구매하고 만족 또는 불만족했을 때 자신의 경험을 다른 사람들에게 제시하는 시민행동을 함으로써 다른 소비자들에게 영향을 줄 수 있다고 생각한다.

소셜미디어 분석 관점에서 보자면, 이를 이용한 효율적인 마케팅이나 커뮤니케이션 결과를 얻어 내기 위해서는 과거보다 복잡하고 까다로운 분석과 전략이 필요한 것이 사실이다. 그럼에도 그 필요성과 효용가치가 뛰어나기 때문에 활용의 고려를 하지 않을 수는 없다. 가령, 소셜미디어의 마케팅적 이용의 가치를 보자면, 크게 시간, 대상, 비용, 관계의 네 가지로 정리해 볼 수 있다. 첫째, 시간 측면에서는 콘텐츠를 간단하고 신속하게 전달할 수 있으며 그에 대한 반응도 즉각적으로 확인이 가능하다는 장점이 있다. 이는 콘텐츠를 게시하는 순간에만 그치지 않고 지속적으로 소비되고 재생산되며 영향력을 발휘한다. 둘째, 대상 측면에서는 자발적 관계를 통한 다수의 다양한 대상에게 콘텐츠 전파가 가능하다는 것이 장점이다. 셋째, 비용 측면에서는 상대적으로 적은 비용으로 인구통계학적 정보, 소비 행태 등의 기초 자료를 얻기가 용이하고 비슷한 특성을 가진 이용자의 네트워크를 이용함으로써 목적에 따른 효과적 마케팅 진행이 가능하다는 점을 이점으로 들 수 있다. 넷째, 관계 측면에서는 보다 가까운 거리에서 일상적인 소재들을 진솔하게 전달함으로써 브랜드의 개성을 친근하게 드러낼 수 있다는 것이 장점이다. 이 같이 친근하고 가까운 소통을 진행하며 구축된 신뢰는 기업의 평판을 향상시키고, 향후 위험 요소로부터 기업을 보호해 주는 역할을 하기도 한다. 정리하자면, 소셜미디어의 마케팅적 이용은 콘텐츠를 다양한 계층으로 이루어진 다수의 이용자에게 빠르고 지속적으로 전달할 수 있으며 적은 비용으로 기업과 긍정적인 관계 및 소비 집단을 형성할 수 있다는 점에서 효과적이라고 할 수 있다.

2) 인플루언서

인플루언서(influencer)란 influence(영향을 미치다)와 행위자를 뜻하는 '-er'의 합성어로 다수의 대중에게 영향을 미치는 사람, 영향력자를 의미한다. 인플루언서와 비슷한 용어로는 의견지도자(opinion leader), 여론 선도자 등이 있으며, 이들이 가지는 공통점은 많은 사람의 의견이나 생각에 영향을 미치는 소수의 사람이라는 것이다. 인플루언서의 의미로 보았을 때 연예인, 정치인, 화제 인물 등 다양한 사람을 포함할 수 있지만, 주로 소셜미디어를 이용해서 콘텐츠를 생산하여 공유하는 방식으로 영향력을 가지는 개인 혹은 집단을 의미한다(손동진, 김혜경, 2017).

초창기에 파워블로거로 인증받은 사람들의 블로그는 전문적이거나 신뢰할 만하다고 인정받으며, 물건을 살 때나 여행을 갈 때와 같이 결정이 필요할 때 정보를 얻기 좋은 플랫폼으로 자주 이용되었다. 이런 파워블로거의 인기와 파급력을 이용해 기업에서는 바이럴 마케팅의 일종으로 협찬이나 광고료를 지급하고 해당 제품을 홍보하는 게시글을 의뢰하는 광고 방식이 유행하기도 하였다.

현재의 인플루언서는 이보다 더 진화된 형태라고 할 수 있다. 인플루언서들이 활동할 수 있는 플랫폼은 훨씬 다양해졌고, 모바일 환경을 통해 인플루언서들과 더욱 가까운 거리에서 자주 소통할 수 있게 되었기 때문이다. SNS 등에서 라이브 방송을 통해 소셜미디어 이용자와 실시간으로 대화하거나, 검색이 용이한 태그를 붙인 게시물을 올려 자신의 다양한 라이프 스타일을 보여 주면서 친근한 모습을 보여 주기도 한다. 때로는 소셜미디어를 통해 사회운동에 참여함으로써 자신의 의견을 드러내고 팔로워들에게 관심이나 참여를 독려하기도 한다.

이처럼 소셜미디어의 전파 속도와 인플루언서의 파급력이 만났을 때는 어떤 매체

보다도 다수의 사람에게 효과적으로 메시지를 전달할 수 있다는 점에서 주목을 받고 있다. 소셜미디어상에서 이들이 활동하는 범위는 매우 다양하며, 유튜브 인기 게시자 중에는 기획사처럼 크리에이터들을 발굴하고 관리하는 멀티 채널 네트워크(Multi-Channel Network, 이하 MCN) 생산자도 있다.

이러한 현상은 커뮤니케이션학 영역에서 잘 알려진 2단계 유통 모델(two-step flow model)로 설명이 된다. 이 이론적 모델은 라자스펠드, 베렐슨과 고뎃(Lazarsfeld, Berelson, & Gaudet, 1948)에 의해 처음으로 제시되었다. 그들은 유권자의 투표 행태를 분석하던 중 대중 매체가 직접적으로 유권자들의 투표 행태에 영향을 줄 것이라는 예상과 달리 대중 매체는 거의 영향을 미치지 못하였으며, 오히려 가까운 지인 또는 사람들 간의 관계 속에서 직접적으로 주고받은 대화가 투표 행태에 영향을 끼치는 것을 확인하였다.

즉, 매체가 직접적으로 수용자에게 미치는 영향력보다 중간 매개체를 거쳐 다시 일반 수용자에게 전달될 때 매체와의 접촉 횟수가 적었던 수용자들에게까지도 영향이 전달되어 더욱 큰 효과를 본다는 의미이다. 여기서 중간 매개체에 속하는 사람들은 공통의 커뮤니티에 속해 있으면서 특정 분야에 대한 지식을 보유하여 다른 수용자들로부터 신뢰를 확보하고 있기에 의견 지도자라 명명하였다. 이 모델은 온라인 공간에서도 적용이 가능하며, SNS의 공유·확산 커뮤니케이션 과정의 양상에서도 비슷하게 나타난다.

예를 들면, 소셜 인플루언서가 온라인상에서 직접적으로 수용자와 커뮤니케이션을 하다 보니 주고받는 상호 소통이 가능해지며, 이로 인해 친밀감도 높아져 다양한 수용자 간에 팔로잉을 하면서 소셜 인플루언서의 팔로워 수가 증가하게 된다. 팔로워 수는 인플루언서의 영향력을 나타내는 지표가 되는데, 많은 선행연구에서 영향력 있는 인플루언서를 통한 정보 확산력이 매체가 직접 팔로워에게 미치는 영향력보다 더 큰 것으로 밝혀졌다. 더욱이 2020년부터 시작된 포스트 코로나 시대는 언택트 사회로의 진입에 따른 소셜미디어의 이용을 더욱 부추기고 있다. 이 같은 소셜미디어가 개인의 일상에서 많은 부분을 차지하게 되면서 소셜미디어 인플루언서들의 영향력은 커질 수밖에 없는 시장구조가 되었다.

인플루언서들의 마케팅 효과를 측정하는 지표를 소셜 스코어(social score)라고 부른다. 한 예로, 소셜 스코어를 측정하는 툴(tool) 중 하나인 클라우트(Klout)의 경우에는 SNS상에서 개인의 영향력을 점수화하여 '클라우트 지수'를 공개하는데, 그 척도로는 도달률, 네트워크, 파급력이 있다. 소셜미디어 데이터 분석자는 인플루언서가 가지고 있는 영향력의 수치인 SNS의 구독자 수, 선호도, 콘텐츠의 조회수 등을 기반으로 인플루언서 마케팅의 효과를 판단할 수 있다.

소셜미디어 데이터 분석 시 중요한 점은, 소셜 네트워크의 중심에 위치하고 있는 인플루언서는 이용자들을 서로 이어 주며 네트워크 전반의 정보를 확산하는 데 기여하고, 특정 분야에 대한 실제 경험과 전문적인 지식이나 정보를 공유함으로써 소비자의 인식 또는 소비행동에 큰 영향을 미친다는 것이다.

종합하면, 소셜미디어에 대한 분석과 연구의 가치가 높은 이유는 소셜미디어 내에서 영향력을 가진 이가 타인에게 영향력을 행사할 수 있다는 것과 그 영향력의 규모가 생각보다 크고 영향력의 파급 속도가 빠르기 때문이다(이의훈, 2010). 이러한 점들은 소셜미디어 이용을 확산시키고 기업들이 소셜미디어를 활용해 마케팅 활동을 펼치는 큰 변화를 가져왔는데, 소셜미디어 유형에 대한 이해와 파악이 선행된 상태에서 이를 적절하게 활용해야 할 필요가 있다. 소셜미디어에서 나타나는 사용자 간의 관계 및 상호작용에 대한 중요성이 대두되고 있는데, 그에 따른 학문적 연구가 필요하며 방법론적 접근 또한 기존의 방식과 달라야 한다.

3. 소셜미디어 분석 기법

1절 '소셜미디어 분석의 의의'에서 언급한 바와 같이, 소셜미디어 콘텐츠에는 다양한 소셜미디어 데이터가 포함되어 있으며, 각 서비스의 종류에 따라 그 형식이 모두 다르다. 전통적인 정형 데이터와 달리 비정형 데이터의 특성을 포함하고 있기 때문에 소셜미디어 콘텐츠 분석을 위한 방식은 기존과는 다른 접근이 필요하다.

소셜미디어 콘텐츠 및 데이터 분석은 다양한 방법으로 연구되고 있다. 콘텐츠에 내포되어 있는 의미를 분석하기 위해 기존의 전통적인 내용 분석 방법을 발전시켜 적용하거나 새로운 분석 방법을 제시하기도 한다. 추천과 검색 역시 콘텐츠를 분석한 결과를 바탕으로 전통적인 방법을 활용하거나 새로운 방법을 제안하고 있다.

1) 내용/텍스트 분석

(1) 데이터 수집

소셜미디어 내용 분석을 위한 데이터 수집에서는 SNS 수집, 블로그/웹 문서 수집, 대용량 수집/관리, 문서 중복 처리, 특정 내부 데이터 수집 등의 작업이 이루어진다. 의미 있는 분석 결과를 위해서는 이 데이터 수집 단계가 중요하며, 데이터 소스가 SNS인지 블로그나 웹 문서인지에 따라 수집을 위한 기법이 달라진다. 가령, 블로그, 게시판, 카페 등의 웹 문서인 경우, seed URL을 지정하고 제목과 본문에 해당하는 HTML 코드 패턴 및 list page 수를 지정해 주어 필요하다고 여겨지는 부분을 크롤링하는 방식을 사용한다. SNS인 경우, twitter API와 같이 특정 소셜 네트워크 서비스에서 자체적으로 제공하는 API를 통해 빠르고 정확하게 소셜 데이터를 수집하는 방식을 사용한다.

(2) 형태소 분석 및 데이터 저장

소셜미디어상 텍스트 분석의 경우, 가령 형태 변화가 다양한 한글을 분석하기 위해서는 데이터 저장에 앞서 형태소 분석을 선행한다. 이는 차후 소셜미디어 데이터를 사용할 때 국어의 다양한 형태에 구애받지 않기 위함이다. 그 후 solr과 같은 storage 도구를 이용하여 수집한 데이터를 축적하고, 특정 조건에 따라 축적된 데이터를 조회하거나 검색이 가능하게 한다. 경우에 따라 데이터 필터링(filtering)과 클렌징(cleansing) 과정을 거친다.

(3) 분석 체계 구성

수집된 소셜미디어 데이터를 분석하기에 앞서 주제를 자동분류하고 동의어를 식별하기 위한 분석 체계 구축 단계를 거친다. 텍소노미(texonomy)와 유의어와 불용어 사전(dictionary)을 구축하는 데 있어 텍소노미의 위계 수준은 텍스트 분석을 통해 얻고자 하는 결과물이 무엇인가에 따라 구성하며, 속성의 종류와 다양성 정도도 원하는 결과에 따라 구성한다. 유의어와 불용어 사전 작성 시에 기준어, 유의어뿐만 아니라 소셜미디어상의 다양한 동음이의어를 처리하기 위해 불용어도 함께 작성해 주는 것이 일반적이다.

(4) 어휘 빈도 분석

주제 분야 내에서 가장 많이 사용되는 어휘를 분석하는 단계로서, 텍스트 마이닝 도구를 활용하여 분석한다. 이슈어 및 연관어 분석, 자동 분류 및 클러스터링 등의 군집성 분석도 여기에 해당한다.

(5) 통계분석 및 시각화

버즈(Buzz)량, 감성 분석, 이슈어/연관어 분석 등 텍스트 분석 결과에 대한 통계 정보를 제공한다. 또한 급상승 및 급하강 이슈어/연관어 랭킹 등 분석 결과에 대한 랭킹 정보를 제공한다. 시각화를 통해 다양한 분석 차트 및 시각화 모듈을 제공함으로써 최종 보고서 작성을 용이하게 한다.

(6) 분석 결과 보고

최종 단계로서, 소셜미디어 데이터 분석 결과를 가지고 패턴을 발견하여 흐름을 파악하거나 특이사항을 발견하여 대응하도록 하는 보고서 작성 단계이다.

소셜미디어의 텍스트 분석에 대한 자세한 추가 설명은 이 시리즈의 1권 『NetMiner를 활용한 빅데이터 텍스트 분석 기법과 활용』을 참고하길 바란다.

2) 관계 분석

(1) 반응 분석

사회적 관계 분석에 이용되는 상호작용은 소셜미디어마다 다양하고, 서로 다른 형태로 존재한다. 소셜미디어상 반응 분석의 경우, 하나의 콘텐츠를 사용자가 공유했을 때 해당 콘텐츠에 대해 '좋아요', 댓글 등의 반응을 보여 주고 이를 또 다른 사용자에게 공유하는 것 등은 사용자가 특정 콘텐츠에 대해 취한 행동이 되고, 이 콘텐츠에 대해 행동을 취한 다른 사용자들은 해당 사용자와 서로 상호작용을 했다고 할 수 있다. 가령, 트위터에서는 리트윗(RT) 그리고 직접적으로 해당 사용자와 콘텐츠를 공유하는 멘션이라고 하는 사용자와 다른 사용자 간의 상호작용이 존재한다. 또한 유튜브 동영상 이용과 관련해서는 조회수, 댓글수, 좋아요 수, 싫어요 수를 추출하여 분석할 수 있고, 게시자와 관련해서는 해당 채널 관련 구독자 수, 누적 조회수, 동영상 수(업로드 수) 그리고 특정 시점을 기준으로 누적 구독자 수와 누적 조회수 등의 데이터를 추출하여 분석할 수 있다.

소셜미디어 내의 반응이나 행동을 측정하기 위한 변수 단위는 〈표 2-2〉와 같다.

〈표 2-2〉 **소셜미디어 콘텐츠 반응 관련 측정 변수**

변수명	설명
게시물 수	게시된 콘텐츠의 개수
계정 수	게시된 콘텐츠의 아이디 개수
조회수	해당 동영상 콘텐츠의 조회수
댓글수	해당 동영상 밑에 남겨진 짧은 글의 개수
좋아요 수	해당 동영상에 좋아요 버튼을 누른 개수
싫어요 수	해당 동영상에 싫어요 버튼을 누른 개수
구독자 수	채널을 구독하고 있는 아이디의 개수
누적 조회수	해당 게시자에 올라온 콘텐츠 조회수의 합
동영상 수	해당 게시 채널에 업로드된 동영상의 개수
가입 연도	해당 게시 채널이 활동을 시작한 연도

또한 소셜미디어에서는 단방향의 온라인 관계를 형성할 수 있다. A 사용자가 B 사용자와 서로 이웃을 맺을 때, B 사용자의 대응이 없어도 A 사용자가 일방적으로 B 사용자를 팔로우(follow)할 수 있다. 이때 A 사용자를 B 사용자의 팔로워(follower)라 하고, B 사용자를 A 사용자의 팔로이(followee)라고 한다. 즉, 수락을 받지 않고 관계 맺기가 가능하기 때문에 팔로우 수와 팔로워 수 간에 불균형이 나타날 수도 있다. 따라서 개인 계정에서 팔로우 수가 많다는 의미는 사용자가 팔로우하는 계정이 많다는 의미이다. 즉, 팔로우 수가 많은 사용자는 다른 사용자의 정보를 지속적으로 구독(subscribe)하고 있다는 의미를 갖는다.

이러한 팔로우 관계는 단순히 친교를 나타내는 온라인 관계뿐만 아니라 정보의 구독을 하는 기능적인 역할도 담당하고 있다. 따라서 팔로우 수가 높은 사용자는 팔로우 수가 낮은 사용자에 비해 구독하는 계정이 많기 때문에 더 많은 정보를 접할 가능성이 높다. 읽기(팔로우 수가 높은 사용자)와 쓰기(게시물 수가 높은 사용자)가 네트워크 크기와 현존감에 영향을 미치고, 그 영향이 사회 연계망까지 이어진다고 할 수 있다. 이와 관련하여 팔로워 수가 높은 사용자의 경우는 사회적 관계의 증가로 이어질 가능성이 높다. 어느 사용자가 작성한 게시물을 보는 사람이 많다는 것은, 해당 사용자가 인적 네트워크에서 중심부에 위치할 확률이 높다는 것을 의미한다. 다시 말해, 팔로워 수가 높은 사용자는 빠르고 넓은 정보 확산을 가능하게 하는 등 정보 전파에 큰 역할을 할 수 있다. 또한 팔로워 수가 높다는 것은 사용자가 가진 정보 유형이 다른 사용자들에게 높은 인기를 차지함을 나타낸다.

(2) 공유 · 확산 네트워크 분석

소셜미디어상의 정보 공유 · 확산 정도를 분석하기 위해서는 특정 플랫폼 내 댓글쓰기(comment), 공유하기(share), 리트윗(RT) 등 콘텐츠에 반응하고 확산에 참여하는 행위에 주목할 필요가 있다. 예를 들면, 온라인상 사용자 간의 정보 확산 경로에 있어 댓글 네트워크는 다양한 연결 형태로서 중요한 의미를 가진다. 특정 콘텐츠를 보고 해당 콘텐츠에서 많은 댓글을 접할 경우 콘텐츠 내에 등장하는 대상(예: 제품이나 이슈)이나 유사 콘텐츠에 대한 검색을 유발하는 것으로 이해할 수 있다(곽기영, 2014; 정원준 외, 2020).

또한 댓글은 여러 가지 확산 가능성을 내포한다. 댓글 네트워크는 콘텐츠에 대한 사용자의 태도에 영향을 줄 수 있으며, 여러 사용자의 댓글이 모여 구전에 대한 영향력이 증가되고 확산력을 가지게 된다. 댓글은 하나의 사용자만 반응하는 커뮤니케이션이 아니라 반응에 대한 재반응이 이어지는 상호 커뮤니케이션 과정이기에 확산의 영향력이 높다고 할 수 있다(장우영, 송경재, 2017).

한편, 소셜미디어 플랫폼에 따른 특성 차이와는 관계없이 네트워크 내의 소수 사용자에 의해 정보 확산이 이루어지며, 이들은 다른 이들을 매개하는 역할을 한다. 즉, 소셜미디어 네트워크 구조에서 인플루언서와 같이 중재자 역할을 하는 이들이 존재하므로 이들이 누구인지 규명하고 공유 확산 효율성을 분석할 필요가 있는 것이다.

네트워크 내에서 인플루언서의 영향력은 한 명의 구성원이 소속되고 활동하는 하나의 네트워크 내에서 정보교환 활동을 통해 연결된 다른 구성원들의 중심에 위치하는 정도, 즉 얼마나 중심적인 위치를 차지하는가로 판단할 수 있다. 반면에 구전의 영향력은 한 명 이상의 인플루언서로 연결된 한 네트워크/군집이 다른 네트워크와 얼마나 강하고 폭넓게 연결되어 있는가로 판단할 수 있다.

구전의 확산력은 네트워크상에서 서로 직접적으로 연결되지 않은 구성원 사이에 존재하는 매개자 역할이 중요하다고 할 수 있다. 매개자는 그들과 연결관계를 갖고 있는 위치가 높을수록 확산력을 일으킬 수 있는 가능성이 크다는 것을 의미하며, 네트워크 내에서 기존에 연결되어 있지 않았던 그룹들을 연결할 수 있는 위치의 팔로워일수록 확산력이 높다고 판단한다(송기은, 이덕희, 2015; 장우영, 송경재, 2017; 정원준 외, 2020). 통계적으로 정리하자면, 네트워크 내에서 활동의 빈도를 나타내는 중앙성(degree centrality)은 구전 영향력을 의미하며, 매개 중앙성(betweenness centrality)은 구전 확산력을 의미한다.

종합하면, SNS 사용자는 아는 지인들과 교류하고 정보를 공유하고자 하는 목적 의도가 뚜렷하며 자신이 속한 커뮤니티 혹은 네트워크에 집중하고, 이러한 SNS는 실제 온라인 친구들에게 더 집중하도록 만드는 구조를 갖고 있다. 그렇기 때문에 밀집도가 높은 네트워크를 가지고 있는 SNS 커뮤니케이션 활동(공유, 확산 등) 분석에서 개인 네트워크의 구조에 기반하여 영향력이 큰 오피니언 리더를 식별하고 그들의 영향력을 파악하는 것이 공유 · 확산 네트워크 분석의 핵심이라 할 수 있다.

앞서 언급한 SNS의 특성과 내용 그리고 빅데이터 분석 방법을 활용한 SNS 분석 방법을 정리하면 〈표 2-3〉과 같다.

〈표 2-3〉 **소셜미디어 공유 · 확산 네트워크 분석 방법**

SNS 특징	내용	공유 · 확산 네트워크 분석 방법
참여	특정 주제에 관심이 있는 모든 사용자 간의 자발적인 공유	• post 콘텐츠와 댓글 등 텍스트 분석 • user-user 간 '좋아요' 반응 네트워크 분석 • user-user 간 '댓글'과 '답글' 반응 네트워크 분석 • user-post 간 '좋아요' 반응 네트워크 분석 • user-post 간 '댓글'과 '답글' 반응 네트워크 분석
공개	사용자 간의 피드백 및 참여에 대해 개방되어 있음	
대화	쌍방향 커뮤니케이션 방식을 지향	
커뮤니티	동일한 관심을 갖고 있는 사용자 간의 효율적인 커뮤니케이션 지원	
연결	다양한 매체 간의 링크를 통해 관계형성 촉진	

출처: 정원준 외(2020).

다음 장에서는 소셜미디어 분석을 위한 소프트웨어 중 이 책에서 관심을 가지는 NetMiner 빅데이터 분석 프로그램에 대하여 소개할 것이다.

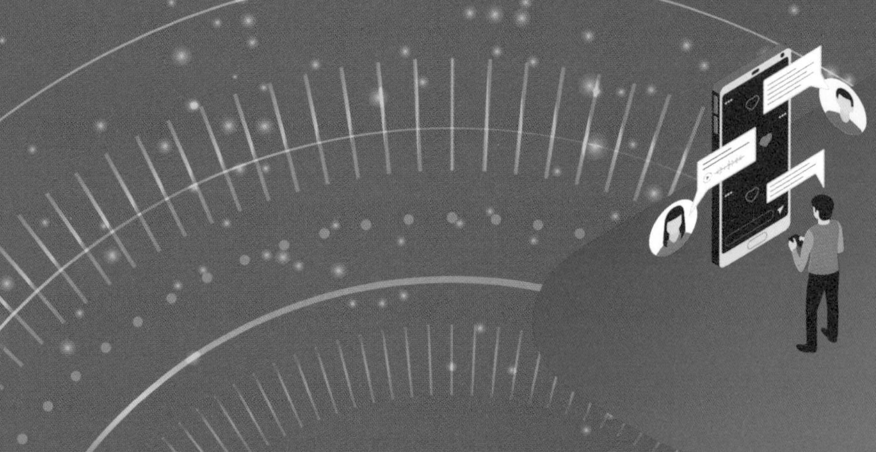

제2부

NetMiner의 이해

제3장

NetMiner의 이해

1. NetMiner 소개

NetMiner는 국내 '㈜사이람'에서 순수 국내 기술로 개발한 데이터 분석 소프트웨어로, 데이터 변환, 소셜 네트워크 분석(SNA), 통계분석, 네트워크 시각화 기능 등을 통합하고 최신의 알고리즘을 포괄하고 있는 상용 분석 소프트웨어이다. 2001년에 출시된 이후 그래프 마이닝 기법, 통계분석 기법, 기계학습 기법 등을 지속적으로 추가하면서 분석 방법론적인 측면에서 포괄 범위를 넓혀 왔으며, 탁월한 성능과 독창적인 기능, 통합적 데이터 모델, GUI(Graphic User Interface) 기반의 모드와 스크립트(script) 모드를 제공하여 사용 용이성과 확장성을 지닌 인터페이스 등 이용자 친화적인 사용 환경을 제공한다.

특히 NetMiner는 약 80개의 네트워크 분석 방법론과 약 30개의 시각화 알고리즘을 포함하고 있을 뿐 아니라 데이터마이닝 분석방법을 포함한 최대 100만 노드의 대용량 네트워크 데이터를 분석할 수 있어 다양한 빅데이터 분석에 특화되어 있다는 평가를 받고 있다.

NetMiner의 주요 특징은 다음과 같다.

• 네트워크 분석, 시각화, 탐색적 분석의 유기적 통합

NetMiner는 데이터를 분석적으로 다루는 다양한 방법을 제공함으로써 사용자가 손쉬운 방법으로 분석을 가능하게 하며, 분석 결과를 2D와 3D로 시각화하여 볼 수도 있게 한다. 또한 분석 결과를 재분석하거나 탐색할 수 있다.

• 다변량 통계 및 그래프 마이닝, 기계학습 지원

NetMiner를 통해 사용자는 소셜 네트워크 분석뿐만 아니라, 일반적인 통계 패키지에서 제공하는 다변량 통계 분석과 그래프 마이닝, 기계학습 등의 분석 방법을 사용할 수 있다.

• Python 기반의 스크립트 및 플러그인

NetMiner에서는 Python 언어를 기반으로 한 스크립트 생성 및 사용을 지원하기 때문에 프로그래밍이 가능하다면 보다 강력한 방식으로 NetMiner를 활용할 수 있다.

• 세션 방식의 분석 프로세스 저장 및 재사용

NetMiner의 모든 데이터 처리, 분석, 시각화 프로세스는 세션(session) 방식을 통해 실행되어 대상 데이터와 데이터 처리 옵션, 수행 결과 등을 변경하면서 분석을 할 수 있고 이러한 분석 이력을 쉽게 확인할 수 있다.

• 시각화 탐색 과정의 녹화 및 재생

NetMiner는 네트워크 데이터를 시각화한 결과를 이미지 파일로 저장할 수 있을 뿐 아니라 시각화 결과에 대한 편집 및 이동 등의 작업 과정을 녹화하여 재생할 수 있다.

• 분석 결과의 순환적 사용

NetMiner는 클릭 한 번으로 간단히 분석 결과를 기존의 데이터에 추가하거나 또는 새로운 입력 데이터로 이용할 수 있다.

• DB, 엑셀 등 다유형 데이터 지원

NetMiner는 기본 형식의 Text, Excel 등 데이터뿐만 아니라 Oracle, MS-SQL 등 데이

터베이스에 저장된 데이터도 접근이 가능하다.

• NetMiner 사용 환경

NetMiner를 원활하게 사용하기 위해서는 다음과 같은 시스템 환경이 갖춰져야 한다.

–OS: Microsoft Windows 10/2000/XP/Vista/7/8(x86 & x64) 이상

–Memory(RAM): 최대1,000,000개 노드분석 시 6GB 이상 권장

–HDD: 최소 400MB

–Resolution: 1,024*768 이상

이 장에서는 NetMiner를 처음 사용하는 독자를 위한 매뉴얼로서 NetMiner의 주요 기능 및 기초 사용 방법을 소개하고자 한다. 이 장의 전반적인 내용은 ㈜사이람이 작성하여 제공하는 「NetMiner 사용자 매뉴얼 한글판」에서 발췌된 내용이 많으며, 이 책의 목적에 맞게 수정되었다. 최신 버전인 NetMiner 4.4를 기준으로 작성되었으며, NetMiner 공식 웹사이트(http://netminer.com)를 방문하여 최신의 업데이트 내용을 확인하기 바란다.

2. NetMiner의 설치와 실행

1) NetMiner 다운로드하기

NetMiner 공식 웹사이트를 방문하여, ❶의 'Login' 탭에서 회원 가입을 하고 'Login'을 한 후, ❷의 'Buy&Download' 탭을 클릭한다.

[그림 3-1] NetMiner 공식 웹페이지 화면

'Buy&Download' 페이지로 이동하여, ❶의 'Evaluation Version(평가판)'을 다운로드한다. NetMiner는 기본적으로 유료이며, 사용자의 목적에 따라 종류가 다양하다. 다만, 2주간의 평가판을 제공하고 있기에, 독자들은 평가판을 다운로드 후 실습할 수 있다.

또한 SNS 분석을 위하여 웹페이지에서 제공하는 ❷의 'SNS Data Collector'라는 확장 프로그램을 동시에 다운로드하여 활용하면 된다. SNS Data Collector에 대한 설명은 '제6장 SNS Data collector'를 참고하기 바란다.

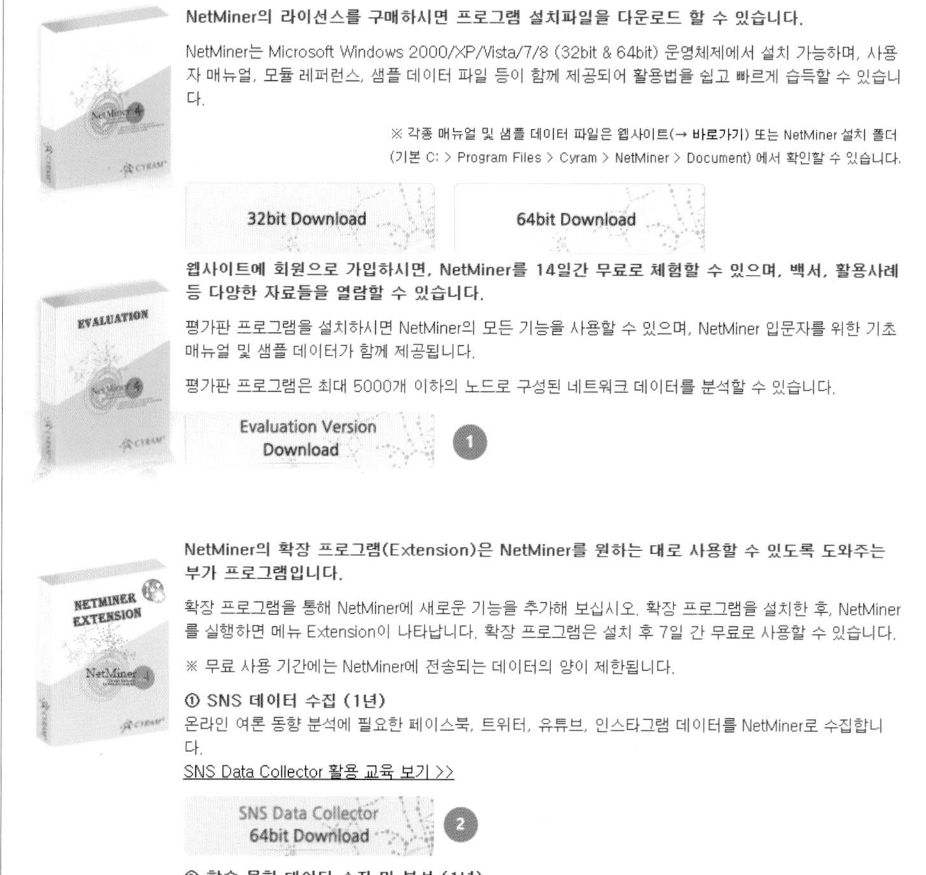

[그림 3-2] NetMiner 'Buy&Download' 페이지 화면

2) NetMiner 설치하기

NetMiner를 설치하는 방법은 다음과 같다.

(1) 1단계

[그림 3-2]의 ❶에서 'Evaluation Version(평가판)'을 다운로드 완료한 후 실행하거나, NetMiner 설치 폴더에서 'Setup.exe' 파일을 실행하면 [그림 3-3]과 같은 설치 마법사가 나타난다.

[그림 3-3] NetMiner 'Buy&Download' 완료 후 실행 화면

(2) 2단계

[그림 3-3]에서 'Next'를 클릭하면 [그림 3-4]의 'License Agreement' 창이 나타나는데, 이때 'I Agree'를 클릭하여 프로그램 설치를 시작한다.

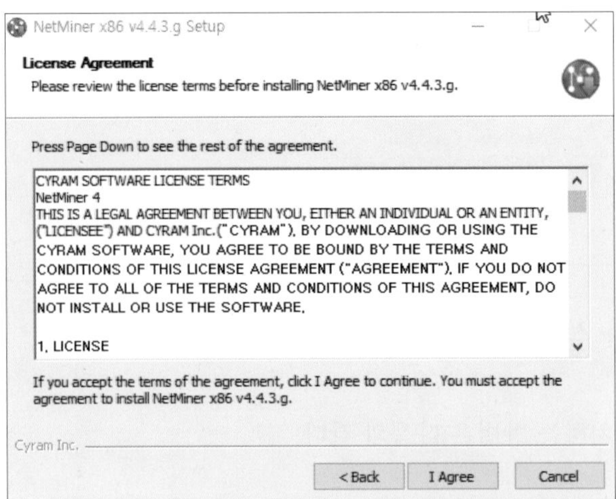

[그림 3-4] NetMiner 'License Agreement' 창 화면

(3) 3단계

라이선스 계약서에 동의한 후 NetMiner 프로그램과 하드웨어 키 드라이버를 설치할 위치를 선택한다. 기본으로 설정되는 폴더는 'C:₩Program Files₩Cyram₩NetMiner4₩'이다. 참고로 NetMiner 설치 폴더에는 프로그램 사용자 매뉴얼 및 샘플 데이터, 샘플 스크립트 등이 함께 자동으로 설치된다.

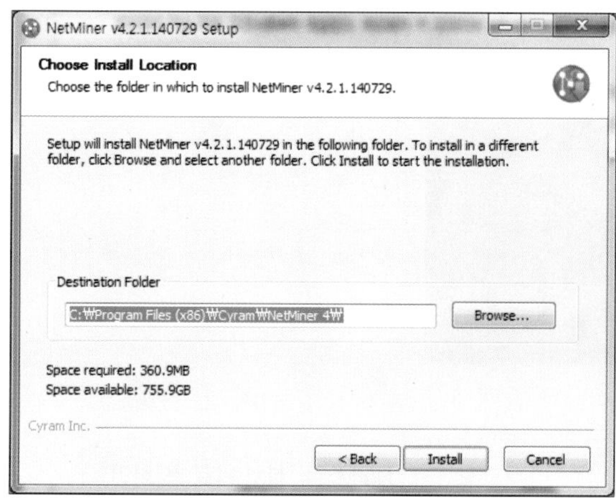

[그림 3-5] NetMiner 설정 폴더 화면

(4) 4단계

이제 NetMiner 설치 과정을 확인할 수 있다. 'Show details' 버튼을 누르면 설치 과정의 상세한 내용을 볼 수 있다.

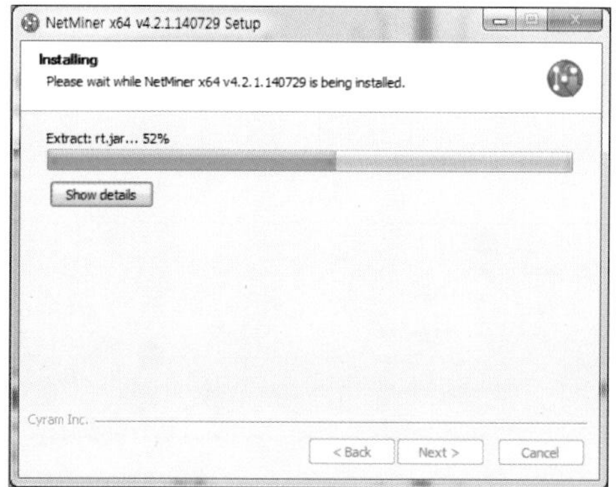

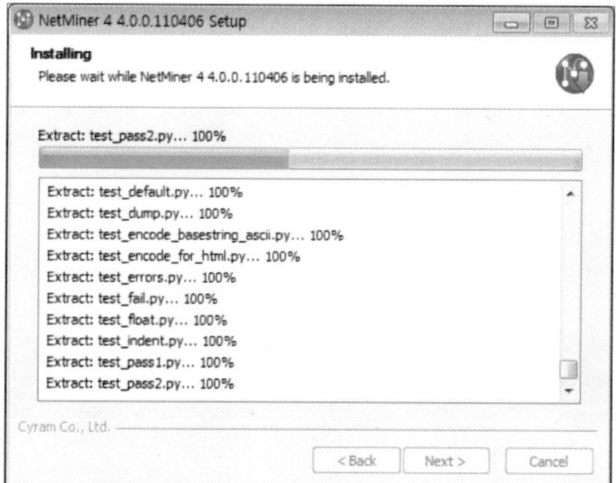

[그림 3-6] NetMiner 설치 과정 화면

(5) 5단계

설치가 완료된 후, 'Run NetMiner'를 체크하고 'Finish' 버튼을 누르면 NetMiner가 실행된다.

[그림 3-7] NetMiner 설치 완료 후 화면

(6) 6단계

NetMiner를 처음 실행하고, ❶ Help → Registration, ❷ Register this device를 실행하면 [그림 3-8]과 같은 등록 창이 나타난다.

NetMiner를 유료로 구매하면 'License Key'를 ㈜사이람으로부터 메일로 전달받게 되며, 전달받은 라이선스 키를 입력 칸에 입력한 후 등록(Register)하고 나면 full version의 NetMiner를 사용할 수 있다.

평가판을 다운로드한 독자들의 경우에는 이 과정을 생략해도 된다.

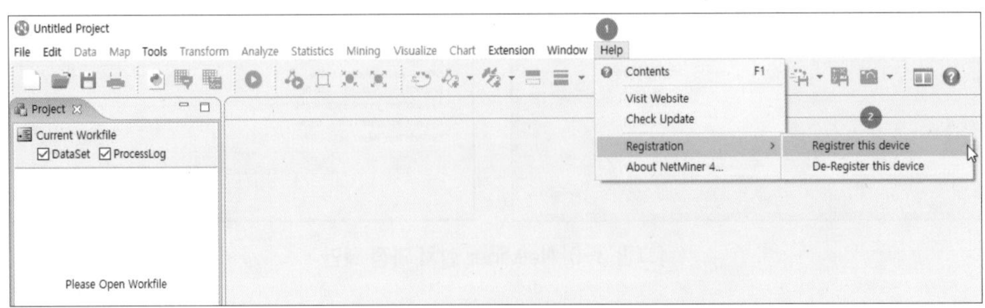

[그림 3-8] NetMiner 등록 화면

3) NetMiner 업데이트하기

NetMiner를 원활하게 사용하기 위해서는 항상 최신 버전을 유지하는 것이 좋다. 프로그램 내의 도움말(Help) 탭에서 자동 업데이트가 가능하며, NetMiner 홈페이지에서 업데이트 파일을 다운로드 받아서 수동으로 할 수도 있다.

(1) 1단계

NetMiner의 ❶ Help 탭에서 ❷ Check Update를 실행하면 자동으로 NetMiner가 최신 버전으로 업데이트된다. NetMiner를 업데이트하기 위해서는 NetMiner가 설치된 컴퓨터가 인터넷에 연결되어 있어야 한다.

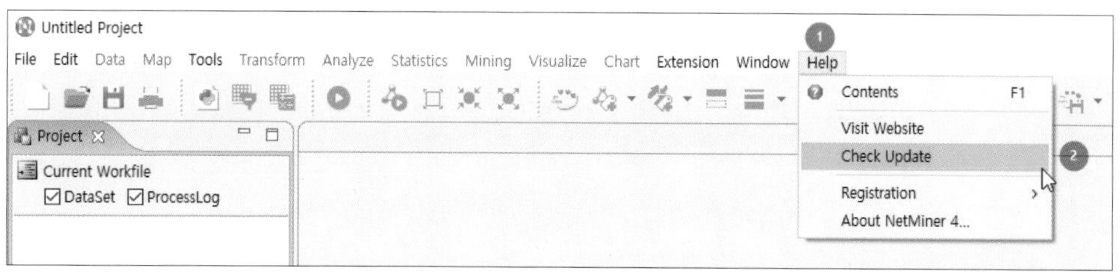

[그림 3-9] NetMiner 업데이트 안내 화면 1

(2) 2단계

현재 설치되어 있는 NetMiner가 최신 버전일 경우, [그림 3-10]과 같은 대화창이 뜬다.

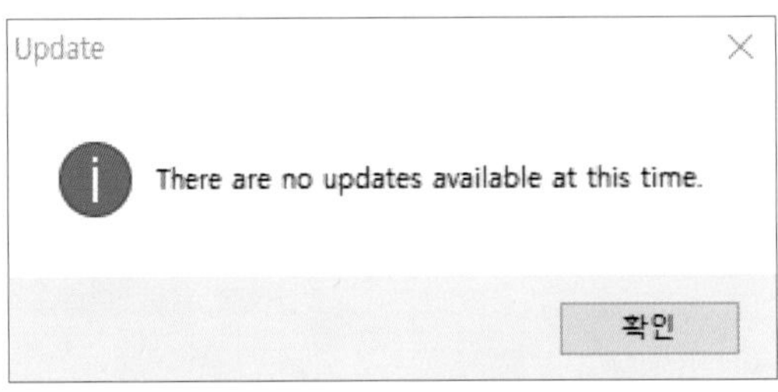

[그림 3-10] NetMiner 업데이트 안내 화면 2

현재 설치되어 있는 NetMiner가 최신 버전이 아닐 경우에는 업데이트 알림창이 나타난다. 이때 업데이트를 진행하려면 'Yes'를 누른다.

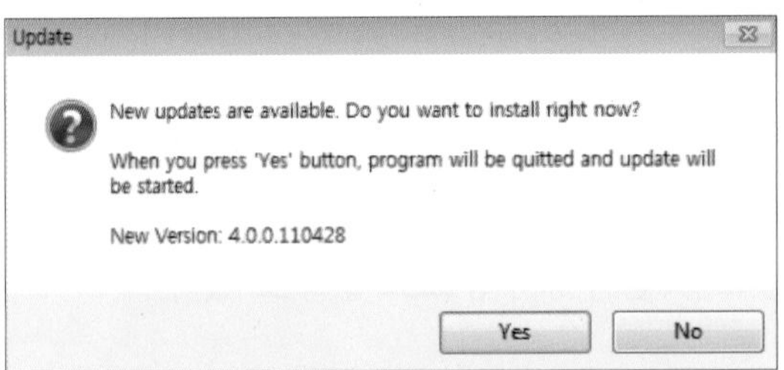

[그림 3-11] NetMiner 업데이트 안내 화면 3

(3) 3단계

인터넷을 통해 자동으로 업데이트 파일이 다운로드된다.

(4) 4단계

다운로드가 완료되면 업데이트 설치 마법사가 나타난다. 이때 'Next'를 누른다.

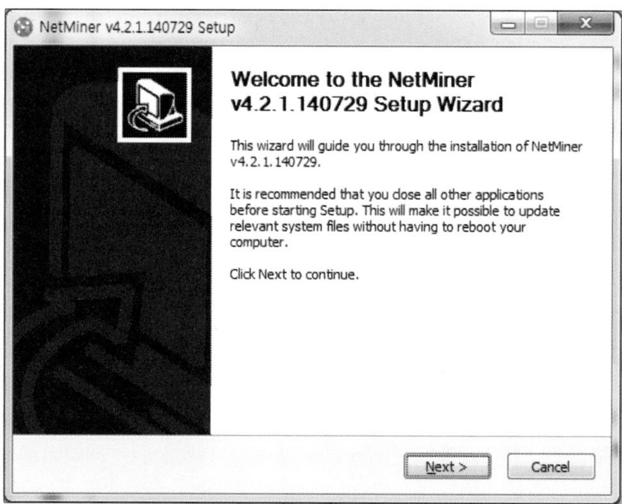

[그림 3-12] NetMiner 업데이트 안내 화면 4

(5) 5단계

프로그램 설치와 동일하게 진행된다.

(6) 6단계

NetMiner의 업데이트가 완료되면 'Run NetMiner'를 체크하여 최신 버전의 NetMiner를 사용할 수 있다.

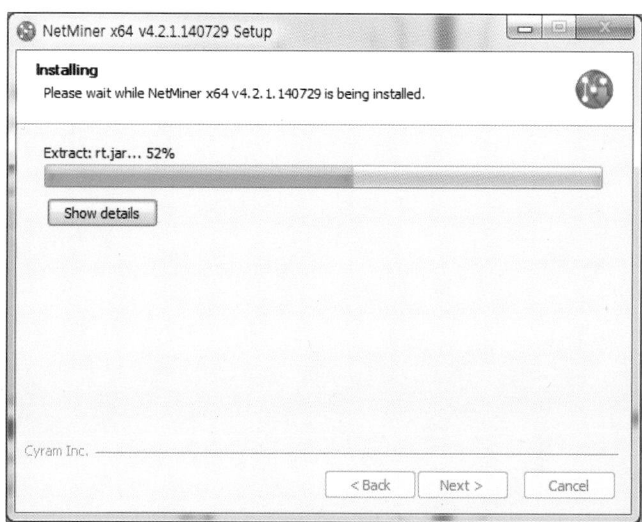

[그림 3-13] NetMiner 업데이트 실행 화면

(7) 7단계

NetMiner 설치 및 업데이트가 완료되면 컴퓨터 배경화면에 [그림 3-14]와 같은 단축 아이콘이 생성된다.

[그림 3-14] NetMiner 단축 아이콘

3. NetMiner의 기본 구성

컴퓨터 바탕화면에서 NetMiner 단축 아이콘을 클릭하는 등의 방법으로 NetMiner를 실행하면 NetMiner의 메인 화면 그리고 화면 내 구성 및 작업 환경은 [그림 3-15]와 같이 나타난다.

이 메인 화면은 데이터 입력이 없는 상태이다.

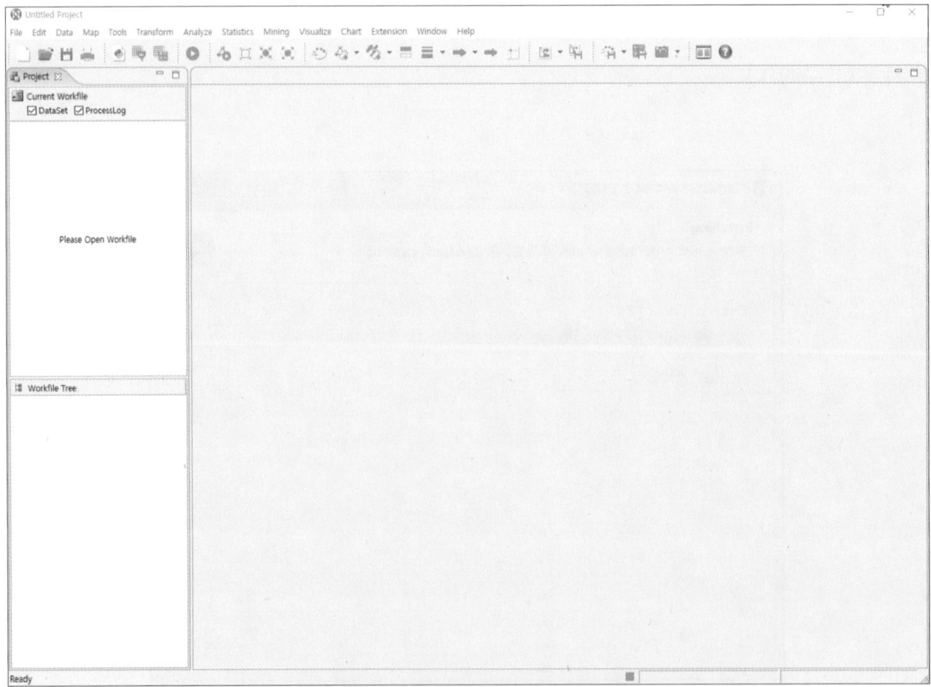

[그림 3-15] NetMiner 메인 화면

NetMiner의 메인 화면은 [그림 3-16]과 같이 구성되어 있다.

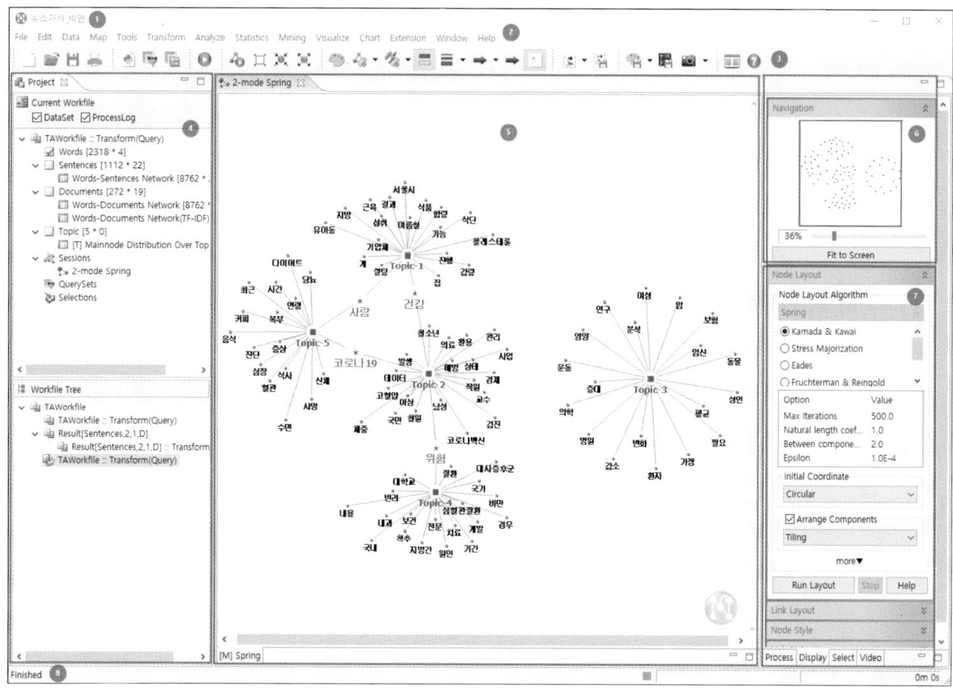

[그림 3-16] NetMiner 메인 화면 구성

❶ 제목 표시줄(Title Bar)

❷ 주메뉴 표시줄(Main Menu)

❸ 도구 모음(Tool Bar)

❹ 데이터 관리 영역-현재 작업파일(Current Workfile)-작업파일 목록(Workfile Tree)

❺ 데이터 편집 패널(Data Editing Panel)

❻ 데이터 컨트롤 패널(Data Control Panel)

❼ 프로세스 관리 영역-프로세스 결과 패널(Output Panel)-프로세스 컨트롤 패널 (Process Control Panel)

❽ 상태 표시줄(Status bar)

1) 제목 표시줄

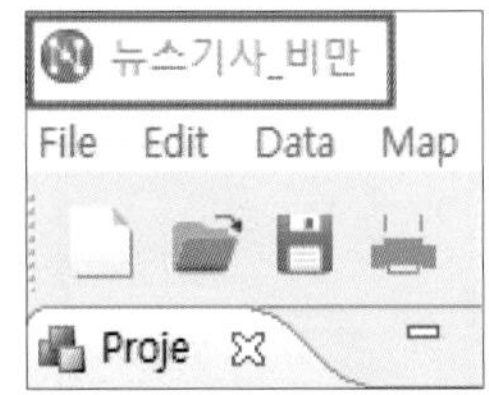

NetMiner의 제목 표시줄(Title Bar)은 NetMiner 로고와 nmf 파일[1] 이름(이 예시에서는 '뉴스기사_비만')을 표시하고 있다. 사용자는 이를 통해 현재 작업 중인 프로젝트 파일을 확인할 수 있다.

2) 주메뉴 표시줄

NetMiner의 주메뉴(Main Menu)는 파일(File), 편집(Edit), 데이터(Data), 맵(Map), 도구(Tools), 변환(Transform), 분석(Analyze), 통계(Statistics), 시각화(Visualize), 차트(Chart), 확장 기능(Extension), 창(Window), 도움말(Help)로 구성되어 있다. 분석/시각화를 위한 모듈은 [그림 3-17]에서 보는 것과 같이 붉은색 박스 안에 담겨 있다.

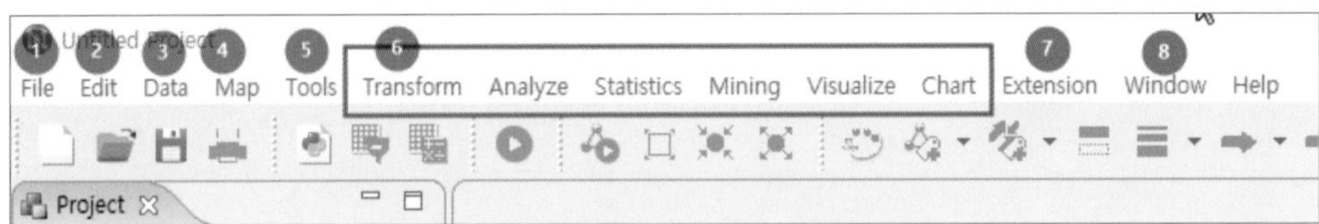

[그림 3-17] NetMiner 주메뉴 표시줄

❶ 파일(File): 열기(Open), 저장하기(Save), 가져오기(Import), 내보내기(Export) 등 파일 입출력 관련 메뉴들이 있다.

❷ 편집(Edit): 복사하기/붙여넣기(Copy/Paste) 등의 편집 기능과 프로그램의 전체 옵션 설정을 위한 환경설정(Preference) 기능이 포함되어 있다.

❸ 데이터(Data): 현재 작업파일 각각의 세부 데이터들을 관리하기 위한 것이다.

❹ 맵(Map): 네트워크 맵에 관한 여러 가지 컨트롤 기능이 담겨 있다.

❺ 도구(Tools): 분석을 위한 다양한 도구 및 기능을 포함하고 있다.

❻ 변환(Transform)에서 차트(Chart)까지의 분석/시각화 모듈을 포함한다.

1) nmf 파일이란 NetMiner File의 줄임말로 NetMiner로 생성되고 저장된 고유 파일을 의미한다.

❼ 확장 기능(Extension): 확장 기능은 'SNS Data collector' 기능을 사용할 수 있는 메뉴이다.

❽ 창(Window): 하위 창들을 보이게 하거나 숨기게 하는 기능을 선택할 수 있다.

마지막으로, 도움말(Help): 도움말을 열거나 프로그램 업데이트 등을 확인할 수 있는 기능들이 포함되어 있다.

3) 도구모음

NetMiner에서는 자주 사용되는 기능들을 편리하게 사용할 수 있도록 하기 위하여 도구모음(Tool Bar)을 구성하여 제공하고 있다. 도구모음에 있는 기능은 주메뉴나 각 분석 세션의 컨트롤 패널(Control Panel)을 통해서도 실행할 수 있다. 도구모음의 아이템들은 항상 활성화되어 있는 것은 아니고, 현재 활성화되어 있는 다른 기능에 따라 선택적으로 활성화된다. 각 도구모음에 대한 설명은 다음과 같다.

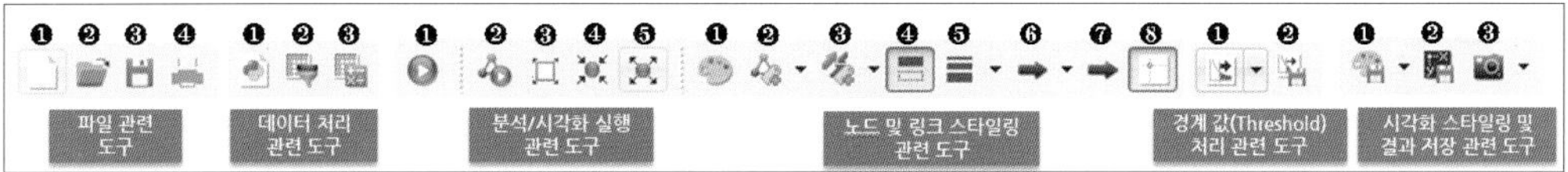

[그림 3-18] NetMiner 도구모음

(1) 파일 관련 도구

❶ 프로젝트 새로 만들기(New Project): 새로운 프로젝트 생성하기

❷ 프로젝트 열기(Open Project): 기존 프로젝트 파일(NMF) 가져오기

❸ 프로젝트 저장(Save Project): 현재 작업 중인 프로젝트 저장하기

❹ 프린트(Print): 메인 리포트 프린트하기

(2) 데이터 처리 관련 도구

❶ 스크립트 워크벤치(Script Workbench): 반복 작업 및 자동 작업 등이 가능한 스크립트 워크벤치 활성화

❷ 쿼리(Query): 특정 노드와 링크의 선택 조건을 편집할 수 있는 쿼리 세션 활성화

❸ 매트릭스 계산(Matrix Calculator): 매트릭스 계산 세션(명령어 입력 방식) 활성화

(3) 분석/시각화 실행 관련 도구

❶ 프로세스 실행(Run Process): 현재 화면에 활성화되어 있는 분석 모듈 재실행하기

❷ 레이아웃 실행(Run Layout): 현재 화면에 활성화되어 있는 맵에서 레이아웃 재실행하기

❸ 창에 맞춤(Fit to Screen): 현재 윈도우의 크기에 맞게 네트워크 맵 크기 자동 조정하기

❹ 노드 확대(Zoom Node +): 현재 네트워크 맵의 노드, 레이블의 크기 확대

❺ 노드 축소(Zoom Node −): 현재 네트워크 맵의 노드, 레이블의 크기 축소

(4) 노드 및 링크 스타일링 관련 도구

❶ 노드 및 링크 속성 스타일링(Node Attribute Styling): 노드 및 링크 속성에 따른 스타일링 대화창 활성화

❷ 노드 레이블(Node Label): 메인 노드의 속성 중에서 노드 레이블로 표시할 것 선택하기

❸ 링크 레이블(Link Label): 링크의 가중치나 속성 중에서 레이블로 표시할 것 선택하기

❹ 링크 표시(Link Line): 링크를 표시하거나 숨기기

❺ 링크 굵기(Link Width): 링크의 굵기 선택하기

❻ 링크 화살표 설정(Link Head): 링크의 화살표 모양 설정하기

❼ 링크 방향성(Directional Link Style): 동일한 2개의 노드 사이에 양방향 링크가 존재하는 경우, 각각 따로 표시하기

❽ 축 보기(Show Axis): 네트워크 맵에서 축 보여 주기

(5) 경계값 처리 관련 도구

❶ 링크 경계값 설정(Link Threshold): 슬라이드 바를 이용하여 네트워크 맵에서 링크의 가중치에 따라 링크 숨기거나 보여 주기

❷ 쿼리셋에 링크 경계값 저장하기(Save Threshold to Query Set): 링크 경계값을 조정하여 현재 네트워크 맵에 보이는 링크의 추출 조건을 쿼리셋으로 저장하기

(6) 시각화 스타일링 및 결과 저장 관련 도구

❶ 스타일 저장(Save Styles): 현재 네트워크 맵에 적용되어 있는 스타일을 저장하기

❷ 현재 좌표 저장(Save Coordinate): 현재 네트워크 맵의 좌표를 메인 노드의 속성으로 저장하기

❸ 네트워크 맵 저장(Save to File/Clipboard): 현재 네트워크 맵을 이미지로 저장하거나 클립보드로 복사하기

4) 데이터 관리 영역

NetMiner의 데이터 관리 작업은 [그림 3-19]에 표시된 데이터 관리 영역(Data Management Area)에서 이루어진다. 데이터 관리 영역은 ❶ 현재 작업파일(Current Workfile)과 ❷ 작업파일 목록(Workfile Tree)으로 구분할 수 있다.

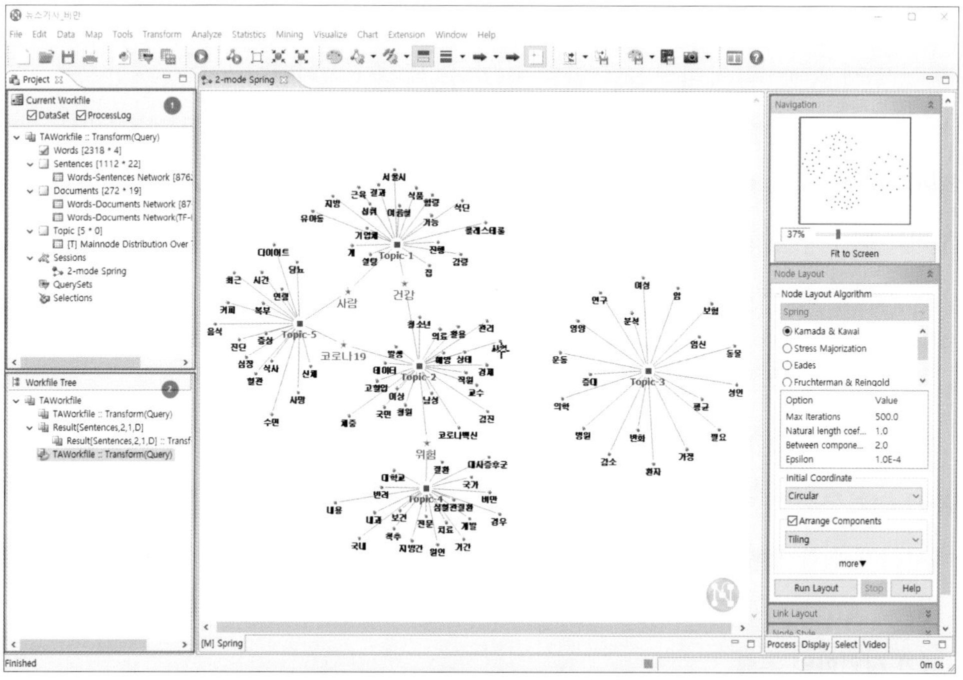

[그림 3-19] NetMiner 데이터 관리 영역

(1) 현재 작업파일

현재 작업파일(Current Workfile)은 현재 활성화되어 있는 작업파일의 데이터셋(data set)과 프로세스 로그(Process Log)를 확인하고 관리하기 위한 영역이다.

먼저, 맨 윗부분의 ❶ 체크박스를 통해서 데이터셋 혹은 프로세스 로그만 선별적으로 표시할 수 있다. 또한 사용자는 현재 분석/시각화를 위해 사용하고 있는 ❷ 데이터셋이 무엇인지 그리고 이 데이터셋을 이용하여 진행되고 있는 ❸ 프로세스 로그에는 어떤 것들이 있는지 확인할 수 있다.

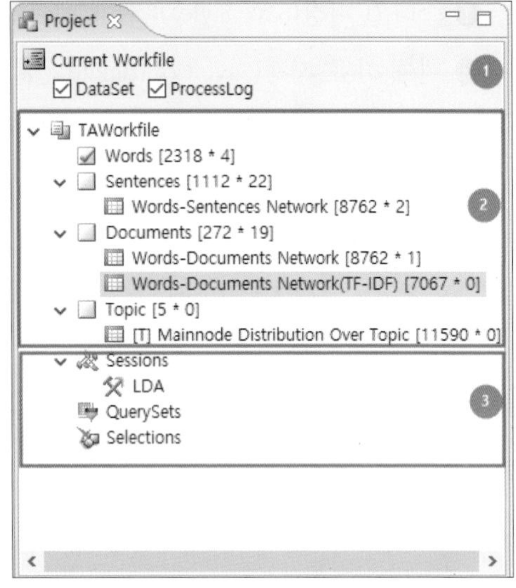

[그림 3-20] **'현재 작업파일' 화면**

데이터셋의 개별 데이터 아이템(data item)을 클릭하면 오른쪽 영역(데이터 편집 패널)에서 해당 데이터의 내용을 확인할 수 있다. 데이터 아이템이 노드셋(메인 노드셋과 서브 노드셋)인 경우에는 옆에 노드와 속성의 개수가 표시된다. 예를 들면, [그림 3-20]에서 'Words [2318*4]'는 노드(단어)의 개수가 2,318개이고, 속성이 4개가 있음을 나타낸다.

프로세스 로그의 해당 세션을 클릭하면 분석/시각화 결과와 이를 위한 컨트롤 패널이 나타난다. 또한 쿼리셋(Query Sets)과 선택 집합(Selections)에 있는 데이터는 프로세스 패널에 있는 필터(Filter)에서 불러들여(Load) 사용할 수 있다.

이 예시의 세션(Sessions)에 있는 'LDA'에는 토픽모델링 분석 시 수행한 각종 옵션과 분석 결과들이 담겨 있다. 해당 분석이 현재의 데이터셋으로부터 이루어진 것이므로 데이터셋과 함께 관리할 수 있도록 한 것이다.

(2) 작업파일 목록

[그림 3-21]과 같이 하나의 프로젝트가 여러 개의 작업파일을 포함할 수 있도록 설계된 것은 노드셋이 다른 작업파일이라도 같은 맥락의 데이터들이라면 사용자가 하나의 프로젝트로 관리하여 분석의 편의성을 높일 수 있도록 하기 위해서이다.

작업파일 목록(Workfile Tree)에서는 현재 프로젝트의 작업파일들이 트리 구조로 나열된다. 현재 작업파일은 노란색 아이콘으로 표시되어 다른 작업파일들과 구분할 수 있다. 작업파일을 활성화하기 위해서는 더블 클릭하면 된다.

NetMiner는 내부 프로세스 작동 과정에서 데이터셋이 변경되었을 경우 자동으로 새로운 작업파일을 생성하기 때문에 사용자는 작업파일 목록을 통해서 분석 진행 과정을 쉽게 파악할 수 있을 뿐만 아니라 체계적으로 작업파일을 관리할 수 있어 분석의 효율을 높일 수 있다.

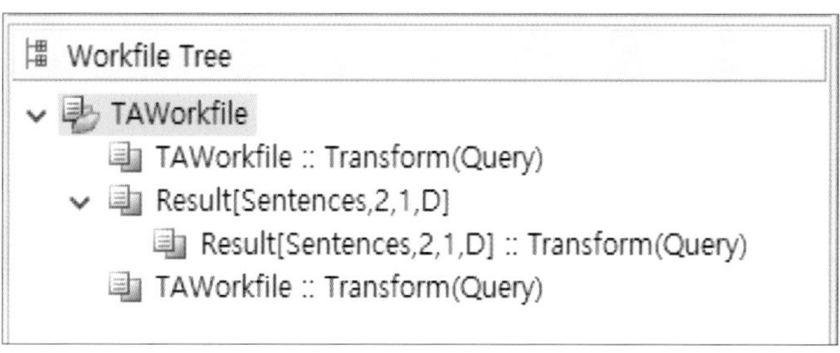

[그림 3-21] **'작업파일 목록' 화면**

5) 데이터 편집 영역

데이터 편집 영역(Data Editing Area)은 ❷ 데이터 편집 패널(Data Editing Panel)과 ❸ 데이터 컨트롤 패널(Data Control Panel)로 구분된다. 현재 작업파일의 데이터셋 부분에서 각각의 데이터를 더블 클릭하면 데이터 편집 패널이 생성되면서 활성화된다. 여러 개의 패널을 활성화하고, ❶ 상단의 탭을 이용하여 전환할 수 있다.

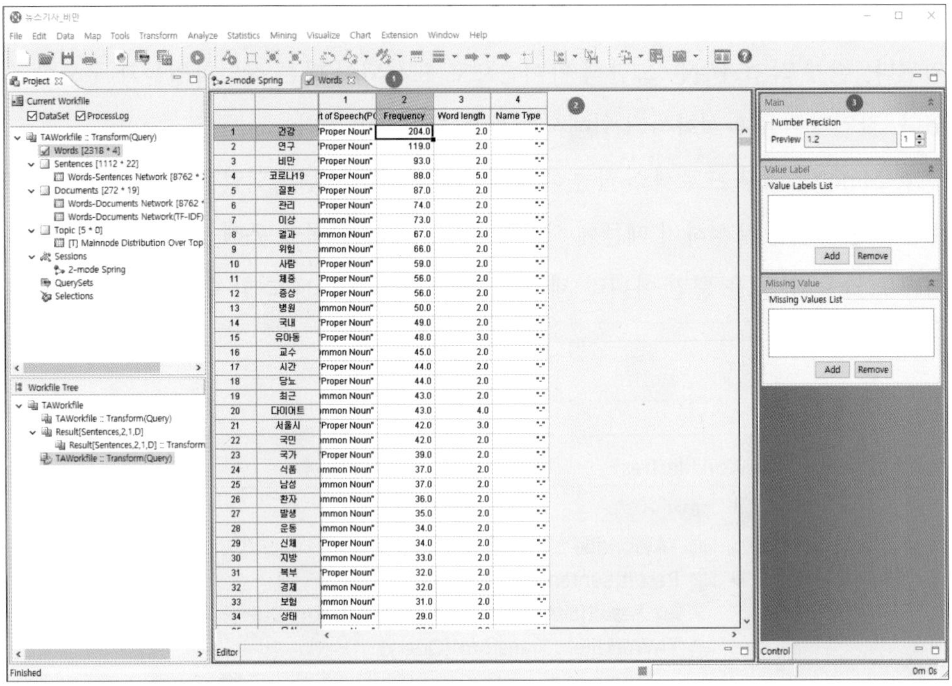

[그림 3-22] NetMiner 데이터 편집 영역

(1) 데이터 편집 패널

데이터 편집 패널은 현재 작업파일의 데이터셋 영역에서 각각의 데이터를 더블 클릭하면 활성화된다. 메인 노드셋과 서브 노드셋을 편집할 때, 속성 데이터를 추가하거나 편집할 수 있다. 1-모드 네트워크와 2-모드 네트워크를 편집할 때는 엣지 리스트 보기(Edge List View)와 매트릭스 보기(Matrix View) 중에 선택하여 편집한다. 매트릭스 보기에서는 엑셀과 같은 스프레드시트 프로그램에서 제공하는 기본적인 편집 기능을 제공하여 네트워크 데이터를 쉽게 편집할 수 있다. 한편, 엣지 리스트 보기에서는 링크 속성 및 다차원 링크 등을 표현할 수 있다.

〈엣지 리스트 보기〉

	1 Source	2 Target	3 Weight
1	소통정책2	소통정책	16.0
2	소통정책2	디지털소통기획	4.0
3	소통정책2	여론과	6.0
4	소통정책2	소통지원	11.0
5	소통정책1	소통정책	20.0
6	소통정책1	소통협력	13.0
7	소통정책1	분석과	8.0
8	소통정책1	디지털소통기획	6.0
9	소통협력1	소통협력	29.0
10	소통협력1	소통정책	21.0
11	소통협력1	콘텐츠기획	5.0
12	소통협력1	뉴미디어소통	3.0
13	소통협력1	정책포털	1.0
14	소통정책1	여론과	8.0
15	분석과2	분석과	20.0
16	분석과2	소통정책	12.0
17	분석과2	소통협력	3.0
18	분석과2	여론과	2.0
19	분석과2	콘텐츠기획	2.0
20	여론과1	여론과	10.0
21	여론과1	콘텐츠기획	7.0
22	여론과1	분석과	3.0
23	여론과1	디지털소통기획	2.0
24	여론과1	디지털소통제작	1.0
25	소통정책2	콘텐츠기획	5.0
26	소통정책2	디지털소통제작	10.0
27	소통정책2	분석과	6.0
28	뉴미디어소통2	소통정책	10.0

Edge List | Matrix

〈매트릭스 리스트 보기〉

		1 소통정책2	2 소통정책	3 디지털소통기획	4 여론과	5 소통지원	6 소통정책1
1	소통정책2		16.0	4.0	6.0	11.0	
2	소통정책						
3	디지털소통기획						
4	여론과						
5	소통지원						
6	소통정책1		20.0	6.0	8.0	5.0	
7	소통협력						
8	분석과						
9	소통협력1		21.0		2.0	9.0	
10	콘텐츠기획						
11	뉴미디어소통						
12	정책포털						
13	분석과2		12.0		2.0	6.0	
14	여론과1		4.0	2.0	10.0		
15	디지털소통제작						
16	뉴미디어소통2		10.0	8.0			
17	뉴미디어소통1		11.0	11.0		5.0	
18	디지털소통기획2		3.0	5.0			
19	분석과3		5.0			3.0	
20	여론과2		3.0	4.0	5.0		
21	디지털소통기획1		1.0	13.0			
22	기타2		3.0			1.0	
23	콘텐츠기획3		5.0	1.0	4.0		
24	기타1		4.0		5.0		
25	디지털소통제작2		9.0	3.0	2.0		
26	소통지원2		10.0		2.0	15.0	
27	분석과1		16.0		4.0	11.0	
28	콘텐츠기획1		8.0		6.0		

Edge List | Matrix

[그림 3-23] **엣지와 매트릭스 편집 보기**

(2) 데이터 컨트롤 패널

데이터 컨트롤 패널은 데이터 편집 작업을 위한 컨트롤 아이템들(Control Items)을 담고 있다. 메인(Main), 값 레이블(Value Label), 결측치(Missing Value)의 세 가지 컨트롤 아이템으로 구성되어 있다. 참고로 노드셋 데이터에 대한 컨트롤 아이템과 네트워크 데이터에 대한 컨트롤 아이템은 다르다. 노드셋 데이터에 대한 메인 컨트롤 아이템에는 소수점 자릿수 설정 기능만 담겨 있다. 메인 컨트롤 아이템의 나머지 기능들은 모두 네트워크 데이터의 편집을 위한 것이다. 또한 1-모드 네트워크의 경우에는 그래프 편집기(Graph Editor)를 열었을 때 활성화되는 디스플레이 패널(Display Panel)을 이용하여 간단히 맵을 편집할 수 있다.

[그림 3-24] NetMiner 데이터 컨트롤 패널

❶ 메인(Main)

- 네트워크 정보(Network Information): 현재 데이터에 다차원 링크가 있는지 여부 및 방향이 있는 데이터인지 여부가 표시된다.
- 소수점 자릿수 설정(Number Precision): 소수점 자릿수 설정을 위한 것이다. 소수점 6자리까지 표시할 수 있다.
- 순열 벡터(Permutation Vector): 매트릭스 보기에서 노드의 순서를 어떤 기준으로 정렬할지를 메인 노드 속성 중에서 선택할 수 있다.
- 링크 속성 선택(Choose Link Attribute): 링크 속성이 있는 네트워크 데이터의 경우에 매트릭스 보기의 각 셀에 표시될 값을 선택할 수 있다.
- 그래프 편집기(Graph Editor): 디스플레이 패널을 통해서 간단히 맵을 편집할 수 있다.

❷ 값 레이블(Value Label): 숫자 형식의 데이터에 레이블을 부여한다. 예를 들어, 1, 2, 3의 값으로 이루어진 데이터에 “사원” “대리” “과장”이라고 표시하고자 할 때 사용된다.

❸ 결측치(Missing Value): 특정 데이터를 결측치로 지정할 수 있다. 결측으로 지정된 데이터는 해당 셀의 색깔이 붉은색으로 변하며, 각종 분석지표 계산에서 제외된다.

6) 프로세스 관리 영역

프로세스 관리 영역(Process Management Area)은 변환(Transform), 분석(Analyze), 통계(Statistics), 시각화(Visualize), 차트(Chart)의 메뉴를 실행할 때 활성화되는 영역이다. 현재 작업파일을 열어서 활성화할 수도 있다.

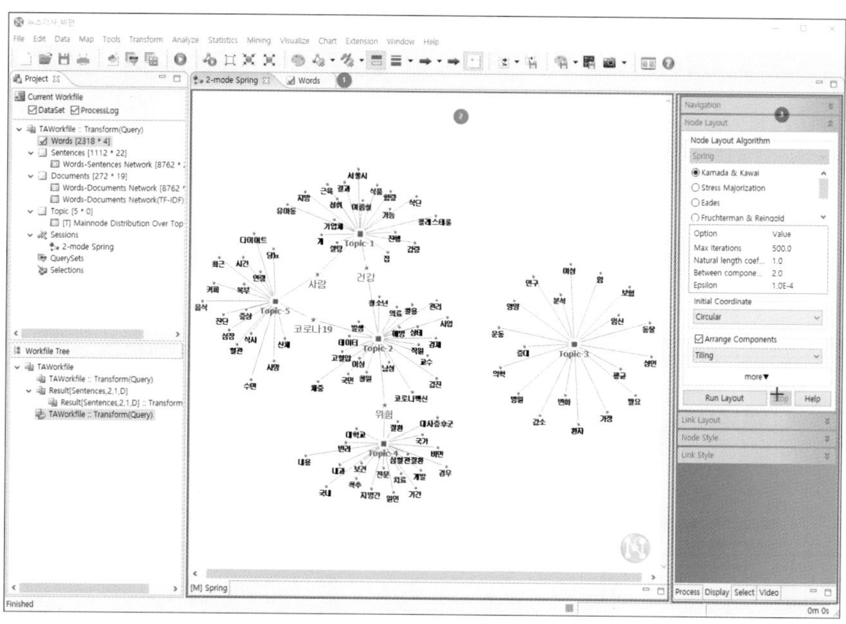

[그림 3-25] NetMiner 프로세스 관리 영역

프로세스 관리 영역에서 분석/시각화 작업 및 데이터 편집 작업을 수행할 수 있으며, 동시에 여러 개의 패널을 생성할 수 있고 생성된 패널의 이동은 [그림 3-25]의 ❶ 상단 탭을 통해서 가능하다.

프로세스 관리 영역은 ❷ 프로세스 결과 패널(Process Output Panel)과 ❸ 프로세스 컨트롤 패널(Process Control Panel)로 구분할 수 있다. 결과 패널은 분석/시각화 산출물들을 표시하는 영역이고, 컨트롤 패널은 분석/시각화를 위한 각종 옵션을 설정하는 영역이다.

(1) 프로세스 결과 패널

프로세스 결과 패널은 각종 분석/시각화 산출물을 표시하는 영역이다. 표시하는 산출물은 〈표 3-1〉과 같이 구분할 수 있다. 해당 산출물들은 프로세스 결과 패널 아래쪽에 위치한 내부 탭을 통해 이동할 수 있다.

〈표 3-1〉 **프로세스 결과 패널**

종류		내부 탭 표시	설명
메인 리포트(Main Report)		[R]Main	분석 전체 결과를 요약해서 보여 준다. 분석 모듈별로 하나의 메인 리포트가 산출된다.
수치 테이블(Numerical Table)		[T]분석 결과 이름	해당 분석 모듈에 따라 테이블이 산출된다.
시각화 산출물	네트워크 맵(Network Map)	[M]분석 결과 이름	시각화 산출물이다. 탐색 패널(Inspect Panel)을 통해 탐색적 분석을 할 수 있다.
	차트(Chart)	[C]분석 결과 이름	차트 산출물이다.

〈메인 리포트〉

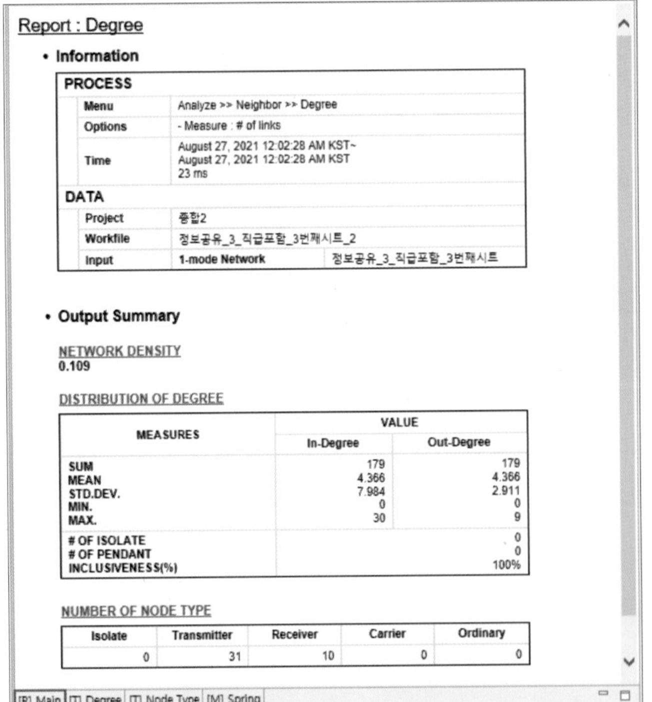
Report : Degree

- Information

PROCESS		
Menu	Analyze >> Neighbor >> Degree	
Options	- Measure : # of links	
Time	August 27, 2021 12:02:28 AM KST~ August 27, 2021 12:02:28 AM KST 23 ms	
DATA		
Project	종합2	
Workfile	정보공유_3_직급포함_3번째시트_2	
Input	1-mode Network	정보공유_3_직급포함_3번째시트

- Output Summary

NETWORK DENSITY
0.109

DISTRIBUTION OF DEGREE

MEASURES	VALUE	
	In-Degree	Out-Degree
SUM MEAN STD.DEV. MIN. MAX.	179 4.366 7.984 0 30	179 4.366 2.911 0 9
# OF ISOLATE # OF PENDANT INCLUSIVENESS(%)		0 0 100%

NUMBER OF NODE TYPE

Isolate	Transmitter	Receiver	Carrier	Ordinary
0	31	10	0	0

[R] Main [T] Degree [T] Node Type [M] Spring

〈수치 테이블〉

		1	2
		In-Degree	Out-Degree
1	소통정책	30	0
2	디지털소통제작	20	0
3	디지털소통기획	18	0
4	분석과	18	0
5	여론과	17	0
6	콘텐츠기획	16	0
7	뉴미디어소통	16	0
8	소통지원	15	0
9	소통협력	15	0
10	정책포털	14	0
11	소통정책2	0	9
12	소통정책1	0	8
13	소통협력1	0	8
14	분석과2	0	7
15	여론과1	0	6
16	뉴미디어소통2	0	7
17	뉴미디어소통1	0	8
18	디지털소통기획2	0	6
19	분석과3	0	4
20	여론과2	0	6
21	디지털소통기획1	0	5
22	기타2	0	5
23	콘텐츠기획3	0	5
24	기타1	0	3
25	디지털소통제작2	0	8
26	소통지원2	0	7
27	분석과1	0	8
28	콘텐츠기획1	0	6
29	소통지원1	0	6
30	콘텐츠기획2	0	5
31	뉴미디어소통3	0	5
32	콘텐츠기획4	0	3
33	여론과3	0	4
34	소통지원3	0	4
35	정책포털1	0	5

[R] Main [T] Degree [T] Node Type [M] Spring

〈시각화 산출물〉

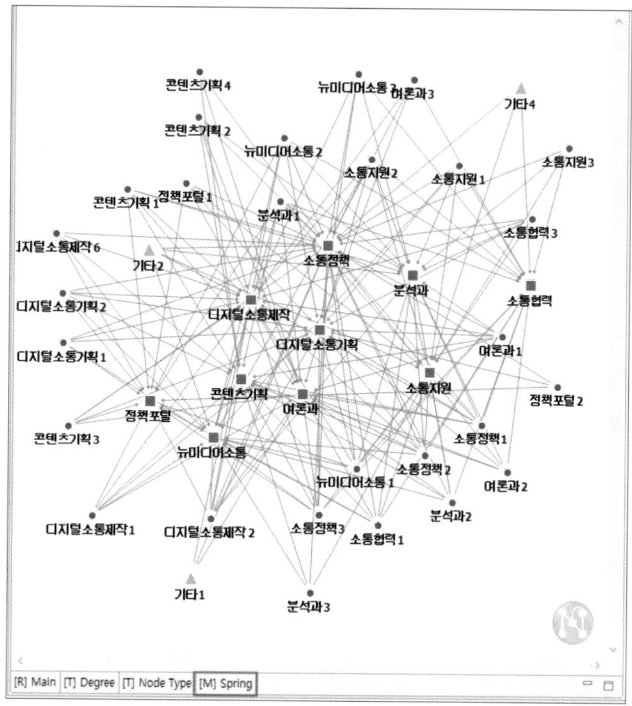

[그림 3-26] NetMiner 프로세스 결과 산출

(2) 프로세스 컨트롤 패널

프로세스 컨트롤 패널은 분석/시각화 산출물에 대한 컨트롤 및 산출물 제어를 위한 영역이다. 프로세스(Process), 디스플레이(Display), 선택(Select), 검시(Inspect) 패널로 구성되어 있으며, 컨트롤 패널 아래쪽에 위치한 내부 탭을 통해 이동할 수 있다. 프로세스 탭은 분석 수행 전에 분석 옵션을 설정하기 위한 것이며, 디스플레이, 선택, 탐색 탭은 분석 수행 후 시각화 분석결과에 대해 추가적인 작업을 하고자 할 때 활성화된다. 각각의 개별 탭들은 세부 컨트롤 아이템들로 구성되어 있으며, 컨트롤 아이템은 축소 혹은 확장될 수 있다.

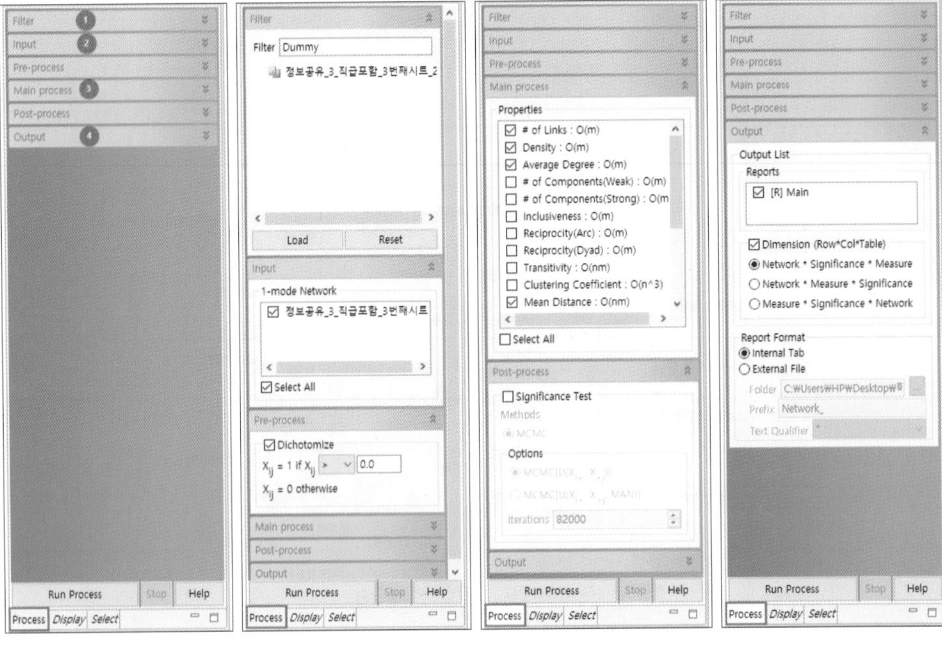

[그림 3-27] NetMiner 프로세스 탭

I 프로세스 탭

❶ 필터(Filter): 현재의 데이터셋에서 특정 노드와 링크를 추출하여, 세션에서 분석에 사용하기 위한 것이다. 필터에서 저장되어 있는 쿼리셋(Query Sets)과 선택 집합(Selections)을 불러와 적용할 수 있다. 예를 들어, 쿼리셋에 성별로 나눈 데이터가 존재할 경우 이를 불러들여 성별에 따른 분석/시각화를 할 수 있다.

❷ 입력(Input): 분석 수행을 위해 사용될 데이터를 선택할 수 있다. 분석 모듈에 따라서 1개의 데이터를 선택하거나 여러 개의 데이터를 선택할 수 있으며, 또는 메인 노드셋의 속성 데이터를 선택하는 경우도 있다.

❸ 사전 프로세스(Pre-process), 메인 프로세스(Main Process), 사후 프로세스(Post-process): 분석 수행과 관련된 옵션을 순차적으로 설정할 수 있다.

❹ 결과(Output): 분석 결과로 산출된 결과물이 어떤 것인지를 미리 확인하고, 선택할 수 있다. 만약 대용량 데이터를 분석/시각화할 경우, 시각화 결과를 산출하는 데 많은 시간이 걸릴 것으로 예상된다면, 결과 컨트롤 아이템을 이용하여 시간이 오래 걸리는 산출물을 제외하고 분석/시각화를 수행할 수 있다.

NetMiner의 모든 분석/시각화 모듈은 이와 같은 프로세스를 거쳐 수행된다. 분석 모듈에 따라서 사전/사후 프로세스가 없는 경우도 있다. 각각의 분석 모듈이 필요로 하는 컨트롤 아이템들만 나타난다.

[2] 디스플레이 탭

디스플레이 탭은 결과 패널의 시각화 산출물 중에서 네트워크 맵을 컨트롤할 수 있는 기능들을 포함하고 있다. 디스플레이 탭은 내비게이션(Navigation), 네트워크(Network), 레이아웃(Layout), 노드 스타일(Node Style), 링크 스타일(Link Style)의 다섯 가지 컨트롤 아이템으로 이루어져 있다. 차트(Chart) 메뉴를 통한 시각화 산출물은 디스플레이 탭으로 컨트롤하지 않는다.

[그림 3-28] NetMiner 디스플레이 탭

❶ 탐색(Navigation): 네트워크 맵의 전체 윤곽을 확인하고 확대/축소(Zoom in/out)를 할 수 있다. 또한 사용자의 포커스를 이동하며 탐색할 수 있는 기능을 담고 있다.

❷ 네트워크(Network): 시각화할 1-모드 네트워크를 선택하기 위한 것이다.

❸ 노드 레이아웃(Node Layout): 네트워크 맵의 각종 노드 레이아웃 알고리즘과 해당 알고리즘의 옵션을 결정할 수 있다. '레이아웃 실행(Run Layout)' 버튼을 누르면 노드의 위치가 조정된다.

❹ 링크 레이아웃(Link Layout): 링크 레이아웃 알고리즘과 해당 알고리즘의 옵션을 결정할 수 있다. '레이아웃 실행(Run Layout)' 버튼을 누르면 링크의 위치가 조정된다.

❺ 노드 스타일(Node Style): 노드의 모양, 색깔, 크기 및 각 노드의 레이블을 설정하는 기능이다. 노드 속성 스타일링(Node Attribute Styling)을 이용하면 노드의 속성에 따라 스타일링을 할 수 있다.

❻ 링크 스타일(Link Style): 링크의 모양, 색깔, 굵기 및 링크의 레이블을 설정하는 기능이다. 링크 속성 스타일링(Link Attribute Styling)을 이용하면 링크의 속성에 따라 스타일링을 할 수 있다.

3 선택 탭

선택 탭은 네트워크 맵에서 특정 조건을 가진 노드를 선택하거나, 특정 가중치를 기준으로 링크를 네트워크 맵에 표시할 수 있는 조건 설정(Condition), 노드 선택(Selection), 노드 탐색(Search Node) 그리고 링크 경계값 설정(Link Threshold)의 컨트롤 아이템들을 담고 있다.

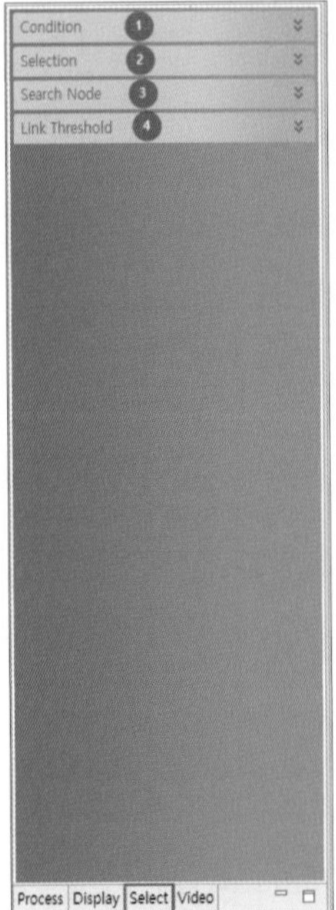

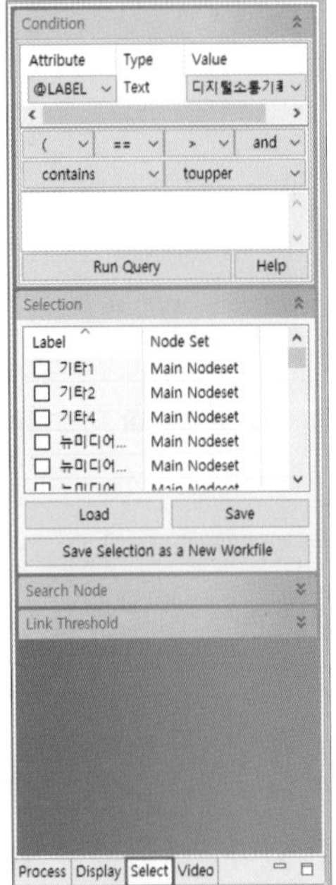

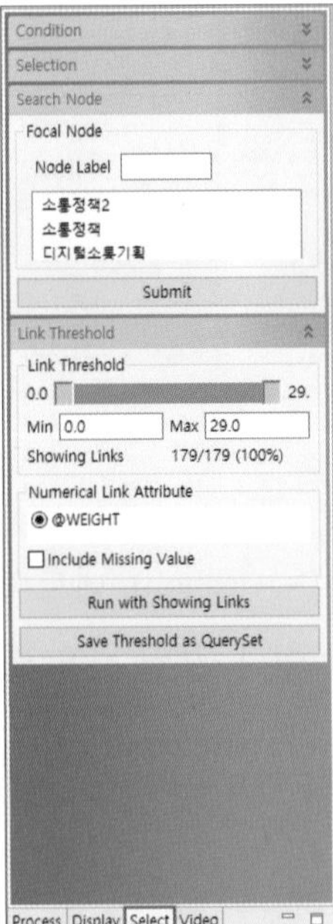

[그림 3-29] NetMiner 선택 탭

❶ 조건 설정(Condition): 특정 조건을 가진 노드를 정교하게 선택할 수 있다. 메인 노드셋의 속성에 대해서 다양한 조건을 편리하게 설정할 수 있다. [그림 3-29]에서 노드 레이블이 '소통정책'인 노드만을 선택하고 싶을 경우 ❶~❹를 순차적으로 설정하여 '@LABEL==소통정책'으로 선택하면, [그림 3-30]의 우측 네트워크 맵상에서 보듯이 '소통정책' 노드만 선택되고 노란색으로 표기되어 해당 노드를 쉽게 찾을 수 있다.

❷ 노드 선택(Selection): 노드 리스트를 보면서 노드를 직접 선택할 수 있다. 노드 수가 매우 많아서 마우스로 직접 선택하기 어려운 경우에 유용하다. 선택된 노드를 저장하거나, 저장되어 있던 노드들을 불러와 현재 네트워크 맵에 적용할 수 있다. 또한 선택한 노드들로 새로운 작업파일을 생성할 수 있다.

❸ 노드 탐색(Search Node): 노드가 많을 경우, 'Node Label'에 탐색 혹은 찾고자 하는 노드를 직접 입력하여 그 노드를 쉽게 찾을 수 있다.

❹ 링크 경계값 설정(Link Threshold): 사용자가 지정한 가중치 값, 또는 숫자 형태의 속성값에 따라 네트워크 맵에 링크를 표시하기 위한 것이다. 네트워크 맵에 링크를 표시하는 조건을 쿼리셋으로 저장할 수 있다.

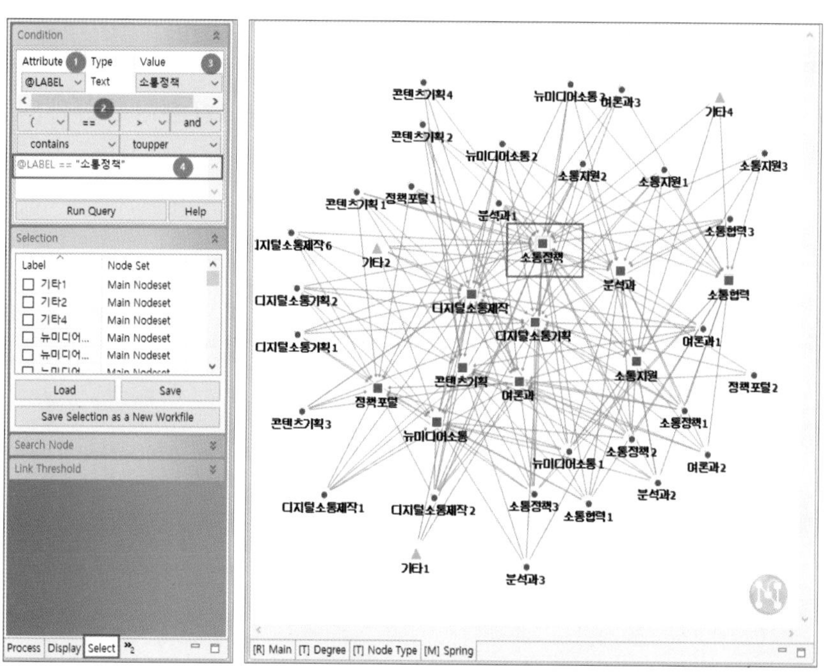

[그림 3-30] NetMiner 선택 탭의 조건 설정 예시

7) 상태 표시줄

NetMiner의 맨 아래에 있는 상태 표시줄(Status Bar)은 현재 진행 중인 모듈의 상태, 처리 중인 모듈의 이름 및 해당 모듈의 진행 정도를 보여 준다. 상태에 따라 준비(Ready), 시작(Started), 종료(Finished), 취소(Cancelled)로 표시된다.

처리 작업이 진행 중인 경우에는 진행 표시줄과 정지 버튼이 [그림 3-31]과 같이 활성화된다. 진행 표시줄은 처리 작업이 현재 얼마나 진행되었는지를 보여 준다.

[그림 3-31] NetMiner 상태 표시줄

8) 사용자 설정

Edit 탭의 Preference를 통해 NetMiner에 기본적으로 적용되는 옵션 사항들을 사용자 편의에 따라 설정할 수 있다.

(1) 노드 및 링크 스타일 설정

노드와 링크 탭에서는 네트워크 맵에 표시될 노드와 링크의 초기 스타일을 설정할 수 있다.

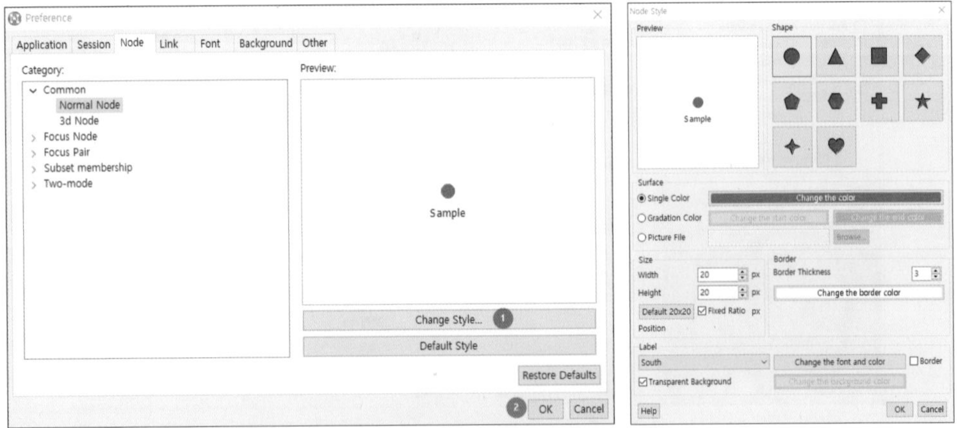

[그림 3-32] NetMiner 노드 스타일 설정

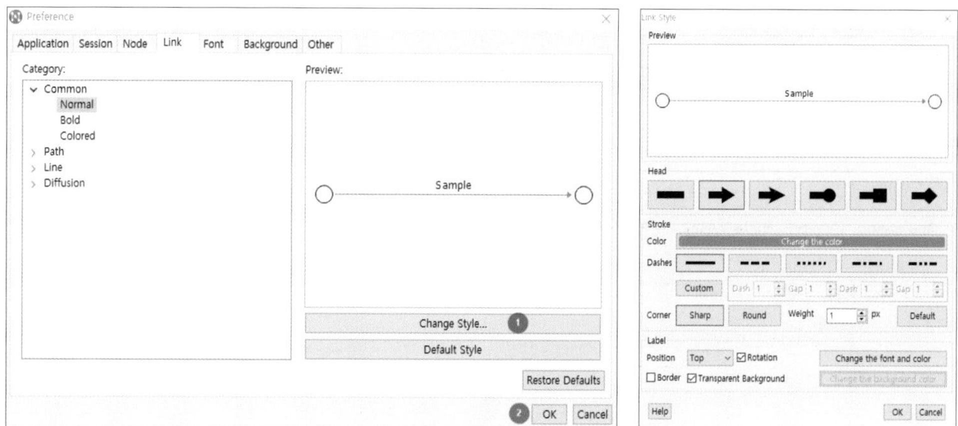

[그림 3-33] NetMiner 링크 스타일 설정

(2) 글꼴 설정

글꼴(Font) 탭에서는 네트워크 맵에 표시될 노드 레이블의 폰트와 매트릭스 다이어그램에 표시될 레이블의 폰트를 설정할 수 있다.

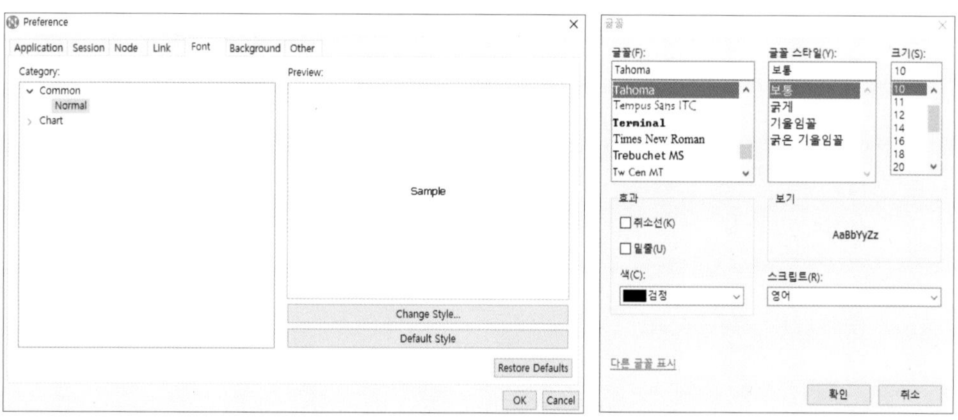

[그림 3-34] NetMiner 글꼴 설정

(3) 배경화면 설정

배경화면(Background) 탭을 통해서 네트워크 맵의 배경화면을 설정할 수 있다.

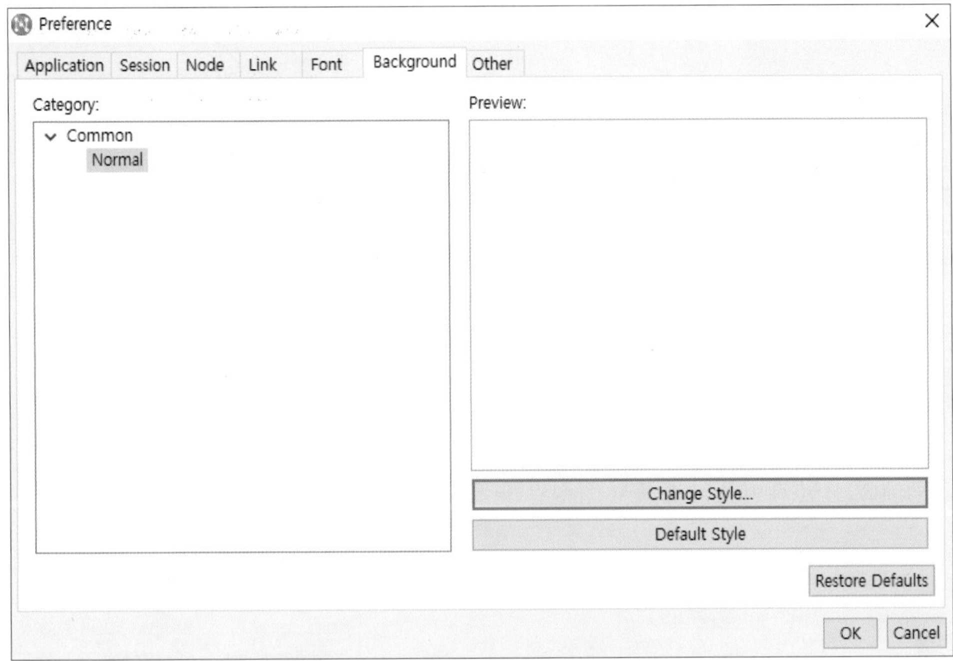

[그림 3-35] NetMiner 배경화면 설정

1. 프로젝트 시작 및 관리

NetMiner를 활용하여 데이터를 분석하기 위해서는 [그림 3-15]에서 제시한 빈 화면에서 프로젝트(Project)를 생성하여야 한다. 프로젝트를 생성하는 방법은 크게 두 가지가 있다. 하나는 기존 프로젝트를 열거나 외부 프로그램 파일을 가져오는 방법이고, 다른 하나는 새롭게 프로젝트를 생성하는 방법이 있다.

1) 프로젝트 열기/가져오기

우선 NetMiner에서 데이터 열기(Open)와 가져오기(Import)의 차이를 살펴보면, 열기(Open)는 기존에 존재하는 NetMiner의 프로젝트(Project) 파일에 대해 적용되는 기능인 반면 가져오기는 원본 데이터 파일(Raw Data File), 작업파일(Workfile), 외부 프로그램 전용파일 등에 대해 적용되는 기능이다.

프로젝트 파일 열기는 File 탭의 Open(단축키: Ctrl + O)이나 도구모음을 이용하여 수행할 수 있다. 그리고 nmf 파일을 직접 더블 클릭해서 프로젝트 파일을 열 수도 있다. 또한 NetMiner에서는 최근에 열었던 프로젝트 파일을 최대 5개까지 '최근 프로젝트(File 탭의 Recent Project)' 메뉴를 통해서 제공하고 있기 때문에 해당 메뉴를 클릭하여 바로 프로젝트 파일을 열 수 있다.

데이터 파일 가져오기는 File 탭의 Import를 통해서 가능하다. NetMiner에서는 〈표 4-1〉과 같은 종류의 파일을 가져올 수 있다.

〈표 4-1〉 NetMiner로 가져올 수 있는 외부 파일 종류

파일 종류	확장자
텍스트 파일	CSV, TXT
엑셀 파일	XLS
NetMiner Workfile 압축 파일	NCW
UCINET 파일	DL
Pajek 파일	NET, VEC
StOCNET 파일	DAT, TXT
GML 파일	GML

2) 새로운 프로젝트 만들기

NetMiner에서 새로운 프로젝트는 두 가지 방법으로 생성할 수 있다. 하나는 빈 프로젝트(Blank Project), 다른 하나는 싱글톤 프로젝트(Singletone Project)로 생성하는 것이다.

File 탭의 New를 클릭해 Project 메뉴를 선택하면 [그림 4-1]과 같이 새로운 프로젝트 유형을 사용자가 선택할 수 있는 대화창이 열린다.

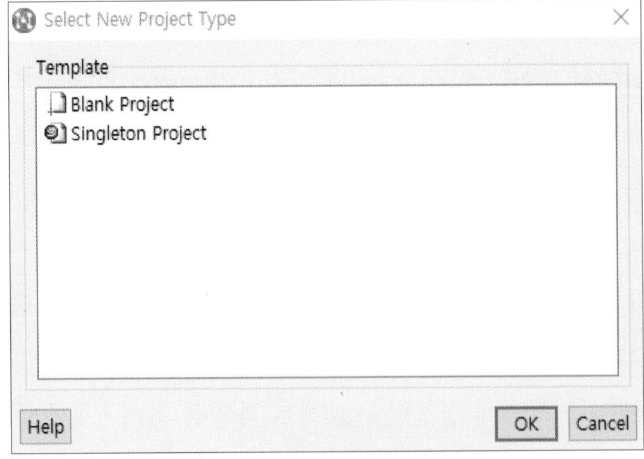

[그림 4-1] 새로운 프로젝트 생성 방법

빈 프로젝트를 선택하면 작업파일이 없는 프로젝트가 생성된다. 빈 프로젝트는 주로 사용자가 가져오기 기능을 사용하여 작업파일과 데이터 아이템을 직접 구성하고자 할 때 사용된다. 싱글톤 프로젝트를 선택하면 이름이 없는 작업파일, 메인 노드셋, 1-모드 네트워크가 생성된다. 데이터 아이템들이 미리 추가되므로 데이터를 직접 입력하려는 경우에 유용하다.

[그림 4-2] **새로운 프로젝트 생성 유형**

3) 프로젝트 저장하기/닫기

NetMiner에서 생성되었거나 추가 작업이 이루어진 프로젝트는 사용자가 직접 저장해야 한다. 프로젝트는 File 탭의 Save로 저장할 수 있으며, 다른 이름으로 저장하려면 File 탭의 Save as를 사용한다. 프로젝트는 '파일명.nmf'로 저장된다.

한편, NetMiner에서는 예상치 못한 에러로 프로그램이 종료된 경우에 작업 중인 프로젝트 파일을 임시로 저장한다. 프로그램을 다시 실행하면 [그림 4-3]과 같이 임시로 저장된 프로젝트 리스트가 나타난다.

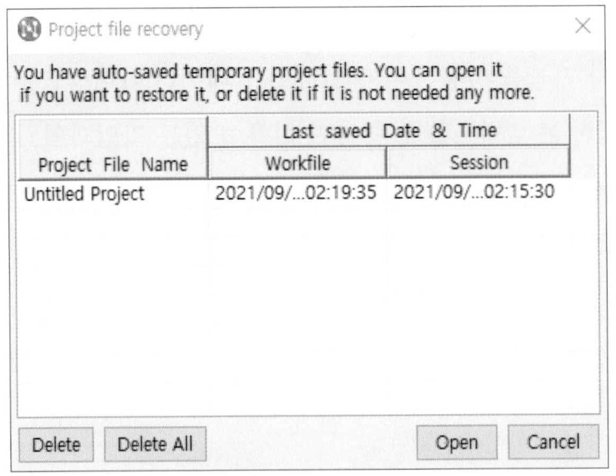

[그림 4-3] **임시 저장된 프로젝트 리스트**

프로젝트 닫기는 File 탭의 Close를 이용한다. 프로젝트를 닫을 때는 [그림 4-4]와 같이 작업 내용의 저장 여부를 묻는다.

[그림 4-4] **프로젝트 저장**

2. 작업파일 관리

1) 작업파일 만들기

작업파일(Workfile)은 데이터셋(Dataset)과 프로세스 로그(ProcessLog: Session, QuerySets, Selections)를 담고 있는 분석/시각화의 기본 단위이다. 데이터를 직접 입력 또는 가져오기를 하거나 데이터를 이용하여 실제 분석을 수행하기 위해서는 먼저 작업파일을 생성해야 한다.

File 탭의 New에서 Workfile을 선택한 후, 작업파일의 이름을 지정해 주면 작업파일이 생성된다.

만들어진 작업파일은 [그림 4-5]와 같이 현재 작업파일(Current Workfile)과 작업파일 목록(Workfile Tree)에서 확인할 수 있다. 이제 사용자가 메인 노드셋, 1-모드 네트워크, 2-모드 네트워크 등의 데이터 아이템을 직접 만들거나 혹은 가져오기를 할 수 있다.

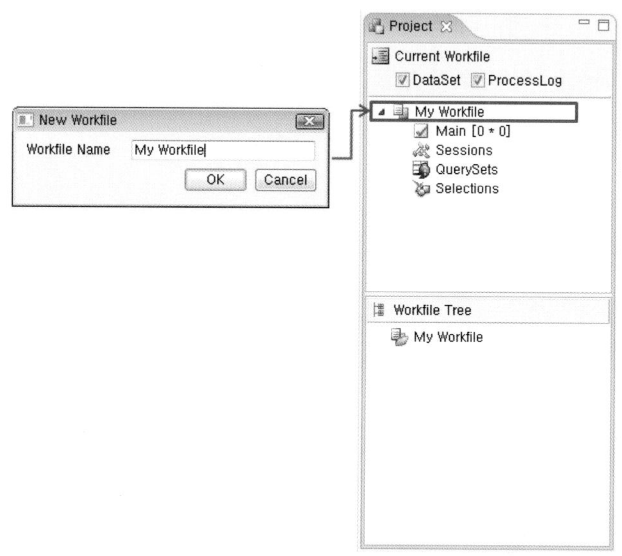

[그림 4-5] **작업파일 만들기**

2) 작업파일 가져오기/내보내기

작업파일을 가져오기(Import)하거나 내보내기(Export)하는 것은 프로젝트 파일의 열기와 저장하기 방법과 유사하지만 다음과 같은 차이점이 있다. 우선 프로젝트 내에 여러 개의 작업파일이 있을 경우 일부 작업파일을 선택해서 내보낼 수 있다. 또한 가져오려는 프로젝트 파일(nmf 파일) 또는 ncw 파일(NetMiner 작업파일)에서 작업파일을 선택적으로 가져올 수 있다.

3. 데이터 가져오기

NetMiner에서는 메인 메뉴와 마우스 오른쪽 버튼을 통해서 데이터를 가져올 수 있다. 메인 메뉴인 File 탭의 Import를 통해서 [그림 4-6]과 같이 여러 형식의 외부 데이터들을 가져올 수 있다. 또는 Data 탭의 Import Data Item을 통해서 NetMiner의 데이터 아이템 종류에 따라 데이터를 가져올 수 있다. 데이터 아이템 가져오기(Import Data Item) 메뉴를 통해서 데이터를 가져올 경우 텍스트 파일과 엑셀 파일 형식 등을 가져올 수 있다.

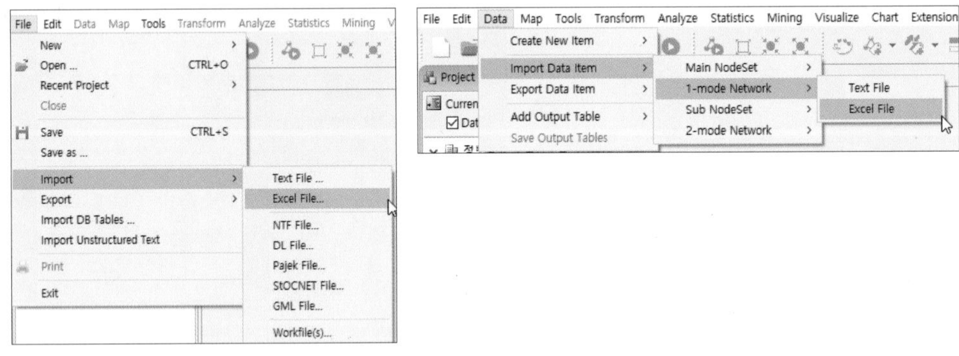

[그림 4-6] **데이터 가져오기 1**

다음으로, 마우스 오른쪽 버튼을 사용하여 데이터를 가져오려면 현재 작업파일(Current Workfile)에서 마우스 오른쪽 버튼을 클릭하여 가져오려는 외부 데이터 파일 형식을 선택해서 가져올 수 있다. 이때 데이터는 현재 작업파일에서 선택한 데이터 아이템과 같은 종류의 데이터를 가져온다.

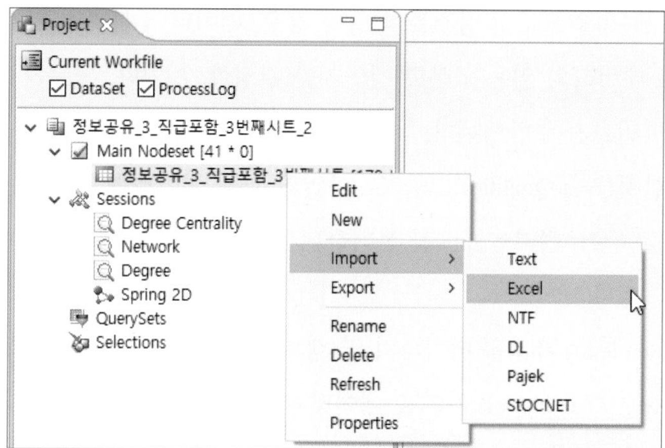

[그림 4-7] **데이터 가져오기 2**

가령, 텍스트 혹은 엑셀 파일을 가져오기 위해 메뉴에서 File 탭의 Import에서 Excel File을 선택하면 [그림 4-8]과 같은 대화창을 확인할 수 있다.

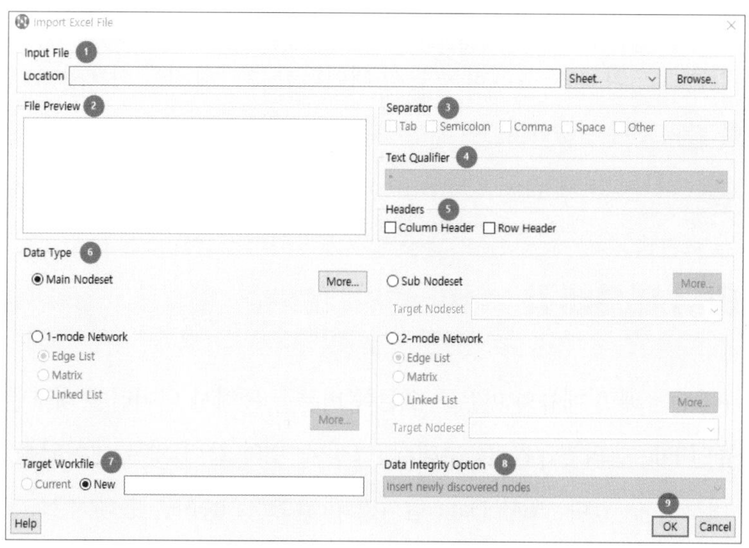

[그림 4-8] **텍스트 · 엑셀 파일 데이터 가져오기**

❶ 파일 가져오기(Input File): 가져올 파일을 선택한다. 엑셀 파일의 경우 콤보박스에서 가져올 시트를 선택할 수 있다.

❷ 파일 미리보기(File Preview): NetMiner에 저장될 데이터의 형태를 미리 볼 수 있다. 가져오기 대화창의 옵션을 수정하면, 수정된 내용이 미리보기에 반영된다.

❸ 데이터 구분(Separator): 텍스트 파일의 경우, 데이터 구분자가 활성화된다. 어떤 구분자로 데이터의 열을 구분할 것인지를 결정할 수 있다. 구분자를 선택한 결과는 파일 미리보기에 반영된다.

❹ 텍스트 한정(Text Qualifier): 텍스트 파일의 경우 텍스트를 한정하는 기호를 선택한다. 예를 들어, 큰따옴표(")를 선택하면 텍스트 형식의 데이터를 큰따옴표 안에 표시할 수 있다.

❺ 머리글(Headers): 가져올 데이터의 열/행의 머리글이 있을 경우 선택한다.

❻ 데이터 유형(Data Type): 가져올 데이터가 메인 노드셋, 서브 노드셋, 1-모드 네트워크, 2-모드 네트워크 중 무엇인지 결정한다. 각 데이터 형식에서 'More' 버튼을 클릭하면 세부 사항을 설정할 수 있다.

❼ 타깃 작업파일(Target Workfile): 가져올 데이터를 현재 작업파일에 추가할지, 새로운 작업파일을 생성하여 추가할지를 설정할 수 있다.

❽ 데이터 통합 옵션(Data Integrity Option): 현재 작업파일에 데이터를 추가할 때 활성화된다. 기존 노드셋에는 없는 노드들을 노드셋에 추가할지 또는 현재 작업파일에 있는 노드의 수를 유지하고 속성 데이터만 추가할지를 선택할 수 있다.

❾ 'OK'를 클릭하여 실행한다.

4. 데이터 내보내기

NetMiner에서는 메인 메뉴와 마우스 오른쪽 버튼을 통해서 데이터를 내보낼 수 있다. 메인 메뉴인 File 탭의 Export를 통해서 [그림 4-9]와 같이 외부 데이터를 파일 형식에 따라서 내보낼 수 있다. 또한 Data 탭의 Export Data Item을 통해서 NetMiner의 데이터 아이템 종류에 따라 데이터를 내보낼 수 있다. 데이터 아이템 내보내기(Export Data Item) 메뉴를 통해서 데이터를 내보낼 경우 텍스트 파일과 엑셀 파일 형식으로만 내보낼 수 있다.

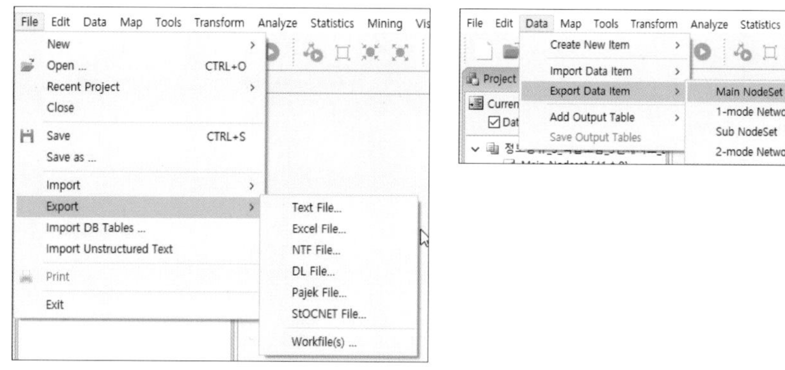

[그림 4-9] **데이터 내보내기 1**

다음으로, 마우스 오른쪽 버튼을 사용하여 데이터를 내보내려면 현재 작업파일(Current Workfile)에서 마우스 오른쪽 버튼을 클릭하여 내보내려는 외부 데이터 파일 형식을 선택해서 내보낼 수 있다. 이때 데이터는 현재 작업파일에서 선택한 데이터 아이템 종류에 따라 내보낼 수 있다.

1) 텍스트 파일로 내보내기

텍스트 파일로 내보내기 할 때에는 파일 하나에 1개의 데이터만을 포함할 수 있다. 즉, 메인 노드셋이 하나의 파일로 저장되고, 여러 개의 서브 노드셋이 있다면 각각의 서브 노드셋이 개별 파일로 저장된다. 또한 1-모드 네트워크와 2-모드 네트워크가 여러 개 있다면 역시 하나의 네트워크가 각각 하나의 파일로 저장이 된다.

텍스트 파일로 내보내기 위해서 File 탭의 Export에서 Text File을 선택한다. [그림 4-10]과 같이 내보내기할 데이터를 선택할 수 있는 대화창이 뜨면, 내보내려는 데이터를 선택하면 된다.

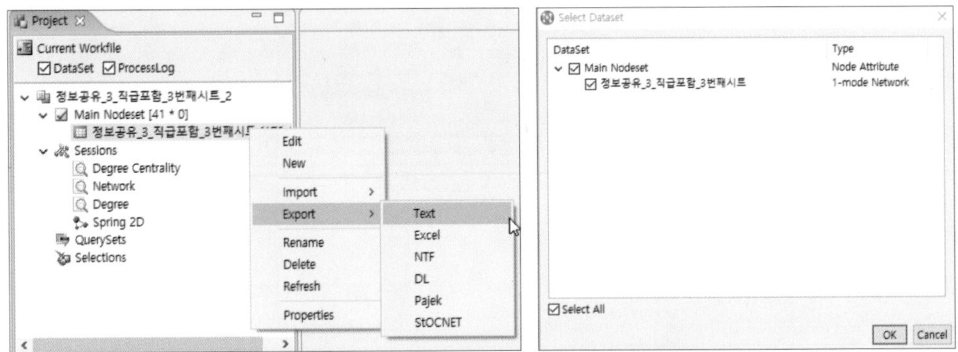

[그림 4-10] **데이터 내보내기 2: 텍스트 파일**

2) 엑셀 파일로 내보내기

엑셀 파일로 내보내기 할 때에는 하나의 파일에 여러 개의 데이터를 시트별로 구분하여 표현할 수 있다. 따라서 내보낼 데이터들을 하나의 엑셀 파일로 내보낼 수 있다.

엑셀 파일로 내보내기 위해서는 File 탭의 Export에서 Excel File을 선택한다. 내보내기할 데이터를 선택할 수 있는 대화창이 뜨면, 내보내려는 데이터를 선택하면 된다. 선택된 데이터는 하나의 엑셀 파일의 각 시트에 담기게 된다.

5. 데이터 쿼리 활용하기

데이터 쿼리(Data Query)는 특정한 조건을 가진 노드와 링크를 추출하는 기능이다. 데이터 쿼리를 통해 다양한 조건으로 노드와 링크의 집합을 생성·저장·편집할 수 있다. 일반적으로 네트워크 분석을 할 때 하나의 데이터셋으로부터 여러 가지 조건을 가진 서브 데이터셋들을 추출하고 서브 데이터셋들 간의 다양한 비교 분석을 통해 의미 있는 결과를 도출하는 과정을 거친다. 이때 분석자의 의도에 맞게 서브 데이터셋을 추출하는 것이 바로 데이터 쿼리와 관련된 기능이다.

데이터 쿼리를 위해 사용자가 지정한 특정 조건을 쿼리셋(Query Sets)이라고 하며, 쿼리셋은 쿼리의 결과로 추출된 노드와 링크의 집합이 아니라 그러한 결과를 산출하기 위한 조건 자체이다. 쿼리셋은 앞서 말한 다양한 조건의 노드와 링크의 집합을 생성, 저장, 편집하는 세 가지의 과정을 통해서 데이터 분석에 사용된다.

쿼리셋의 생성과 편집은 메인 메뉴의 Transform 탭의 Query를 통해서 열리는 쿼리 세션에서 할 수 있다. 생성된 쿼리셋을 저장하면 현재 작업파일의 쿼리셋 항목에서 확인할 수 있다. 저장된 쿼리셋은 각종 분석 모듈의 프로세스 패널에 있는 필터(Filter) 컨트롤 아이템에서 불러오기 하여 사용하면 된다.

1) 쿼리 작업 환경

앞서 설명한 것과 같이 쿼리셋을 생성하고 편집하기 위해서 메인 메뉴의 Transform 탭에서 Query를 선택하면 [그림 4-11]과 같은 쿼리 세션이 열린다.

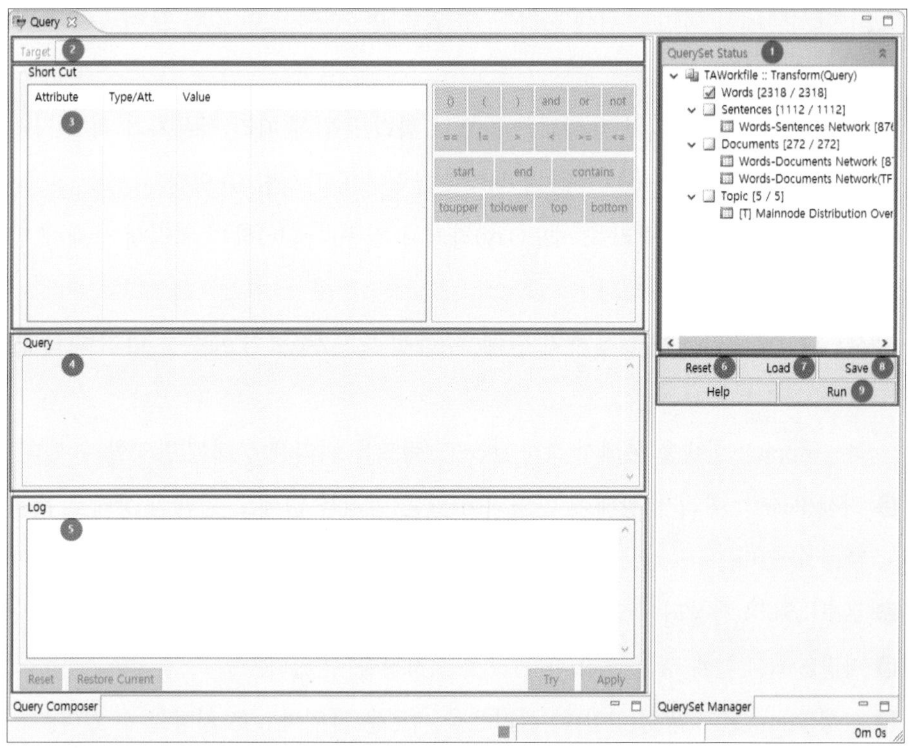

[그림 4-11] **쿼리 세션 화면**

❶ 쿼리셋의 상태(Query Set Status): 현재 작업파일의 데이터 구조를 한눈에 파악할 수 있도록 구성되어 있다. 각각의 데이터 아이템별로 노드와 링크의 개수 그리고 쿼리에 의해 추출된 노드와 링크의 개수를 표시해 준다. 메인 노드셋과 서

브 노드셋은 노드의 개수를 표시하며, 1−모드 네트워크, 2−모드 네트워크는 링크의 개수를 표시한다. 각각의 데이터 아이템을 더블 클릭하면 쿼리 구성(Query Composer) 영역에서 해당 데이터 아이템에 대한 쿼리를 작성하거나 확인할 수 있다.

❷ 타깃(Target): 쿼리의 편집을 위해 활성화되어 있는 데이터 아이템이 무엇인지 이름을 표시해 준다. 쿼리셋 상태에서 데이터 아이템을 더블 클릭하면 활성화된다.

❸ 숏컷(Shortcut): 쿼리는 ❹ '쿼리(Query)'에서 키보드로 직접 입력할 수 있지만, 변수명, 연산자, 값을 직접 입력하는 과정에서 오류가 생길 수 있으며 연산자나 해당 변수의 값으로 선택 가능한 것이 무엇인지 파악하는 데 어려움이 있다. NetMiner에서는 사용자의 어려움을 고려해 숏컷을 통해서 사용자가 선택한 데이터 아이템에서 쿼리를 위해 사용할 수 있는 변수, 연산자, 값을 보여 주고 마우스로 직접 선택할 수 있다.

❹ 쿼리창(Query): 쿼리가 작성되는 곳으로 쿼리 문법에 따라 사용자가 직접 작성하거나 숏컷 영역에서 아이템을 마우스로 클릭하여 작성할 수 있다.

❺ 로그(Log): 작성된 쿼리를 시도(Try)하거나 적용(Apply)하여 쿼리셋 상태에 반영된 상태를 확인할 수 있다.

시도(Try): 쿼리셋을 실행하기 전에, 추출될 노드/링크의 개수를 미리 파악할 수 있다.

적용(Apply): 실행을 통해서 추출된 노드/링크를 쿼리셋 상태에 반영할 수 있다.

❻ 리셋(Reset): 쿼리셋 상태에 반영되어 있는 쿼리를 없애고 원래의 상태로 되돌려 놓을 수 있다.

❼ 로드(Load): 저장되어 있는 쿼리셋을 쿼리 세션으로 불러올 수 있다.

❽ 저장(Save): 현재 생성(편집)한 쿼리셋을 저장할 수 있다.

❾ 실행(Run): 현재 생성(편집)한 쿼리셋을 새로운 작업파일로 저장할 수 있다.

한편, ❸의 쿼리 숏컷을 통해서 사용자가 사용할 수 있는 변수 및 연산자를 정리하면 〈표 4−2〉와 같다.

〈표 4-2〉 **쿼리 숏컷 연산자**

연산자	설명	예시	
and	A와 B 값이 포함된 변수(값)를 추출	"학년"=="4" and "Team"=="A"	학년이 '4(학년)'이면서 팀이 'A'인 경우만을 추출
or	A 또는 B인 변수(값)를 추출	"학년"=="4" or "Team"=="A"	학년이 '4(학년)'이거나 팀이 'A'인 경우만을 추출
not	특정 변수를 제외한 변수를 추출	not "Team"=="A"	팀이 'A'가 아닌 경우만을 추출
==	특정 변수에 특정 값을 가진 것만 추출	"학년"=="4"	학년이 '4(학년)'인 경우만을 추출
!=	특정 변수에 특정 값을 제외한 변수를 추출	"Team" != "A"	팀이 A인 경우를 제외한 팀을 추출
>	특정 변수에 특정 값 이상인 변수를 추출	"Age" > 20.0	나이가 20세가 넘는 경우만을 추출, 즉 21세부터
<	특정 변수에 특정 값 이하인 변수를 추출	"Age" < 20.0	나이가 20세 미만인 경우만을 추출
>=	특정 변수에 특정 값과 같거나 이상인 변수를 추출	"Age" > = 20.0	나이가 20세이거나 그 이상인 경우만을 추출
<=	특정 변수에 특정 값과 같거나 이하인 변수를 추출	"Age" < = 20.0	나이가 20세이거나 그 미만인 경우만을 추출
start	특정 텍스트로 시작하는 값을 가진 변수를 추출	"학년" start "2"	학년이 '2(학년)'으로 시작하는 경우만을 추출
end	특정 텍스트로 끝나는 값을 가진 변수를 추출	"학년" end "3"	학년이 '3(학년)'으로 끝나는 경우만을 추출
contains	특정 텍스트를 포함하는 변수를 추출	"학년" contains "2"	학년이 '2(학년)'을 포함하는 경우를 추출
toupper	괄호 안의 텍스트를 대문자로 변환	"Gender"==toupper ("female")	toupper("female")를 Female과 동일하게 취급 ("Gender"==Female)
tolower	괄호 안의 텍스트를 소문자로 변환	"Gender"==tolower ("Male")	tolower("Male")를 male과 동일하게 취급 ("Gender"==Male)
top	해당 속성 값이 가장 높은 n명을 추출	"Duration" top 7	근무연수가 가장 오래된 7명 추출
bottom	해당 속성 값이 가장 낮은 n명을 추출	"Duration" bottom 7	근무연수가 가장 짧은 7명 추출

2) 쿼리 문 작성

(1) 노드셋 추출하기

노드셋 추출(Nodeset Extract)은 특정한 조건을 가진 노드셋을 추출하기 위한 것으로, 메인 노드셋(Main Nodeset)이나 서브 노드셋(Sub Nodeset)의 해당 속성 데이터에 대하여 쿼리 문(Query Sentence)을 작성하여 적용하면 된다. 메인 노드셋과 서브 노드셋의 속성 데이터 형태는 동일하므로, 여기서는 예시로 메인 노드셋에 대하여 살펴보겠다.

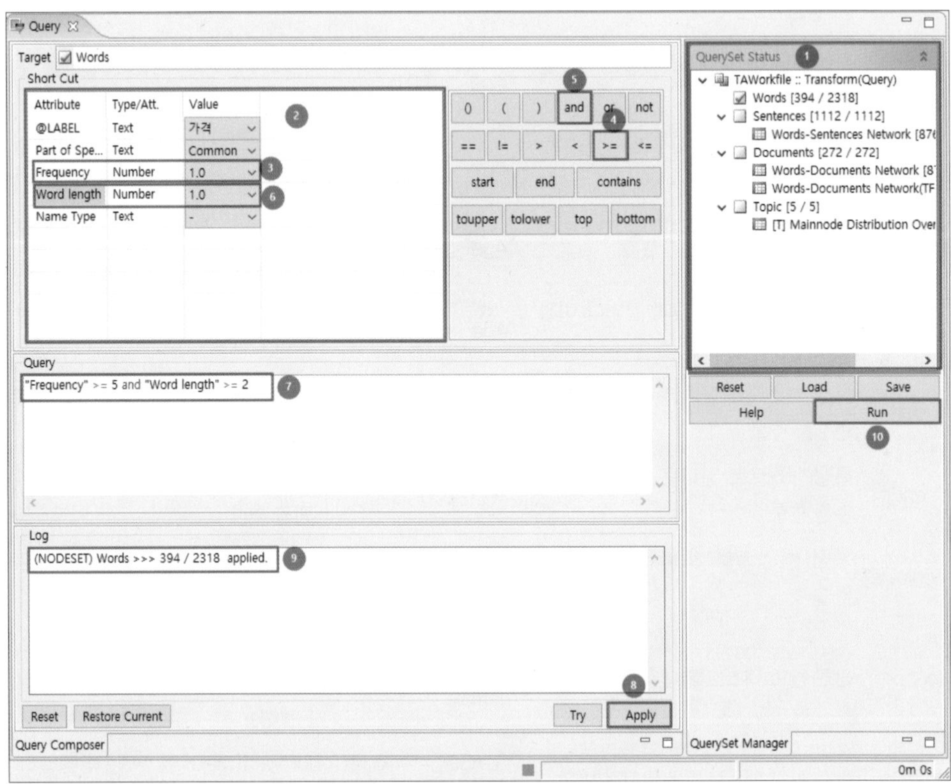

[그림 4-12] **쿼리 노드셋 추출하기**

앞선 예시로 추출된 단어(Words)/노드 2,318개 중에 [빈도(Frequency)가 '5'번 이상이며 글자 길이(Word length)가 '2' 이상]인 노드셋을 추출하기 위해서는 Transform 탭의 Query를 선택하여 쿼리 세션을 연다. 쿼리셋 상태(QuerySets Status)에서 메인 노드셋에 해당하는 ❶ 'Word'를 더블 클릭하여 메인 노드셋을 쿼리 문 작성을 위한 ❷ 타깃 데이터 아이템(Target Data Item)으로 설정한다.

다음으로, ❸ [빈도(Frequency)가 '5'번 이상]만을 추출하려면 다음과 같이 속성(Attribute)의 빈도(Frequency)를 더블 클릭하여 쿼리창에 입력하고, 연산자 ❹ '>=' 을 클릭하여 쿼리창에 입력한다. 또한 추가적으로 [글자 길이(Word length)가 '2' 이상]을 동시에 충족시키는 노드셋을 추출하기 위하여, ❺ 'and'를 클릭한다. ❻ [글자 길이(Word length)가 '2' 이상]을 설정한다. 이후 쿼리창에 ❼ ["Frequency" >= 5 and "Word length" >= 2]와 같이 입력된 것을 확인할 수 있다.

작성된 쿼리 문을 실행할 때에는 해당 조건에 맞는 노드셋이 몇 개 추출되는지를 테스트해 볼 수 있다. 테스트를 위해 로그(Log) 영역 아랫부분의 '시도(Try)'와 ❽ '적용(Apply)' 버튼을 클릭하면 ❾ 로그창에서는 2,318개인 원래의 단어/노드 수가 쿼리 명령문에 의하여 394개의 단어/노드만으로 추출되었음을 확인할 수 있다. ❿ 'Run'을 실행하면, 새로운 노드 데이터셋이 추출된다.

(2) 링크셋 추출하기

특정한 조건을 가진 링크셋을 추출할 때에는 1-모드 네트워크, 2-모드 네트워크에 대하여 쿼리 문을 작성한다. 링크셋을 추출하기 위한 쿼리 문은 링크의 가중치(weight)나 링크의 속성에 대해서 작성이 가능할 뿐만 아니라 링크의 두 노드 속성에 대해서도 작성이 가능하다. 링크셋 추출은 1-모드 네트워크와 2-모드 네트워크에서 동일하게 적용되므로 예시로 1-모드 네트워크를 대상으로 링크셋을 추출해 보겠다.

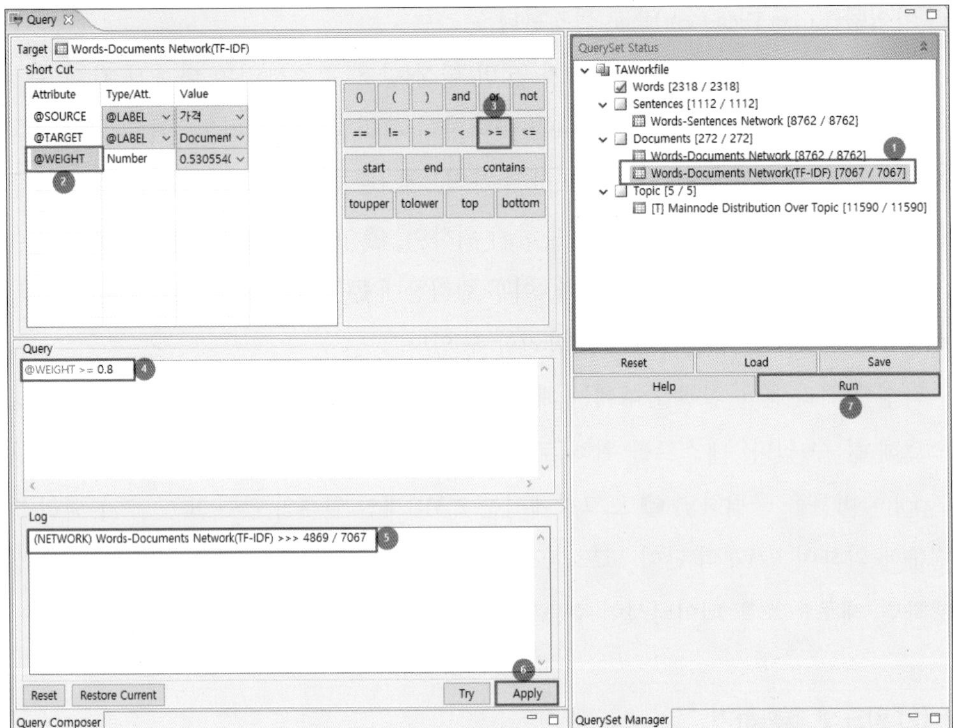

[그림 4-13] **쿼리 링크셋 추출하기**

앞의 예시에 따라 가중치가 '0.8'이거나 그 이상인 링크셋 추출을 위하여 Transform 탭의 Query를 선택하여 쿼리 세션을 연다. 1-모드 네트워크 중에서 링크 속성을 가지고 있는 ❶ 'Words-Documents Network(TF-IDF) [7067/7067]'을 더블 클릭하여 쿼리문 작성을 위한 타깃 데이터 아이템으로 설정한다. '7067'이 의미하는 것은 전체 네트워크 중 '0' 이상의 가중치를 가진 링크 총합이 7,067개임을 의미한다.

다음으로, 속성에서 ❷ 가중치(@WEIGHT)를 선택하고 연산자는 ❸' >='을 선택한다. 그리고 가중치 값의 value 박스에서 '0.8'을 선택하거나 0.8을 ❹의 쿼리창에서 typing 한다. 쿼리창에 ❹ '@WEIGHT >= 0.8'과 같이 입력된 것을 확인할 수 있다. ❺ 테스트를 위해 로그(Log) 영역 아랫부분의 '시도(Try)'를 클릭하고, 작성된 쿼리 문에 따라 링크셋을 추출하면 총 7,067개의 링크 중에서 4,869개의 링크가 추출된 것을 확인할 수 있다. ❻ '적용(Apply)'과 ❼ 'Run'을 실행하면, 새로운 링크셋이 추출된다.

제5장
NetMiner 시각화

1. NetMiner의 네트워크 맵 개요

NetMiner의 네트워크 맵(Network Map)은 네트워크 데이터를 표현할 뿐만 아니라, 사용자의 탐색적 분석 과정을 지원하기 위한 다양한 기능을 포함하고 있다. 따라서 사용자는 NetMiner에 포함된 다양한 시각화 알고리즘을 사용하여 네트워크 맵을 그리고, 특정 노드와 링크를 선택하여 즉각적으로 추가 분석 및 시각화를 수행할 수 있으며, 직관적인 이해를 위해 노드와 링크를 자유롭게 스타일링할 수 있다.

네트워크 시각화를 위한 주요 기능은 다음과 같다.

- 네트워크 맵 그리기

주어진 데이터를 이용하여 결과 패널(Output Panel)에 네트워크 맵을 그리는 것을 말한다. 다양한 레이아웃은 각각의 세부 옵션들을 가지고 있어, 분석 목적과 사용자의 의도에 맞게 네트워크 맵을 그릴 수 있다.

- 노드와 링크 스타일링

모양, 색깔, 크기 등 노드와 링크의 다양한 스타일을 설정할 수 있다.

• 노드와 링크의 선택

네트워크 맵에서 노드와 링크를 선택할 수 있다. 마우스를 이용하여 선택할 수 있으며, 직접 선택 조건을 입력하여 선택할 수도 있다. 선택한 노드와 링크로 추가 분석 및 시각화를 수행할 수 있다.

• 네트워크 맵에 분석결과 반영

메인 메뉴의 분석(Analyze)에 포함된 각종 분석 모듈은 대부분 그 분석 결과의 하나로 네트워크 맵을 산출한다. 즉, 분석 모듈의 각종 분석 결과가 네트워크 맵에 반영되어 있어 분석 결과를 탐색적으로 이해할 수 있다.

• 네트워크 맵 제어하기

네트워크 맵을 그린 후에 네트워크 맵을 확대/축소(Zoom In/Out), 회전(Rotation), 좌우/상하 대칭(Flipping), 이동(Panning)할 수 있다.

2. 네트워크 맵의 레이아웃 알고리즘 종류

NetMiner의 가장 큰 장점은 네트워크 분석 기능뿐만 아니라 다양한 네트워크 시각화 기능을 갖추고 있다는 점이다. 속성 데이터에 대한 통계 분석의 결과가 주로 차트(Chart)나 플롯(Plot)을 통해 시각화된다면, 네트워크 데이터와 그 분석 결과는 주로 그래프 그리기(Graph Drawing)를 통해 시각화된다. 시각화 기능들은 사전에 설정된 방식으로 제공되기도 하고, 사용자가 데이터와 시각화 모듈 및 옵션 등을 선택하여 자신이 원하는 네트워크 맵을 그릴 수도 있다.

네트워크 맵 레이아웃은 각 노드 간의 관계를 고려하여 좌표를 계산하여 네트워크 맵에 배치하는 것을 말한다. NetMiner는 사용자의 의도에 맞게 선택할 수 있는 다양한 레이아웃 알고리즘을 제공하고 있다.

NetMiner에서 제공하는 레이아웃 알고리즘들은 2D 네트워크 맵에 적용되는 것과 3D 네트워크 맵에 적용되는 것으로 구분할 수 있다. 이 책에서는 가장 많이 사용되는 2D 네트워크 맵 중 2D 스프링(Spring)형만 언급하며, 그 외 자세한 설명과 예시는 NetMiner 공식 웹사이트(http://netminer.com)를 방문하여 제공하는 매뉴얼을 참조하면 된다.

1) 2D 네트워크 맵

(1) 2D 스프링형

스프링(Spring)형 레이아웃 알고리즘은 노드 간에 가상의 스프링을 장착시켜 끌어당기는 힘과 밀어내는 힘을 통해 노드를 배치한다. 이 레이아웃으로 네트워크 맵을 그리면 노드들이 화면상에 고르게 분포되면서 인접한(adjacent) 노드들은 일정한 간격으로 가까이 위치하며, 노드 간의 중복이나 링크 간의 교차가 줄어 보기 좋은 그래프가 그려진다.

스프링형 레이아웃 알고리즘의 종류는 〈표 5-1〉과 같다.

〈표 5-1〉 2D 스프링형 레이아웃 알고리즘의 종류

맵 종류	설명
Kamada & Kawai	각 노드 쌍이 이상적인 거리를 갖도록 최적화한다. 이상적인 거리는 노드 간의 경로 거리에 의해 노드 사이의 거리가 결정되는 것으로서 모든 노드 쌍은 그들 간의 최단 경로 거리에 비례하는 만큼 떨어지도록 배치된다. 이 방법은 사전에 모든 노드 쌍에 대해서 최단 경로 거리를 구해야 하기 때문에 다소 시간이 많이 걸리지만 그려진 맵의 품질은 좋다.
Stress Majorization	Kamada & Kawai와 유사한 결과를 만들면서도, 더 빠르게 레이아웃을 수행한다. 현재의 레이아웃을 보완하고 싶을 때 유용하다.
Eades	각 노드의 초기 좌푯값을 무작위로 부여한 다음, 인접한 노드 쌍은 일정 거리까지 서로 당기고, 인접하지 않은 노드 쌍은 서로 멀리 떨어지도록 밀치는 힘을 작용시켜 노드를 배치한다.
Fruchterman & Reingold	Eades 방법과 유사하지만 몇 가지 차이점이 있어 좌푯값의 수렴 속도가 빠르다.
GEM	Fruchterman & Reingold와 마찬가지로 Eades와 유사하나, 몇 가지 차이점이 있어 알고리즘의 수렴 속도가 빠르다.
HDE	Kamada & Kawai나 GEM과 비교할 때 네트워크 맵이 정교하지는 않지만 빠른 시간 내에 대용량 네트워크를 그릴 수 있다.

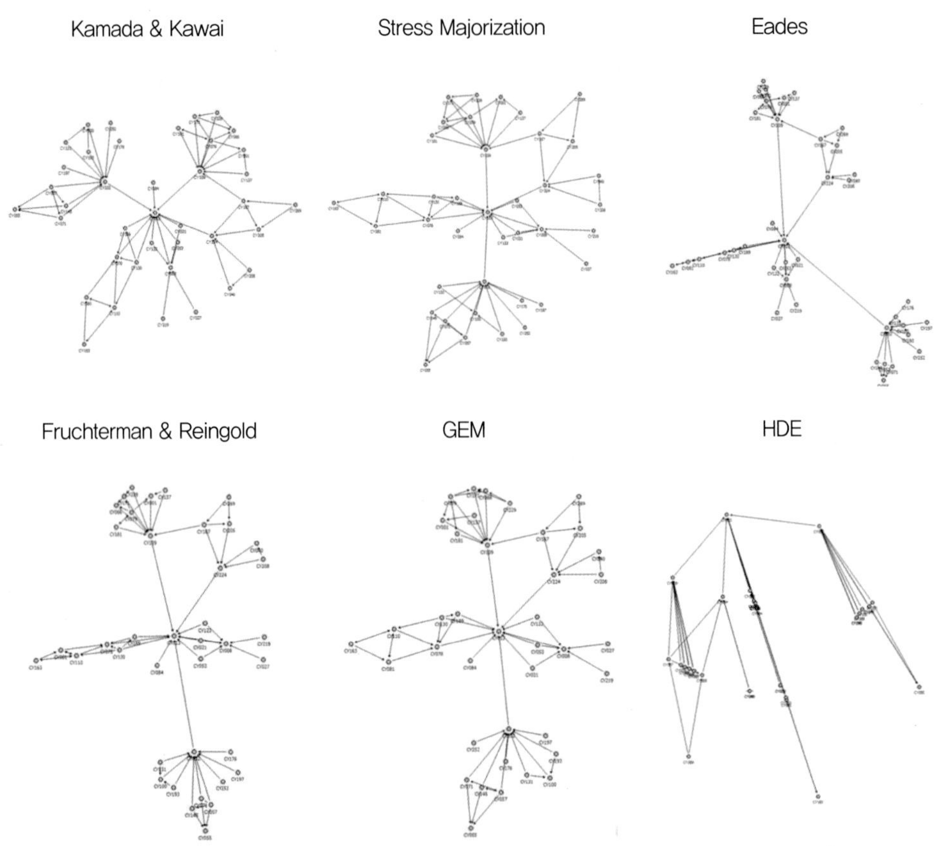

[그림 5-1] 2D 스프링형 레이아웃 알고리즘의 시각화 예시
출처: NetMiner 웹사이트(http://netminer.com).

2) 2-모드 네트워크 맵

스프링형 레이아웃이 2-모드 네트워크에 적용된다. 2-모드 네트워크 맵을 그리기 위해서는 메인 노드셋과 서브 노드셋을 입력(Input)해야 한다. 2-모드 네트워크 맵 시각화 예시는 [그림 5-2]와 같다.

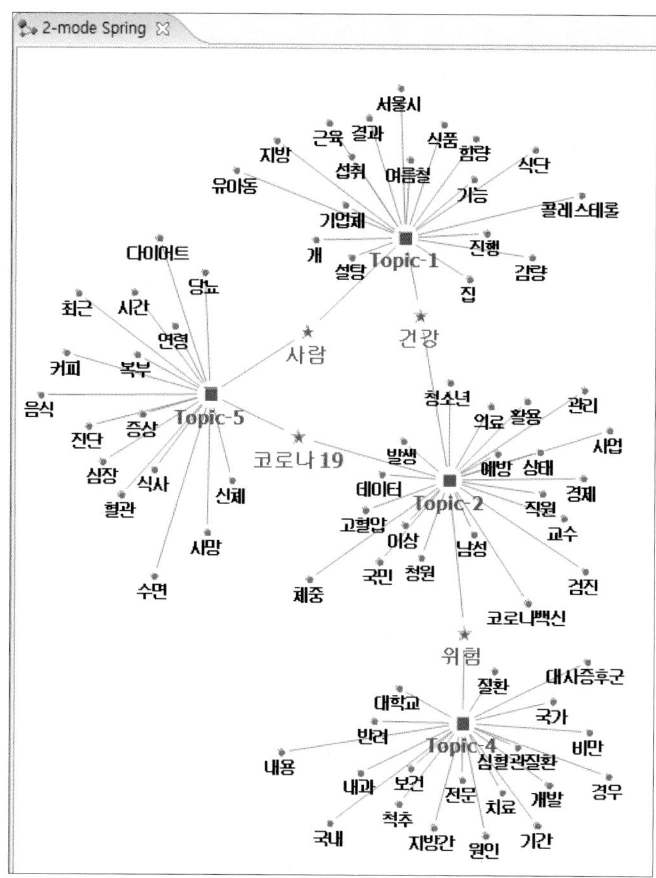

[그림 5-2] 2-모드 네트워크 맵 시각화 예시

3. 네트워크 맵 그리기

NetMiner에서 네트워크 맵을 그리는 방법은 두 가지이다. 하나는 시각화(Visualize) 모듈을 이용해서 직접 그리는 방법이고, 다른 하나는 분석(Analyze) 모듈의 분석 결과 중 하나로 네트워크 맵을 그리는 방법이다.

1) 시각화 모듈로 그리기

첫째, 메인 메뉴의 시각화를 선택한다. 여러 가지 네트워크 맵 레이아웃이 [그림 5-3]과 같이 정렬되어 있다. 사용자는 목적에 맞는 레이아웃을 선택하여 시각화를 위한 세션을 생성하면 된다. Visualize 탭의 Spring에서 2D 모듈을 선택하면 시각화를 위한 세션이 생성된다.

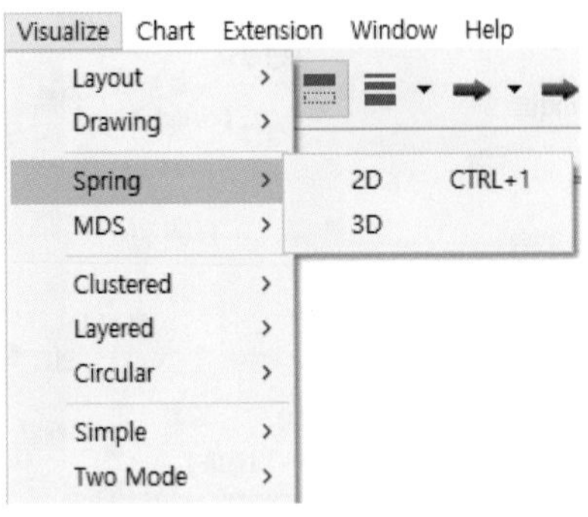

[그림 5-3] **시각화 모듈로 그리기**

둘째, [그림 5-4]와 같이 네트워크 맵을 위한 세션이 생성된다. 결과 패널(Output Panel)에는 무작위로 샘플 데이터의 39개 노드가 배치되어 있고, 오른쪽 컨트롤 패널(Control Panel)에는 디스플레이 패널(Display Panel)이 활성화되어 있다.

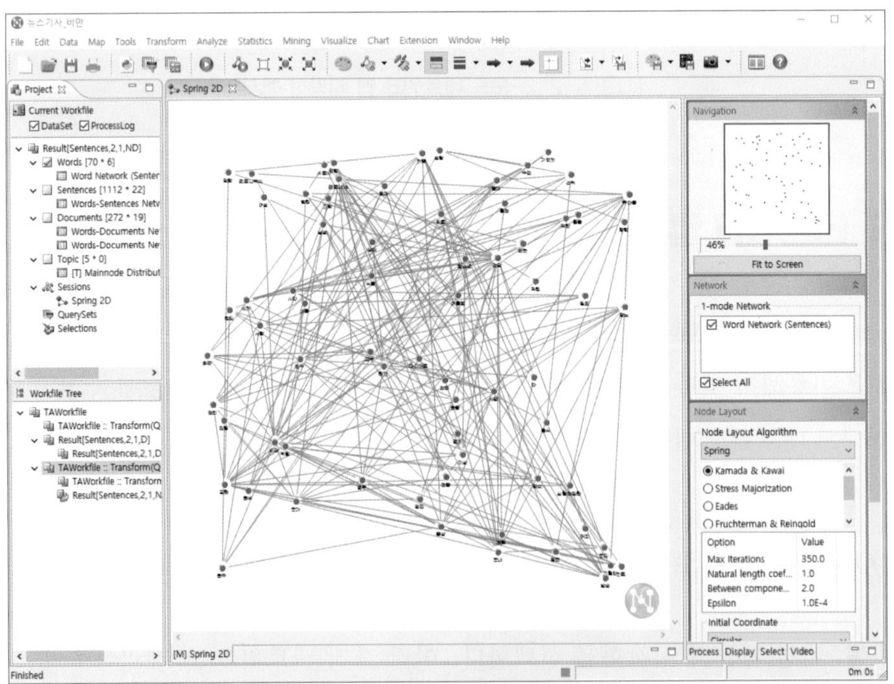

[그림 5-4] **네트워크 맵 세션 화면**

셋째, 시각화할 1-모드 네트워크를 선택한다. 선택한 레이아웃 알고리즘의 세부 옵션을 설정하고, 레이아웃 컨트롤 아이템의 맨 아랫부분에 위치한 '레이아웃 실행(Run Layout)' 버튼을 클릭한다. 레이아웃을 실행하지 않은 상태의 결과 화면은 단지 무작위로 노드가 배치되어 있는 것이므로 반드시 레이아웃을 실행해야 한다. 여기서는 1-모드 네트워크는 'Word Network(Sentences)'를 선택하고, 레이아웃 알고리즘은 스프링형의 'Kamada & Kawai'를 선택한다. 앞에서 제시한 네트워크 맵 시각화 결과를 얻을 수 있다.

4. 디스플레이 패널 활용하기

디스플레이 패널(Display Panel)은 결과 패널에 네트워크 맵이 있을 때에는 항상 활성화된다. 디스플레이 패널은 내비게이션, 시각화할 1-모드 네트워크 선택, 레이아웃 알고리즘의 선택 및 세부 옵션 설정, 노드/링크 관련 각종 스타일링 등에 관한 기능을 담고 있다. 여기서는 네트워크 맵을 그리기 위해 1-모드 네트워크와 레이아웃 알고리즘을 선택하는 것에 대해 살펴보겠다.

1) 1-모드 네트워크 선택하여 그리기

Visualize 탭의 Spring에서 2D 모듈을 선택하여 세션을 생성한다. 'Word Network (Sentences)'를 선택하면 왼쪽 결과 패널에서 노드들 간에 링크가 생긴다. 여기서 다른 1-모드 네트워크를 추가 선택하면 추가 링크가 결과 패널에 표시되는 것을 확인할 수 있다. 이처럼 NetMiner에서는 1-모드 네트워크를 여러 개 선택하여 네트워크 맵을 그릴 수 있다. '레이아웃 실행(Run Layout)' 버튼을 클릭하여 레이아웃에 따라 네트워크 맵을 그려 주기 전에는, [그림 5-5]와 같이 무작위로 배치된 노드 간의 링크가 생성된다.

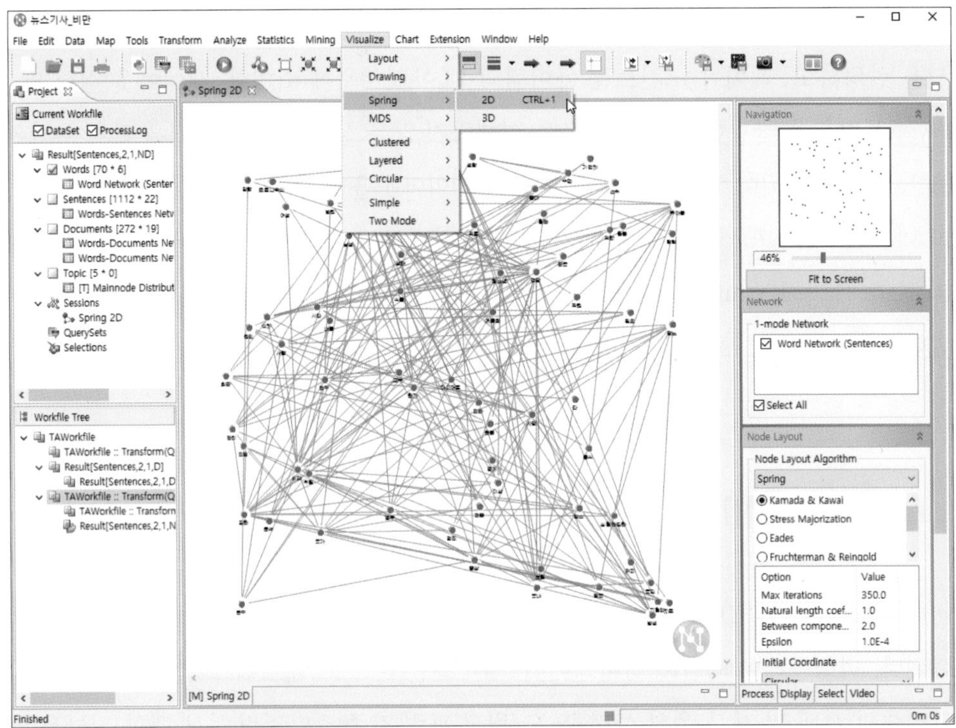

[그림 5-5] **1-모드 네트워크 선택하여 그리기**

2) 레이아웃 컨트롤 아이템 활용하여 그리기

레이아웃 컨트롤 아이템(Layout Control Item)은 모든 네트워크 맵에 대하여 활용할 수 있는 기능들로 구성되어 있다. 각 노드의 좌표를 정해 주는 알고리즘을 선택하고, 각 알고리즘의 세부 옵션들을 설정할 수 있다. 옵션 설정 사항은 각 알고리즘에 따라 달라진다.

레이아웃 알고리즘을 선택할 때는 [그림 5-6]과 같이 ❶ 콤보박스에서 알고리즘의 카테고리를 선택하고, 그 아래 ❷ 박스 부분에서 알고리즘을 선택한다. 이때 선택한 알고리즘에 따라 ❸ 세부 옵션 설정 사항이 변한다. 이 예시에서는 'Spring'형의 'Kamada & Kawai'를 선택한다.

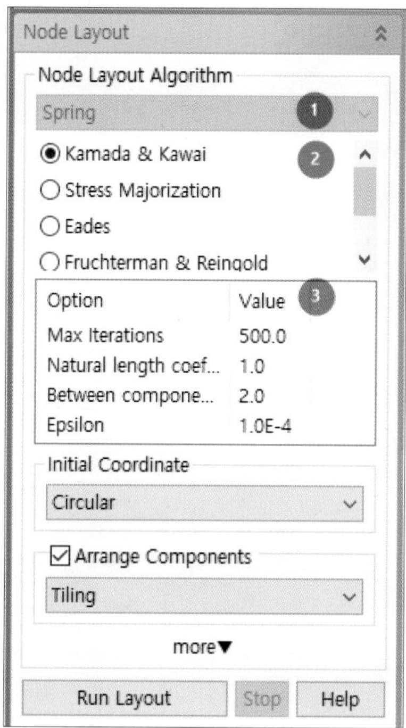

[그림 5-6] **레이아웃 컨트롤 아이템 활용하여 그리기**

5. 노드와 링크 스타일링

NetMiner에서는 노드의 속성 및 링크의 가중치(Weight) 등에 따라 스타일을 적용할 수 있는 스타일링 기능을 바탕으로 특정 노드와 링크를 선택하여 크기, 모양, 색깔 등을 다양한 시각화 옵션을 제공함으로써 사용자의 의도를 충실히 반영하여 시각화 맵을 구성할 수 있다.

이 같은 기능은 [그림 5-7]과 같은 도구모음 버튼을 이용해서 수행할 수도 있다.

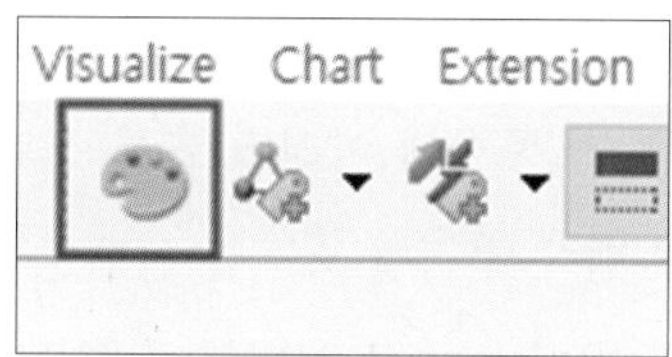

[그림 5-7] **도구모음 버튼**

1) 선택한 노드와 링크 스타일링

(1) 선택한 노드 스타일링

디스플레이 패널의 노드 스타일에는 [그림 5-8]의 좌측 그림과 같은 노드 스타일링과 관련된 기능이 포함되어 있다.

〈노드 속성 & 노드 스타일링〉

〈링크 속성 & 링크 스타일링〉

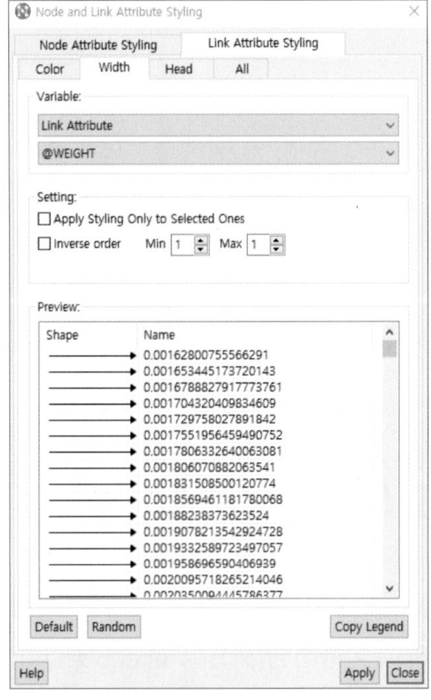

[그림 5-8] **노드와 링크 속성에 따른 스타일링**

❶ 노드 리스트(Node List)에서 스타일을 변경하고자 하는 노드를 선택하여 더블 클릭하면 노드 스타일 변경을 위한 대화창이 뜬다. 대화창에서 스타일을 변경하는 방법은 다음 예시에서 자세히 다루겠다. 노드 리스트에서 노드를 선택할 때 Ctrl, Shift 버튼을 함께 사용하면 동시에 여러 노드를 선택할 수 있다. 노드 리스트를 이용하지 않고 네트워크 맵에서 직접 노드를 선택할 수도 있지만, 노드 수가 매우 많으면 네트워크 맵에서 직접 노드를 식별하기 힘들기 때문에 이 경우에 노드 리스트를 활용하면 편리하다.

❷ '노드 레이블 보기(Show Node Labels)' 체크박스는 노드 레이블의 표시 여부를 선택하는 것이다.

❸ '노드 속성 스타일링(Node Attribute Styling)' 버튼을 통해서 노드 속성에 따라 노드 스타일을 자동으로 설정할 수 있다.

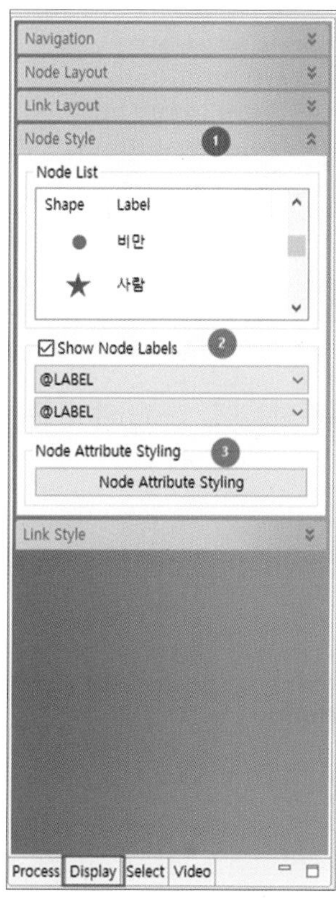

[그림 5-9] **노드 스타일링 설정하기 1**

디스플레이 패널을 이용해서 선택한 노드를 스타일링하는 것보다 더 일반적으로 사용되는 방법은 [그림 5-10]과 같이 마우스 오른쪽 버튼 메뉴를 이용하여 노드를 스타일링하는 것이다. 네트워크 맵에서 노드를 선택한 후, 마우스 오른쪽 버튼을 클릭하면 [그림 5-10]과 같이 '노드 스타일 설정하기(Node Style)'와 '다수의 노드 스타일 설정하기(Multiple Nodes Style)' 메뉴가 있다. '노드 스타일 설정하기'는 특정 노드 1개의 스타일만을 변경하기 위한 것이고, '다수의 노드 스타일 설정하기'는 선택된 모든 노드의 스타일을 한꺼번에 변경하기 위한 것이다.

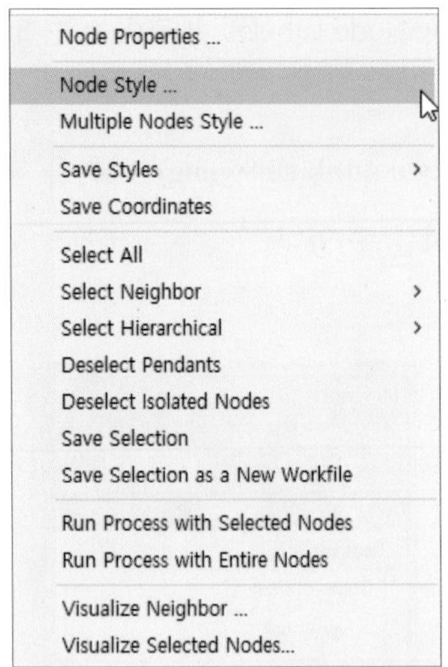

[그림 5-10] **노드 스타일링 설정하기 2**

두 가지 메뉴 중 하나를 선택하면 [그림 5-11]과 같은 대화창을 확인할 수 있다.

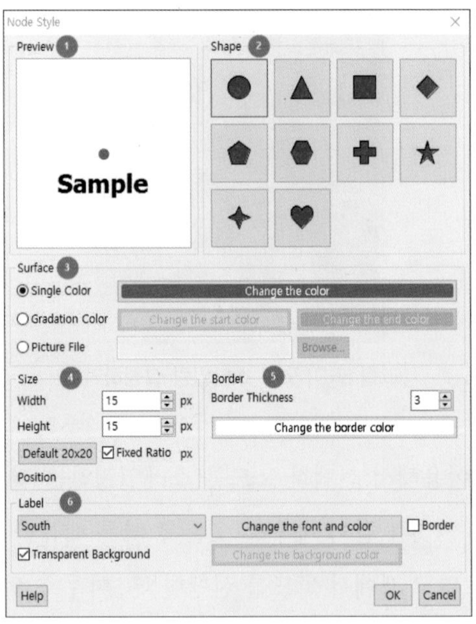

[그림 5-11] **노드 스타일링 설정하기 3**

❶ 미리보기(Preview): 대화창에서 선택한 스타일을 미리 확인할 수 있다.

❷ 모양(Shape): 노드의 모양을 선택할 수 있다.

❸ 채우기(Surface): 노드의 색깔을 선택할 수 있다.

❹ 크기(Size): 노드의 크기를 조절할 수 있다.

❺ 테두리(Border): 노드 둘레의 두께 및 색깔을 조절할 수 있다.

❻ 레이블(Label): 노드 레이블의 위치를 지정할 수 있고, 레이블의 경계선 여부 및 배경을 투명하게 할지, 색깔을 부여할지를 선택할 수 있다. 레이블의 폰트도 직접 설정할 수 있다.

이와 같이 사용자가 다양한 조건에 맞도록 노드 스타일을 설정한 후 'OK' 버튼을 클릭하면 앞에 설정한 내용이 네트워크 맵에 적용되어 있는 것을 확인할 수 있다.

(2) 선택한 링크 스타일링

디스플레이 패널에는 노드 스타일링과 관련된 기능뿐만 아니라 링크 스타일(Link Style)에 관련된 기능도 있다.

[그림 5-12] **링크 스타일 설정하기 1**

❶ 링크 리스트(Link List)에서 스타일을 변경하고자 하는 링크를 선택하여 더블 클릭하면 링크 스타일 변경을 위한 대화창이 뜬다. 대화창에서 스타일을 변경하는 방법은 다음 예시에서 자세히 다루겠다. 링크 리스트에서 링크를 선택할 때 Ctrl, Shift 버튼을 함께 사용하면 동시에 여러 링크를 선택할 수 있다. 링크 리스트를 이용하지 않고 네트워크 맵에서 마우스 오른쪽 버튼 메뉴를 이용하거나 Menu 탭의 Map에서 Show를 이용해서 링크를 선택할 수도 있다. 또한 링크 리스트에서 체크박스 선택을 해제하면 네트워크 맵에 링크를 표시하지 않는다.

❷ '링크 레이블 보기(Show Link Labels)' 체크박스는 링크 레이블의 표시 여부를 선택하는 것이다.

❸ '링크 속성 스타일링(Link Attribute Styling)' 버튼을 통해서 링크 속성에 따라 링크 스타일을 자동으로 설정할 수 있다. 링크 속성에 따른 스타일링은 하나의 1-모드 네트워크에 대해서만 적용할 수 있다.

디스플레이 패널을 이용해서 선택한 링크를 스타일링하는 것보다 더 일반적으로 사용되는 방법은 [그림 5-13]에서 보듯이 마우스 오른쪽 버튼 메뉴를 이용하여 링크를 스타일링하는 것이다. 네트워크 맵에서 링크를 선택한 후, 마우스 오른쪽 버튼을 클릭하면 [그림 5-13]과 같이 '링크 스타일 설정하기(Link Style)'와 '다수의 링크 스타일 설정하기(Multiple Links Style)' 메뉴가 나타난다. '링크 스타일 설정하기'는 특정 링크 1개의 스타일만을 변경하기 위한 것이고, '다수의 링크 스타일 설정하기'는 선택된 모든 링크의 스타일을 한꺼번에 변경하기 위한 것이다.

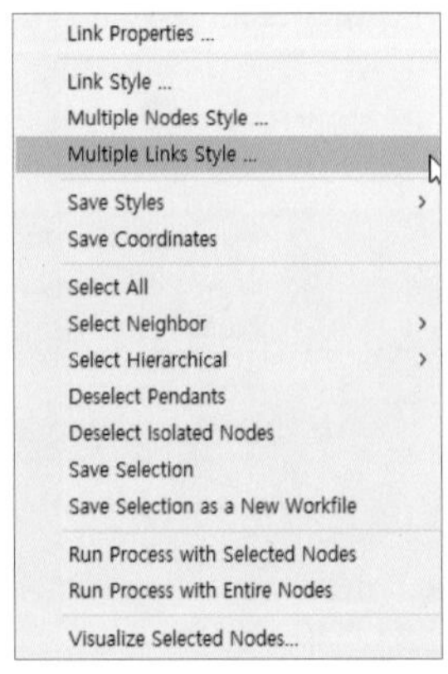

[그림 5-13] **링크 스타일 설정하기 2**

두 가지 중 하나의 메뉴를 선택하면 [그림 5-14]와 같은 대화창을 확인할 수 있다.

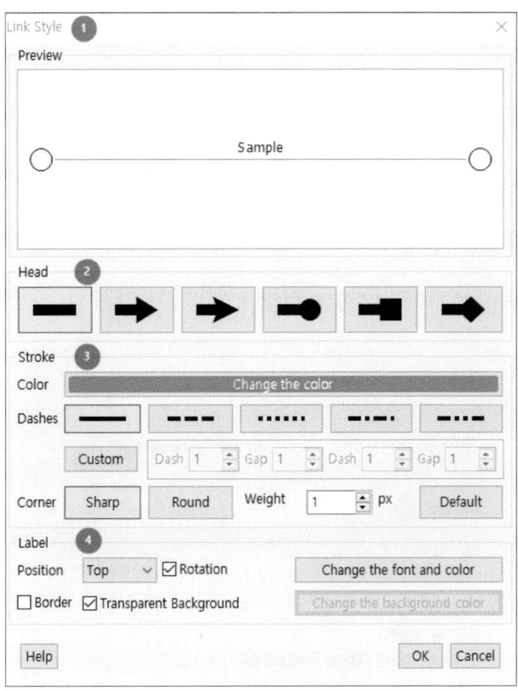

[그림 5-14] **링크 스타일링 설정하기 3**

❶ 미리보기(Preview): 대화창에서 선택한 스타일을 미리 확인할 수 있다.

❷ 화살표(Head): 화살표 모양을 설정할 수 있다.

❸ 선(Stroke): 선의 색, 스타일 또는 두께를 변경할 수 있다.

❹ 레이블(Label): 링크 레이블의 위치를 지정할 수 있고, 레이블의 경계선 여부 및 배경을 투명하게 할지, 색깔을 부여할지 등을 선택할 수 있다. 레이블 폰트도 직접 설정할 수 있다.

이와 같이 사용자가 다양한 조건에 맞도록 노드 스타일을 설정한 후 'OK' 버튼을 클릭하면, 네트워크 맵에 앞서 설정한 내용이 적용되어 있는 것을 확인할 수 있다.

2) 노드와 링크 속성에 따른 스타일링

(1) 노드 속성에 따른 스타일링

각 노드의 속성에 따라 노드 스타일링을 설정할 수 있다. 노드 속성에 따라 스타일링을 하기 위해서는 메인 노드셋이 속성을 가지고 있어야 한다. 예시로 1-모드 네트워크인 'Trust'의 네트워크 맵이 그려진 상태에서 디스플레이 패널의 노드 스타일(Node Style)에서 '노드 속성 스타일링(Node Attribute Styling)' 버튼을 클릭한다. [그림 5-15]와 같은 도구모음 버튼을 클릭하여 스타일링과 관련된 대화창을 열 수도 있다.

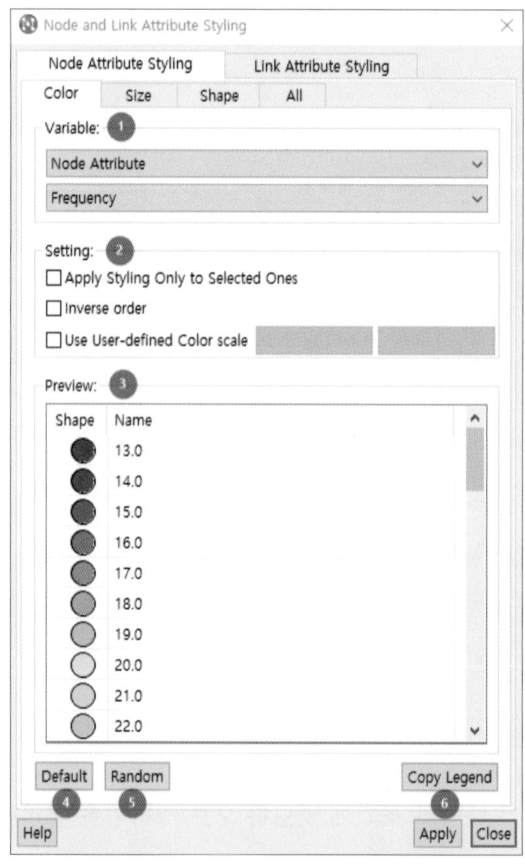

[그림 5-15] 노드 속성에 따른 스타일링

노드 속성에 따른 스타일링을 하기 위한 대화창은 4개의 탭(Color, Size, Shape, All)으로 구성되어 있다. 색깔(Color)은 노드의 색깔을, 크기(Size)는 노드 속성의 크기를, 모양(Shape)은 노드 속성에 따라 모양을 부여하기 위한 것이고, 전체(All)는 전체적인 노드 스타일링 변경을 하기 위한 것이다. 각 탭의 세부 기능에 대한 설명은 다음과 같다.

❶ 변수(Variable): 첫 번째 콤보 박스에서 그림과 같은 변수를 선택하면 두 번째 콤보 박스에서 해당 변수에 대한 추가 변수를 선택할 수 있다.

- 노드 속성(Node Attribute): 각 노드의 속성별로 스타일을 다르게 변경하고자 할 때 선택한다. 두 번째 콤보박스에서 메인 노드의 속성 중 하나를 선택할 수 있다.
- 2-모드 네트워크(2-Mode Network): 2-모드 네트워크가 있을 경우에 선택할 수 있다. 두 번째 콤보박스에서 2-모드 네트워크 각각의 서브 노드를 선택하여 가중치(Weight)에 따라 스타일을 변경할 수 있다.
- 모든 노드(All Nodes): 모든 노드의 스타일을 한꺼번에 변경하고자 할 때 선택한다. 두 번째 콤보박스에서 추가로 선택할 수 있는 변수는 없다.
- 개별 노드(Each Node): 각각의 노드 스타일을 다르게 변경하고자 할 때 선택한다. 두 번째 콤보박스에서 추가로 선택할 수 있는 변수는 없다.

❷ 세팅(Setting): 스타일 설정과 관련된 옵션들을 선택할 수 있다.

- 역순(Inverse Order): 스타일을 부여할 노드의 순서를 변경할 때 사용된다. 예를 들어, 값이 큰 노드의 사이즈를 크게 표현하는 것이 기본 설정이지만 이 옵션을 체크하면 값이 큰 노드의 사이즈를 작게 표현한다.
- 사용자 정의 색 채우기(User-defined Color scale) : 사용자가 선택한 시작 색과 끝 색에 따라 스케일로 노드의 색상을 설정할 수 있다. 반영하려는 속성이 연속변수일 경우 유용하게 사용된다.

❸ 미리보기(Preview): 각 값에 부여되어 있는 스타일을 미리 확인할 수 있다. 각각의 스타일을 선택하여 더블 클릭하면 미리 설정되어 있는 스타일을 사용자가 변경할 수 있다.

❹ 기본 설정 바꾸기(Default): NetMiner가 자동으로 부여하는 스타일을 사용자가 정할 수 있다.

❺ 무작위 스타일(Random): 무작위로 스타일을 부여한다.

❻ 범례 복사하기(Copy Legend): 설정되어 있는 스타일을 그림 파일로 클립보드에 저장한다. 해당 스타일에 대한 설명을 위한 범례로 사용할 수 있는 유용한 기능이다.

설정한 내용은 탭별로 '적용(Apply)' 버튼을 클릭하여 반영해 주어야 한다. 활성화되어 있는 탭의 내용만이 네트워크 맵에 반영되어 나타난다.

(2) 링크 속성에 따른 스타일링

각 링크의 가중치(Weight) 및 링크 속성에 따라 링크 스타일링을 설정할 수 있다. 예를 들어, 가중치가 클수록 굵은 링크로 표시하고자 할 때 링크 속성에 따른 스타일링을 사용하면 된다.

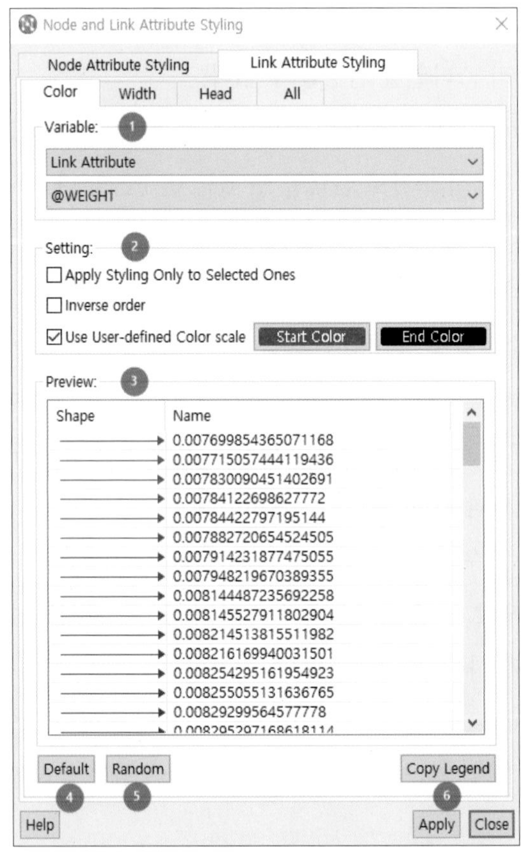

[그림 5-16] **링크 속성에 따른 스타일링**

링크 속성에 따른 스타일링을 하기 위한 대화창은 4개의 탭(Color, Width, Head, All)으로 구성되어 있다. 색깔(Color)은 링크의 색깔을, 링크 굵기(Width)는 링크 속성 및 가중치에 따라 굵기를 변경하기 위한 것이고, 화살표(Head)는 속성에 따라 화살표 모양을 부여하기 위한 것이며, 전체(All)는 전체적인 링크 스타일링 변경을 하기 위한 것이다. 각 탭의 세부 기능에 대한 설명은 다음과 같다.

❶ 변수(Variable): 첫 번째 콤보박스에서 다음과 같은 변수를 선택하면 두 번째 콤보박스에서 해당 변수에 대한 추가 변수를 선택할 수 있다.

- 링크 속성(Node Attribute): 각 링크의 가중치 및 속성별로 스타일을 부여하고자 할 때 선택한다. 두 번째 콤보박스에서 가중치 혹은 링크 속성 중 하나를 선택할 수 있다.
- 다차원 링크(Multiple Link): 다차원 링크가 있는 경우에 이를 표시해 주기 위한 것이다. 두 번째 콤보박스에서 추가로 선택할 수 있는 변수는 없다.
- 모든 링크(All Links): 모든 링크의 스타일을 한꺼번에 변경하고자 할 때 선택한다. 두 번째 콤보박스에서 추가로 선택할 수 있는 변수는 없다. 링크 스타일을 한꺼번에 바꿀 때 이를 이용하면 좀 더 쉽게 기능을 수행할 수 있다. 링크의 굵기와 화살표 모양을 선택하면 네트워크 맵의 전체 링크에 바로 적용된다.
- 개별 링크(Each Link): 각각의 링크 스타일을 모두 다르게 변경하고자 할 때 선택한다. 두 번째 콤보박스에서 추가로 선택할 수 있는 변수는 없다.

❷ 세팅(Setting): 스타일 설정과 관련된 옵션들을 선택할 수 있다.

- 역순(Inverse Order): 스타일을 부여할 링크의 가중치 혹은 속성 값의 순서를 변경할 때 사용한다. 예를 들어, 값이 큰 링크를 굵게 표현하는 것이 기본 설정이지만 이 옵션을 체크하면 값이 큰 노드의 굵기를 얇게 표현한다.
- 사용자 정의 색 채우기(User-defined Color scale) : 사용자가 선택한 시작 색과 끝 색에 따라 스케일로 링크의 색상을 설정할 수 있다. 이 예시에서는 링크의 가중치가 낮을수록 '붉은색'을, 높을수록 '검은색'을 나타내도록 임의로 설정하였다.

❸ 미리보기(Preview): 각 링크에 부여되어 있는 스타일을 미리 확인할 수 있다. 각각의 스타일을 선택하여 더블 클릭하면 미리 설정되어 있는 스타일을 사용자가 직접 변경할 수 있다.

❹ 기본 설정 바꾸기(Default): NetMiner가 자동으로 부여하는 스타일을 사용자가 직접 설정할 수 있다.

❺ 무작위 스타일(Random): 무작위로 스타일을 부여한다.

❻ 범례 복사하기(Copy Legend): 설정되어 있는 스타일을 그림 파일로 클립보드에 저장한다. 해당 스타일에 대한 설명을 위한 범례로 사용할 수 있는 유용한 기능이다.

설정한 내용은 탭별로 '적용(Apply)' 버튼을 클릭하여 반영해 주어야 한다. 활성화되어 있는 탭의 내용만이 네트워크 맵에 반영되어 나타난다.

3) 노드와 링크 레이블링

(1) 노드 레이블링

네트워크 맵에서 각 노드에 기본 설정으로 부여되어 있는 노드의 레이블(Lable)을 사용자가 메인 노드의 속성값 중 하나로 변경할 수 있다.

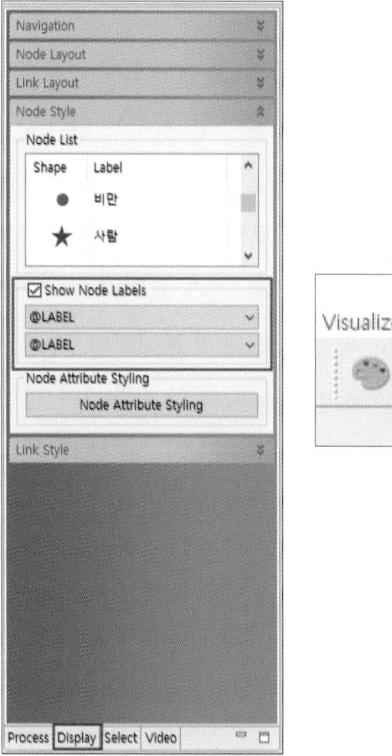

[그림 5-17] 노드 레이블링

디스플레이 패널의 노드 스타일(Node Style)에서 '노드 레이블 보기(Show Node Labels)' 체크박스가 체크되어 있으면 노드 레이블이 네트워크 맵에 표시된다는 의미이다.

콤보박스에서 메인 노드의 속성 변수들 중 하나를 선택하면, 선택된 속성 변수에 따라 각 노드에 부여된 값이 노드 레이블로 표시된다. 이 기능은 메인 메뉴의 Map 탭에서 Show의 Node Label로 들어가 수행할 수도 있으며, 도구모음 버튼을 통해서 쉽게 수행할 수도 있다. 'No Label'를 클릭하면 네트워크 맵에서 노드 레이블을 표시하지 않는다.

(2) 링크 레이블링

네트워크 맵에서 링크 레이블은 기본적으로 표시하지 않지만, 사용자의 선택에 따라 레이블을 표시할 수 있다. 링크의 가중치 및 링크 속성 중 하나를 선택하여 링크 레이블을 표시할 수 있다. 디스플레이 패널의 링크 스타일(Link Style)에서 '링크 레이블 보기(Show Link Labels)'를 체크하면, 네트워크 맵에서 링크의 레이블이 표시된다.

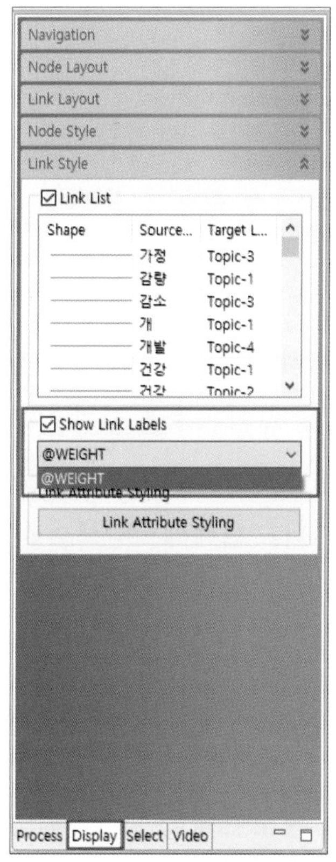

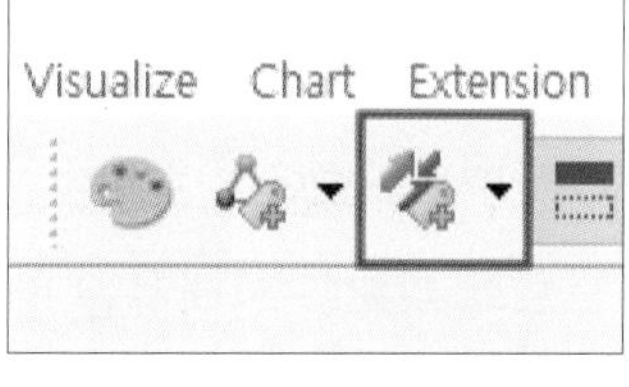

[그림 5-18] 링크 레이블링

콤보박스를 통해 1-모드 네트워크 및 해당 1-모드 네트워크에서 표시하고자 하는 링크 레이블을 선택할 수 있다. 이와 같은 링크 레이블 설정은 메인 메뉴의 Map 탭에서 Show의 Link Label을 이용하거나 도구모음 버튼을 통해 쉽게 선택할 수 있다.

4) 스타일링 저장

현재 사용자가 설정한 스타일을 기본 스타일로 저장할 수 있다. 스타일을 저장하면 세션을 새로 생성했을 때와 '선택된 노드로 프로세스 실행하기(Run Process with Selected Nodes)' 버튼을 눌러 네트워크 맵을 그릴 때에 저장된 스타일로 맵이 그려진다. 스타일 저장하기(Save Style) 기능은 도구모음 버튼을 활용하면 쉽게 이용할 수 있다.

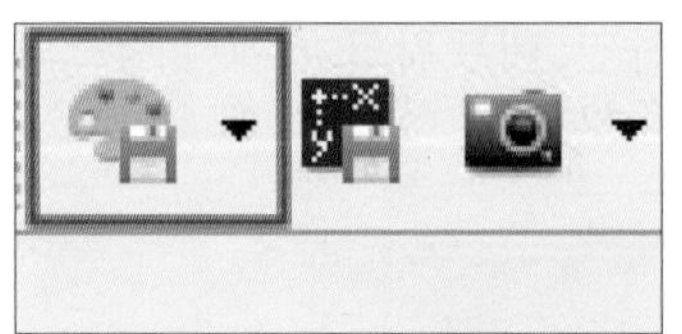

[그림 5-19] **스타일링 저장 도구 버튼**

6. 노드와 링크 선택

NetMiner에서는 각각의 노드와 링크를 선택하여 다양한 스타일링 작업을 할 수 있을 뿐만 아니라 선택한 노드와 링크만으로 해당 분석 모듈을 추가로 수행할 수 있다. NetMiner에서 노드와 링크를 선택하는 방법은 직접 선택하기와 조건으로 선택하기로 나누어 볼 수 있다. 선택된 노드와 링크는 네트워크 맵에서 노란색으로 표시된다.

1) 직접 선택하기

(1) 마우스로 선택하기

결과 패널의 네트워크 맵에서 선택하고자 하는 노드와 링크를 마우스로 직접 클릭하여 선택할 수 있다. 링크를 선택할 경우 링크 양끝의 노드가 함께 선택되며, Ctrl키를 누른 상태에서 마우스로 드래그(drag)하여 영역을 설정하면 [그림 5-20]과 같이 해당 영역에 포함되는 링크와 노드가 모두 선택된다. [그림 5-20]의 예시에서는 '소통협력' 노드와 인접한 영역만 임의로 드래그하여 선택한 시각화 결과가 박스(box)형 안에 표기되어 있다.

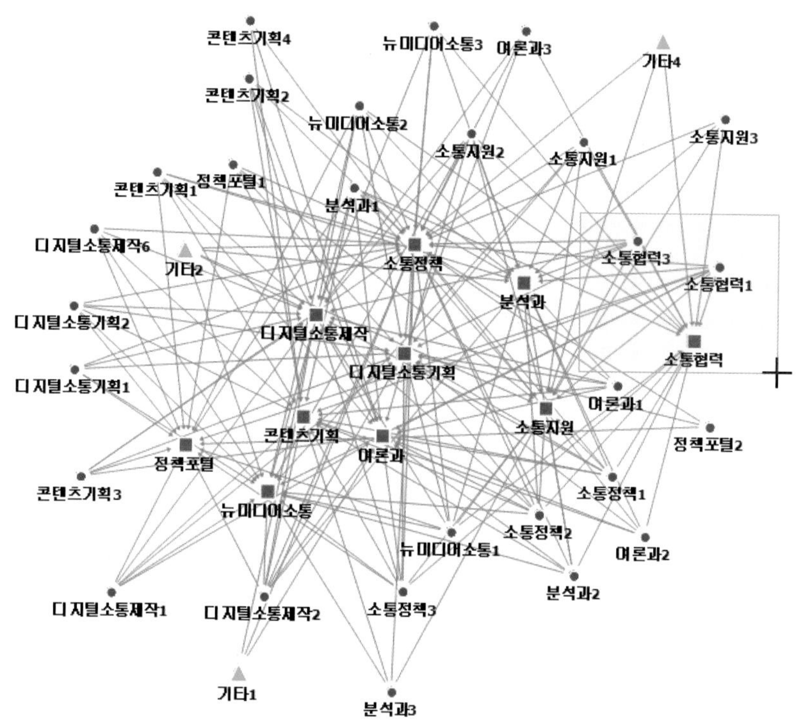

[그림 5-20] **마우스로 노드와 링크 선택하기**

(2) 선택 옵션으로 선택하기

노드 개수가 매우 많거나 여러 노드가 겹쳐지는 경우에는 네트워크 맵에서 노드 하나하나를 식별하기 어려우며 선택하기도 힘들다. 이때 선택 패널(Select Panel)에서 '선택 리스트(Selection List)'를 이용하면 좀 더 편리하게 노드를 선택할 수 있다. 네트워크 맵에서 마우스로 선택한 노드들 역시 '선택 리스트'에 표시된다. [그림 5-21]의 예시에서는 '소통정책'과 연관 있는 노드만 추출하고자 Label 리스트에서 선별적으로 선택하였다.

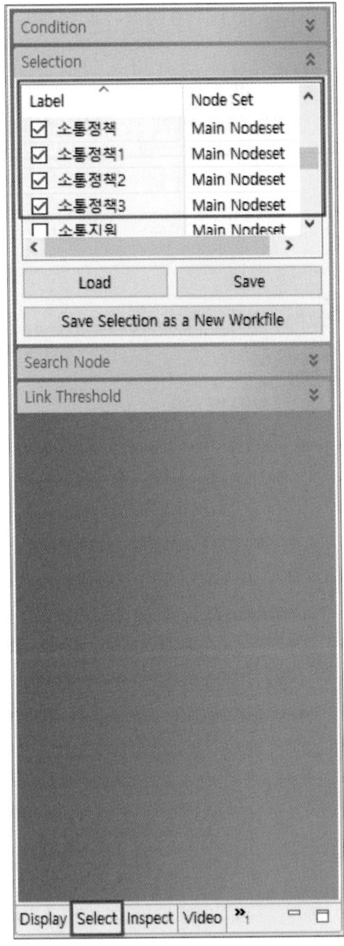

[그림 5-21] **선택 옵션으로 노드와 링크 선택하기**

(3) 이웃 노드 선택하기

네트워크 맵에서 특정 노드를 선택한 후 해당 노드와 직접적으로 연결되어 있는 이웃 노드들을 추가 선택할 수 있다. 노드를 선택한 뒤 마우스 오른쪽 버튼 메뉴에서 '이웃 노드 선택(Select Neighbor)'을 하면 된다. 이웃 노드들을 선택할 때는 선택된 노드와 어떤 종류의 링크로 연결된 노드를 선택할지 설정할 수 있다.

'내향(In Direction)'을 선택하면 선택한 노드에게 링크를 보내는 이웃 노드들만, '외향(Out Direction)'을 선택하면 선택한 노드로부터 링크를 받는 이웃 노드들만 선택된다. '양방향(Both Direction)'을 선택하면 선택한 노드의 모든 이웃 노드가 선택된다.

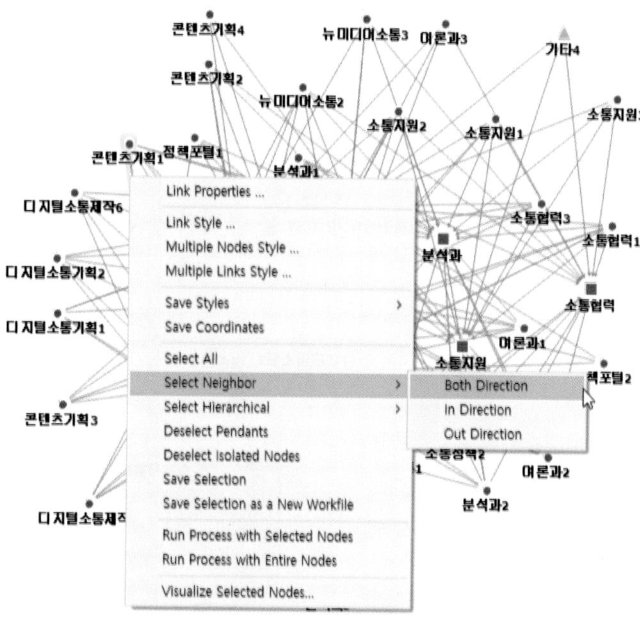

[그림 5-22] 이웃 노드 선택하기

특정 노드와 이웃한 노드만을 선별하여 시각화할 수도 있다. 분석하고자 하는 특정 노드를 선택한 뒤 마우스 오른쪽 버튼 메뉴에서 '이웃 노드 시각화(Visualize Neighbor)'를 하면 자동적으로 이웃 노드가 시각화된다. [그림 5-23]의 예시는 '소통정책'을 이웃하는 노드들을 추출하고 시각화한 결과이다.

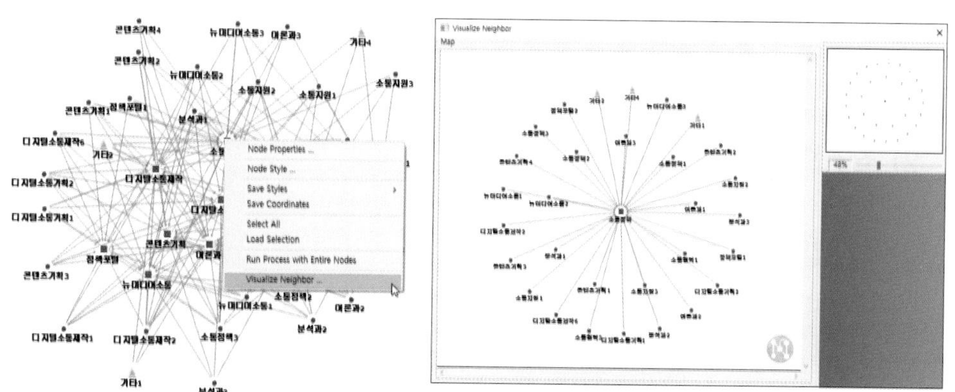

[그림 5-23] 이웃 노드 시각화하기

(4) 고립 노드와 이웃 노드가 하나인 노드 제외하기

NetMiner에서는 선택한 노드들 중에서 링크가 없는 고립된 노드(Isolated Node)나 이웃 노드가 하나인 노드(Pendants)만을 편리하게 제외할 수 있다. 노드들을 선택한 후에 마우스 오른쪽 버튼 메뉴에서 '고립된 노드 제외하기(Deselect Isolated Nodes)'나 '이웃 노드가 하나인 노드 제외하기(Deselect Pendants)'를 클릭하면 된다.

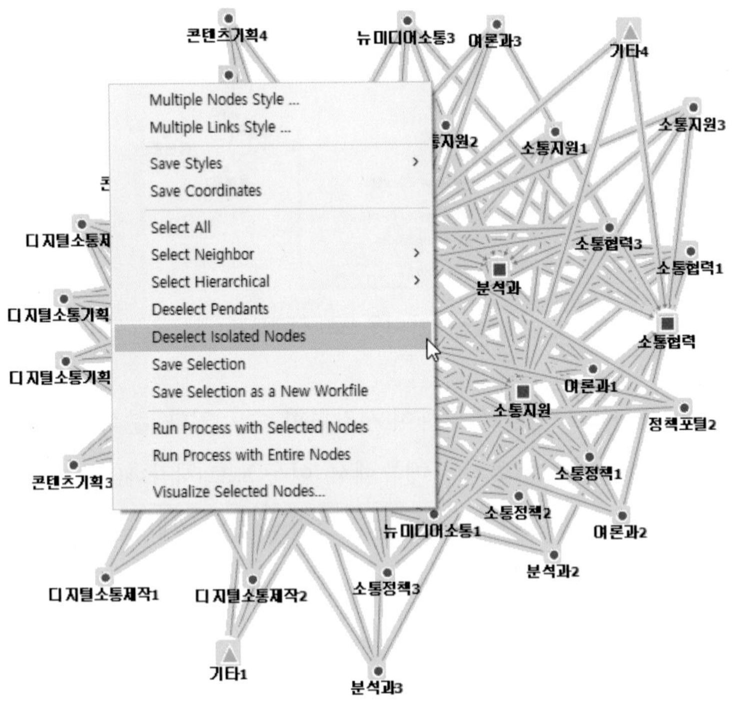

[그림 5-24] 고립된 노드와 이웃 노드가 하나인 노드 제외하기

2) 조건으로 선택하기

(1) 조건 입력해서 선택하기

선택 패널(Select Panel)의 '선택 조건(Condition)'에서 사용자가 직접 선택 조건을 입력하여 노드를 선택할 수 있다. 조건식을 입력한 후에 '쿼리 실행(Run Query)' 버튼을 클릭하면, 결과 패널(Output Panel)에 해당 조건에 맞는 노드들이 선택되어 노란색으로 표시된다.

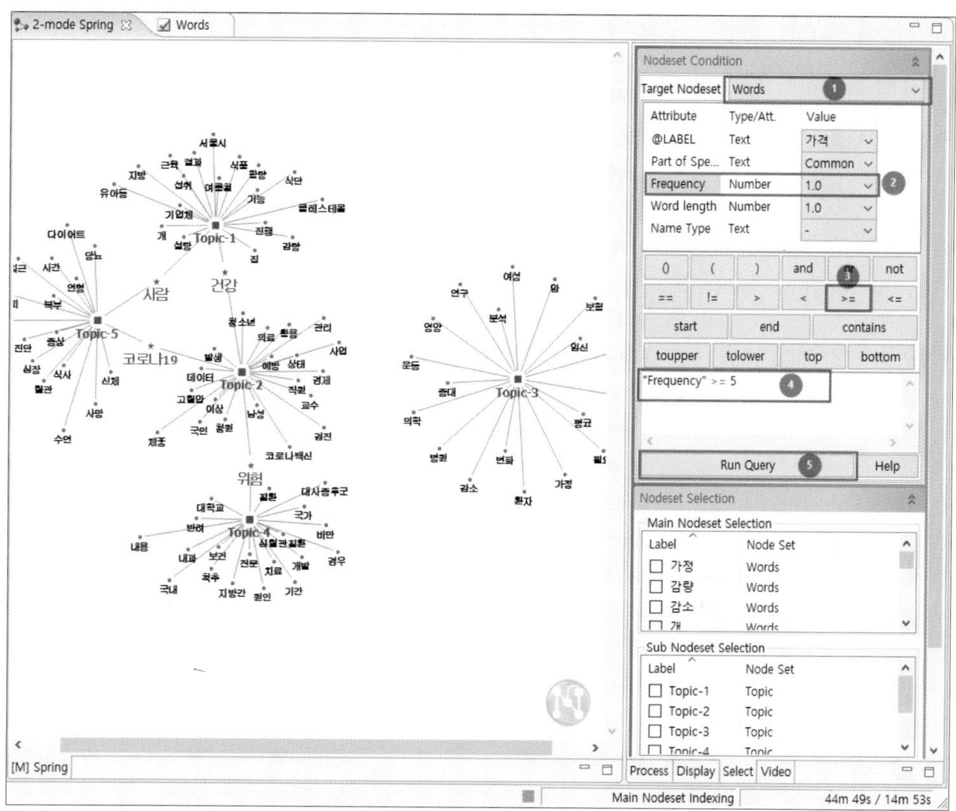

[그림 5-25] **조건 입력해서 선택하기**

[그림 5-25]의 경우, ❶ 타깃 노드셋을 단어(Words)로 설정한 후, ❷ 빈도(Frequency)가 ❸'5'번 이상으로 '>='을 클릭하여 설정하면, ❹와 같이 쿼리창에 표기가 된다. 이후 ❺ 'Run Query'를 클릭하여 실행한 결과이다.

(2) 링크의 임계값으로 선택하기

❶ 선택 패널(Select Panel)의 '링크 임계값(Link Threshold)'에서 링크의 가중치(Weight) 값이나 숫자 형태의 링크 속성에 대해 최솟값과 최댓값을 설정하면, 설정한 값 사이에 있는 링크만 네트워크 맵에 나타난다. 링크 속성의 최솟값과 최댓값은 텍스트 창에 직접 입력하거나 파란색 슬라이드 바를 통해 설정할 수 있다.

링크 속성에 따라 링크의 임계값을 적용하기 위해서는 슬라이드 바 아래 박스에서 숫자 형태의 링크 속성(Numerical Link Attribute) 중 하나를 선택해야 한다. 링크 속성을 선택하면 해당 속성값의 범주가 제시된다. 또한 결측치(Missing Value)를 가진 링크를 포함할지 여부를 설정할 수 있다.

[그림 5-26]은 링크의 최소 임계값 (Min=0)에서 ❷ 최대 임계값(Max=0.080796...)을 패널에서 조정하고 선택하고 쿼리 실행을 실시한 결과이다.

또한 '보여진 링크로만 실행하기(Run with the Showing Links)' 버튼을 클릭하면, 링크 임계값에 따라 선택된 링크들만을 대상으로 현재 분석 모듈을 한 번 더 실행할 수 있다. 또한 '쿼리셋으로 임계값 저장하기(Save Threshold as QuerySet)' 버튼을 클릭하면 임계값이 적용된 상태의 링크셋(Linkset)이 쿼리셋(QuerySet)으로 저장된다.

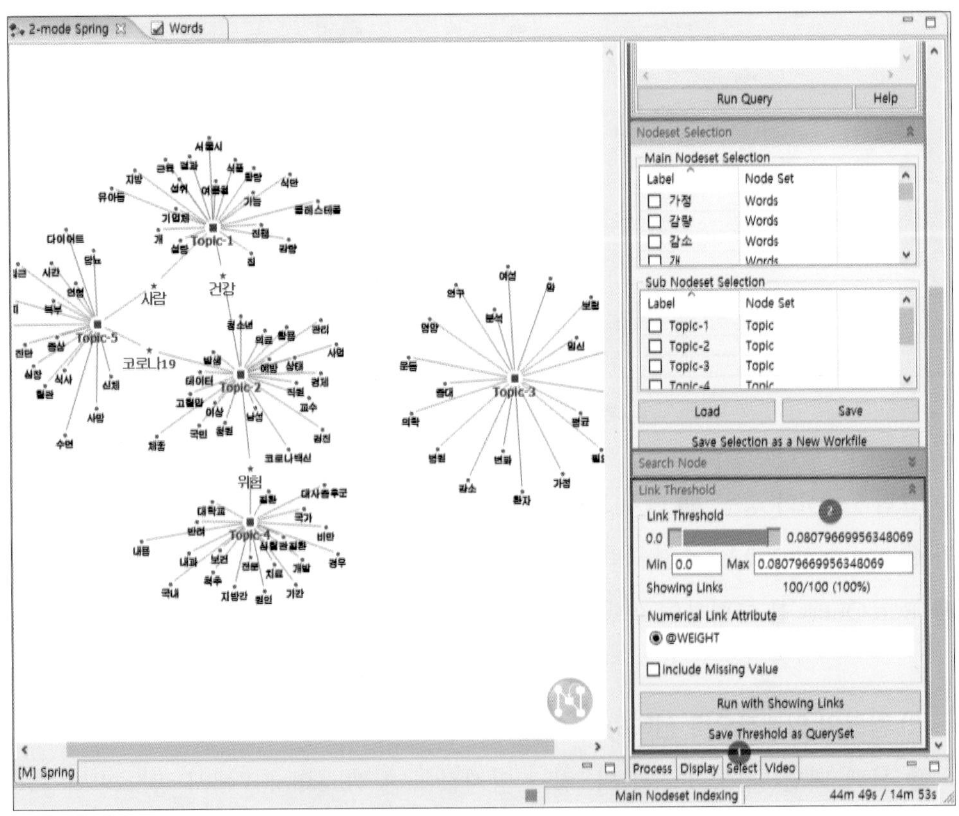

[그림 5-26] 링크의 임계값으로 선택하기

7. 네트워크 맵 제어

NetMiner에서는 결과 패널(Output Panel)에 그려진 네트워크 맵을 여러 가지 방법으로 제어할 수 있다. 네트워크 맵을 확대/축소(Zoom In/Out)할 수 있고, 네트워크 맵을 이동(Navigation)하며 자세히 살펴볼 수 있다. 또한 회전(Rotation)하거나 좌우/상하 대칭(Flipping)으로 이동할 수 있다.

1) 내비게이션(Navigation) 이용하기

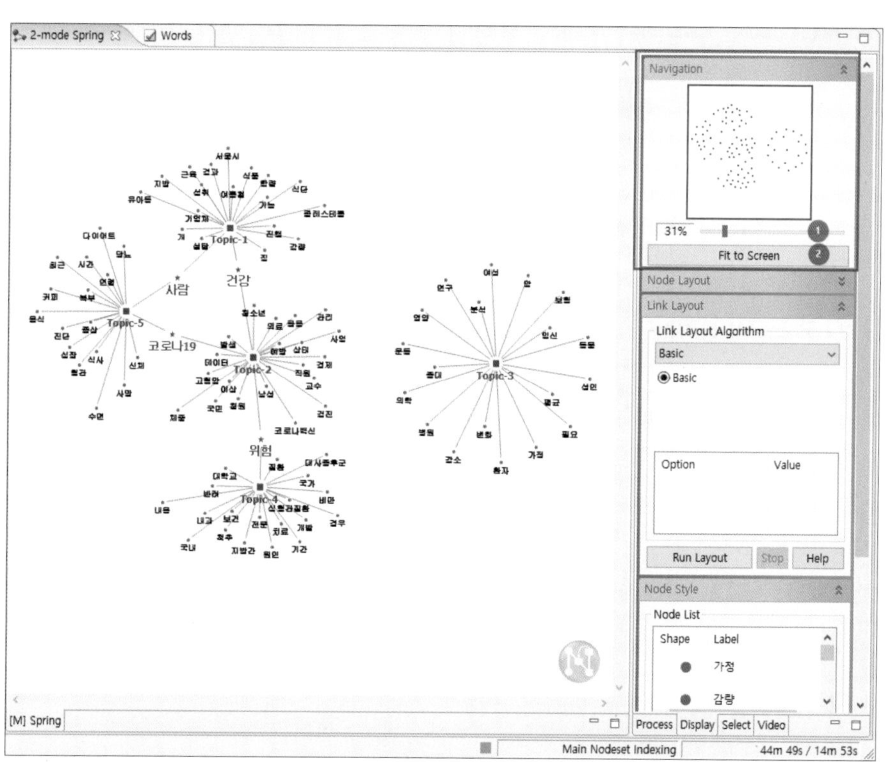

[그림 5-27] 내비게이션을 활용한 네트워크 맵 제어(확대/축소)

내비게이션 컨트롤 아이템의 ❶ 슬라이드 바를 좌우로 조정하면 네트워크 맵이 확대/축소된다. ❷ '현재 창 크기에 맞추기(Fit to Screen)' 버튼을 클릭하면 확대/축소되었던 네트워크 맵이 결과 패널의 크기에 맞게 재조정된다.

2) 마우스 휠 이용하기

결과 패널의 네트워크 맵을 마우스로 선택한 상태에서 마우스 휠을 조정하면 네트워크 맵이 확대/축소된다.

3) 줌 모드 이용하기

메인 메뉴의 Map 탭에서 Zoom을 선택하고, 네트워크 맵을 마우스로 드래그하면 선택한 영역만 확대할 수 있다.

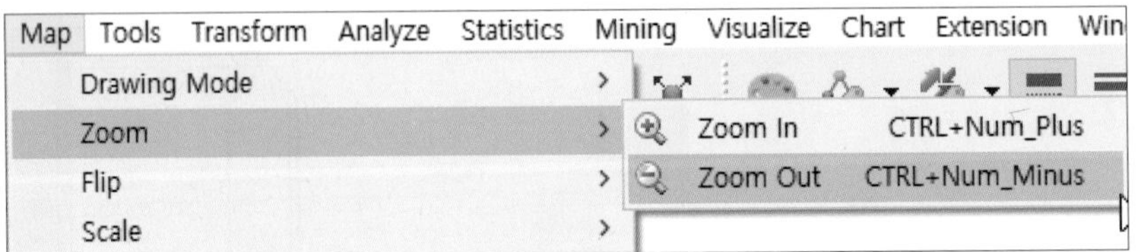

[그림 5-28] **줌(Zoom) 모드를 활용한 네트워크 맵 제어(확대/축소)**

4) 키보드 이용하기

Ctrl키와 함께 숫자 키패드 +/− 버튼을 누르면 네트워크 맵을 확대/축소할 수 있다.

8. 네트워크 맵 저장 및 녹화

1) 그림 파일 저장

네트워크 맵을 그림 파일로 저장(Saving Network Map)하는 방법에는 Map 탭의 Capture Map에서 To File을 클릭하거나 [그림 5-29] 툴바의 아이콘으로 간편하게 저장할 수 있다. 이미지는 .bmp, .jpg, .svg로 저장할 수 있으며, SVG 포맷은 Vector 이미지 포맷으로 이미지를 확대할 때 이미지 품질이 유지되므로, 고화질의 이미지가 필요하거나 일부를 확대하여 볼 필요가 있는 경우에 유용하다.

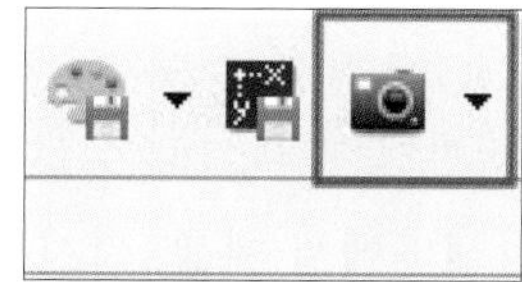

[그림 5-29] 네트워크 맵 그림 파일 저장

2) 네트워크 맵 녹화

NetMiner는 사용자가 네트워크 맵에 수행한 작업 및 동작을 녹화(Recording Network Map)하여 재생할 수 있다.

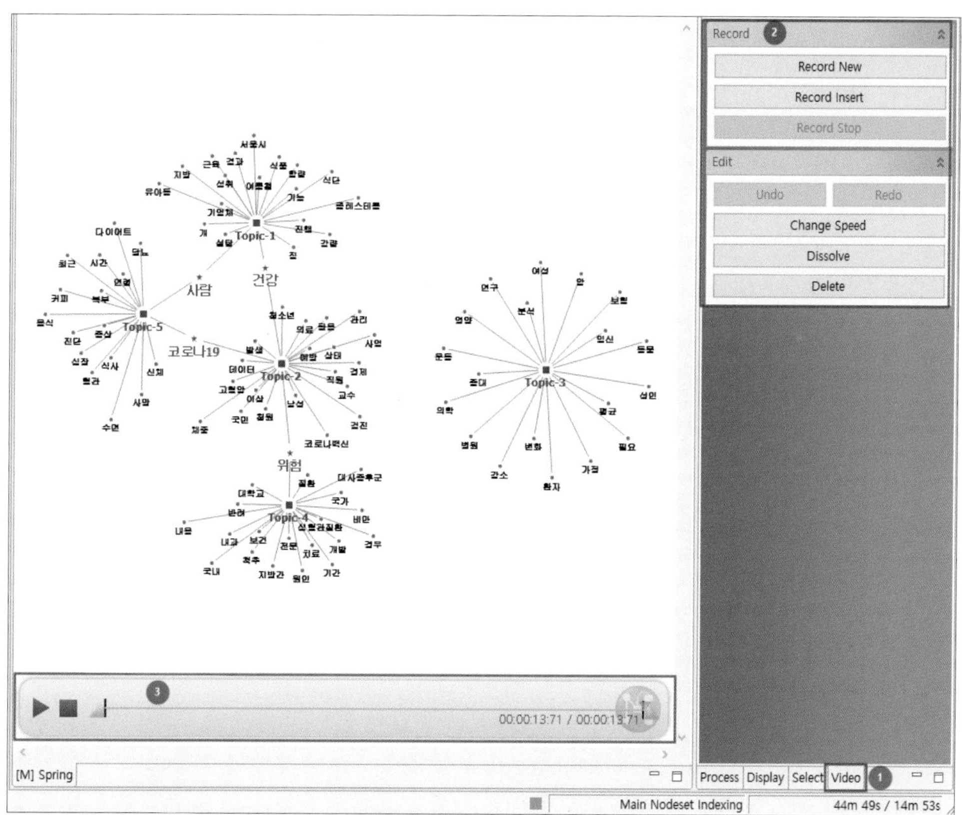

[그림 5-30] 네트워크 맵 녹화

❶ 오른쪽 컨트롤 패널에서 'Video' 탭을 클릭한다.

❷ 'Record New' 버튼을 클릭하면 녹화가 시작되며, 'Record Stop' 버튼을 클릭하면

녹화가 종료된다.

❸ 녹화가 끝나면 [그림 5-30] 하단에 표시된 것과 같이 동영상 탐색바(Time Slide Bar)가 나타나며, 동영상 탐색바에서 재생, 일시정지, 멈춤, 재생 시점 선택 등이 가능하다.

제6장

SNS Data collector 기능

1. 소개

NetMiner SNS Data collector는 그 명칭처럼 대표적인 SNS인 페이스북, 트위터, 유튜브 그리고 인스타그램상에 존재하는 다양한 게시글과 댓글 등 텍스트 데이터를 자동적으로 수집하여 분석자에게 제공하는 기능을 지닌 NetMiner의 확장 프로그램이다. 나아가, 각각의 SNS상 콘텐츠 게시자와 공유 및 확산자 간 비정형 네트워크 데이터를 추출하여 제공하기 때문에 그들 간의 네트워크 구조를 분석하기에 용이하다. SNS Data collector를 활용하면, 기존의 NetMiner에서 지원하지 않았던 SNS상 데이터를 추출하는 기능을 추가로 사용할 수 있으며, NetMiner의 기능들을 융합적으로 활용하는 SNS 분석에 최적화된 프로그램이다.

SNS Data collector의 주요 기능과 특징을 보면 다음과 같다.

1) 데이터 수집

몇 번의 클릭만으로 쉽게 페이스북, 트위터, 유튜브, 인스타그램 데이터를 수집할 수 있다. Data collector는 공개 API를 이용하여 데이터를 수집하며, 특정 페이스북 팬페이지 또는 특정 키워드를 포함한 트위터, 유튜브 및 인스타그램 데이터를 수집할 수 있다.

2) 다양한 네트워크 데이터 자동 구성

수집한 데이터에서 추출 가능한 네트워크를 자동으로 구성하여 제공한다. 예를 들어, 트위터에서 리트윗(Retweet)이 발생하는 경우에는 글을 작성한 이용자와 리트윗을 한 이용자 간의 네트워크가 생성되는데, 이러한 네트워크 구조를 데이터화하여 제공한다. 또한 이용자와 게시글, 이용자와 이용자가 사용한 단어 등 텍스트 데이터를 추출하여 단어 간 다양한 네트워크를 구성해 제공한다. 이를 활용하면, 특정 이슈에서의 영향력자를 파악할 수 있고, 이용자 그룹을 발굴할 수 있다.

3) 텍스트 데이터 분석

수집한 텍스트 데이터에서 형태소를 분석하여 단어를 추출하여 특정 브랜드, 특정 이슈에 대한 주요 키워드 및 연관 데이터를 파악할 수 있다. 또한 워드 클라우드로 주요 키워드를 시각화할 수 있으며, 기계학습 기반의 토픽모델링 기법을 이용하여 하위 토픽을 파악하거나 게시글, 댓글 등을 분류할 수 있다.

종합해 보면, SNS상 분석자의 관심 이슈에 대한 온라인 여론과 오피니언 리더를 동시에 파악하기에 용이하다. 또한 유사한 이슈에 관심이 있는 이용자 그룹을 발굴할 수 있는 장점이 있다. SNS Data collector 설치와 실행은 [그림 3-2]를 참조하면 된다.

다음에서는 SNS Data collector를 이용한 유튜브와 트위터를 중심으로 각 SNS 채널 내 데이터 추출에 대하여 설명하고자 한다.

2. 유튜브 Data collector

SNS Data collector를 활용해 유튜브 데이터를 추출하기 위하여, NetMiner 주메뉴 표시줄의 Extension 탭에서 Youtube Collector를 [그림 6-1]과 같이 선택하면 된다.

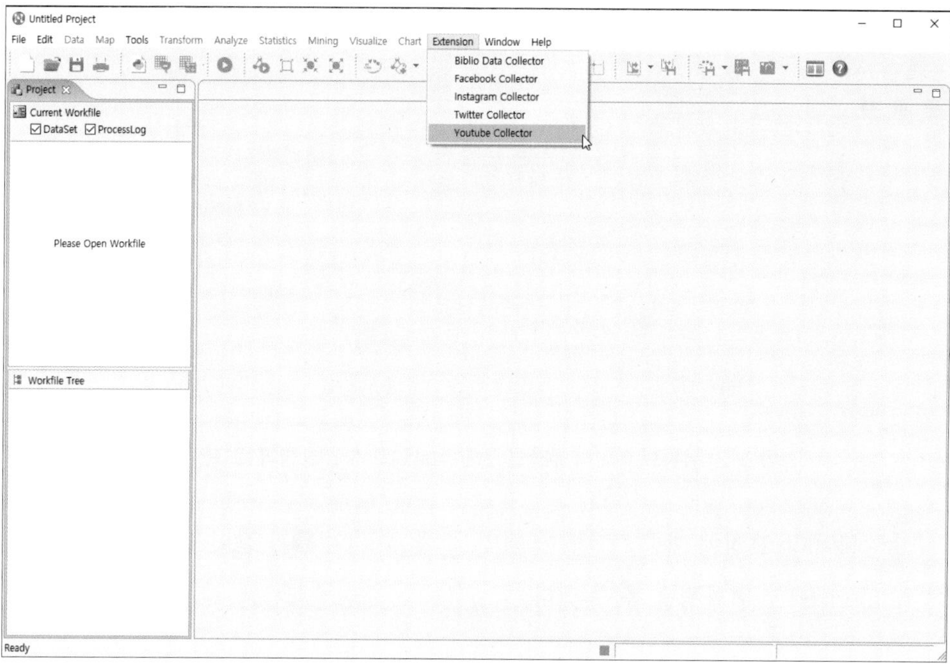

[그림 6-1] Youtube Collector 선택 화면

Extension 탭에서 Youtube Collector를 선택하면 새로운 창이 열리는데, 이때 계속 진행하기 위해서는 [그림 6-2]의 붉은색 박스로 표시한 바와 같이 'Data Collector' 탭 내 데이터 추출을 위한 허가(Authorization)[1]를 얻어야 한다. 이에 'Get Authorization'을 클릭하여 유튜브 user ID와 password를 입력하면 된다.

1) NetMiner의 SNS Data collector 이용자가 Google 계정/이메일로 생성한 개인 유튜브 계정의 user ID와 password를 기입하면 허가를 취득할 수 있다. 이에 이용자는 유튜브 데이터 수집 전에 개인 유튜브 계정을 반드시 가지고 있어야 한다.

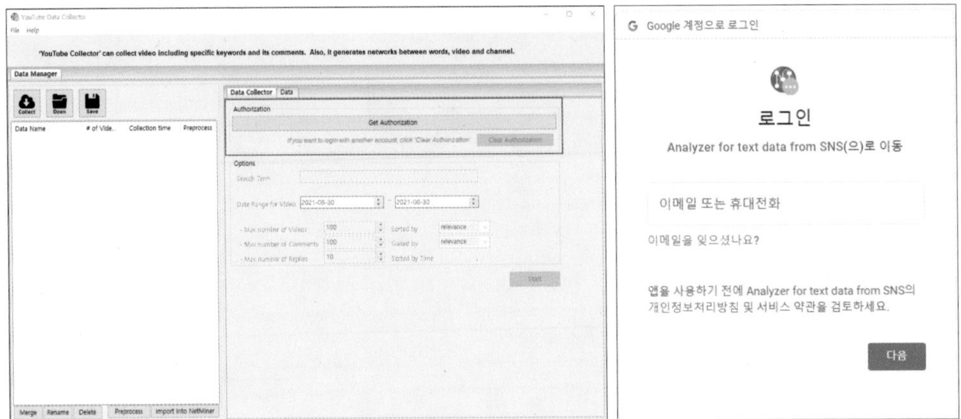

[그림 6-2] **유튜브 데이터 추출을 위한 Authorization 요청과 로그인 화면**

Authorization 요청에 대한 로그인이 되면, [그림 6-3]의 ❶과 같이 'Get Authorization'이 'Authorized'로 변환됨을 볼 수 있다.

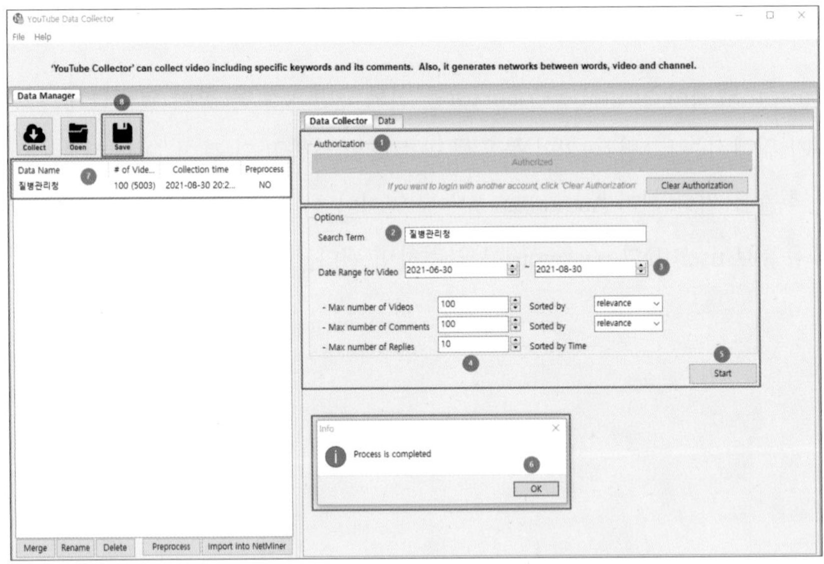

[그림 6-3] **유튜브 데이터 추출부터 저장까지의 단계**

❷ 'Search Term' 공란에 이용자의 관심 키워드를 입력하면 된다. 이 예시에서는 '질병관리청'을 기입한 상태이다.

❸ '질병관리청'과 연관된 유튜브 영상(비디오) 콘텐츠가 업로드된 기간을 설정해 주면 된다. 이 예시에서는 2021년 6월 30일부터 8월 30일까지 약 두 달 동안 생성되고 유

통된 유튜브 영상 콘텐츠만 선별하여 데이터를 추출하기로 하였다.

❹ 두 달 동안 생성된 유튜브 영상 콘텐츠 최대량(Max number of Videos), 영상당 달린 최대 코멘트(Max number of Comments) 그리고 최대 댓글(Max number of Replies)을 임의로 지정할 수 있다. 이 예시에서는 유튜브 영상 콘텐츠 100개, 영상당 달린 코멘트 100개 그리고 댓글 10개로 지정하였다.

❺'Start' 버튼을 클릭하면 지정한 데이터가 추출되며, 완료 시 ❻의 'Process is completed' 화면이 나타나는데 이때 'OK'를 클릭하면 된다.

❻ 데이터 추출 완료 시 'Data Manager' 패널에 ❼과 같이 Data Name(이 예시에서는 '질병관리청'), # of Videos(이 예시에서는 총 '100개'의 유튜브 영상), Collection time(이 예시에서는 2021월 8월 30일 20시경), Preprocess(이 예시에서는 'NO'로 표기)가 자동적으로 표시된다.

❽ 'Save' 아이콘을 클릭하여 추출한 데이터를 저장한다.

유튜브 콘텐츠에서 추출된 텍스트 데이터에 대한 전처리 과정은 [그림 6-4]의 세부 단계와 같다.

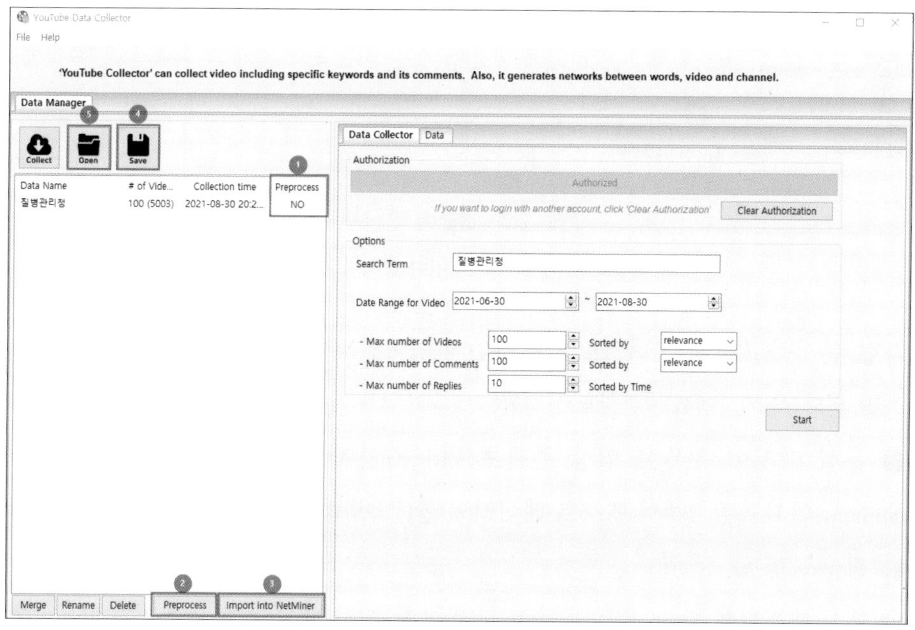

[그림 6-4] **유튜브 데이터 전처리 과정 1**

앞서 언급한 바와 같이, 유튜브 데이터를 추출하면 ❶처럼 'Preprocess'가 'NO'로 표기되는데, 이는 텍스트 데이터의 전처리를 하기 전 상태를 나타내며, ❷의 'Preprocess' 탭을 클릭하여 전처리를 진행해야 한다.

전처리 과정이 완료되면, 클리닝된 텍스트 데이터를 비로소 NetMiner로 데이터를 보낼 수 있으며, ❸의 'Import into NetMiner'를 클릭하여 진행한다.

이 과정은 ❹의 'Save' 아이콘을 클릭하여 저장할 수 있으며, 저장된 데이터를 ❺의 'Open' 아이콘을 이용하여 필요시 데이터를 불러올 수 있다.

텍스트 데이터 전처리 과정을 설명하면 다음과 같다. 앞서 제시한 [그림 6-4]의 ❷번 'Preprocess' 탭을 클릭하면 [그림 6-5]와 같이 새로운 창이 생성되는데, 이때 이용자의 분석 목적에 맞게 텍스트 전처리를 실행하면 된다.

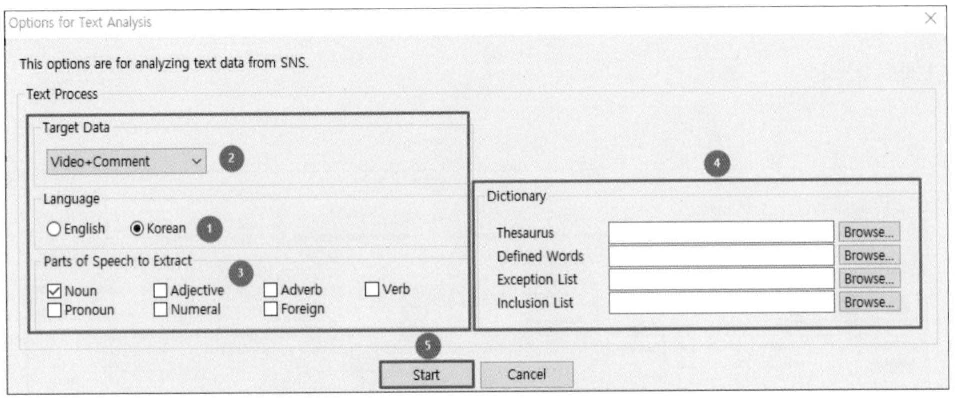

[그림 6-5] **유튜브 데이터 전처리 과정 2**

가령, 분석하고자 하는 텍스트가 한글인지 영어인지에 따라 ❶의 옵션 중 하나를 선택하면 된다(이 예시에서는 한글로 설정함).

❷ 분석 타깃이 유튜브 영상 콘텐츠(Video)인지, 영상 콘텐츠에 달린 코멘트(Comment)인지 혹은 2개의 텍스트 데이터의 합(Video+Comment)인지 결정하여 선택한다([그림 6-6] 참조).

❸ 분석 텍스트의 단위 혹은 품사를 결정한다. 명사(Noun), 형용사(Adjective), 부사(Adverb), 동사(Verb) 중 하나를 선택하거나 다수의 품사를 복수로 선택할 수 있다(이 예시에서는 '명사'만 추출하고자 함).

❹ 미리 준비한 유의어(Thesaurus), 지정어(Defined Words), 제외어(Exception List), 포함어(Inclusion List) 사전을 제시하여 전처리를 진행한다. 각각에 대한 자세한 설명은 제7장을 참조하면 된다. 이 예시에서는 유의어, 지정어, 제외어, 포함어 등의 전처리 과정 없이 진행하였다.

❺ 모든 전처리 과정이 완료되면 'Start'를 클릭하여 진행한다.

[그림 6–5]의 ❷에 해당하는 분석 타깃 데이터(Target Data) 선택 방법은 [그림 6–6]과 같다.

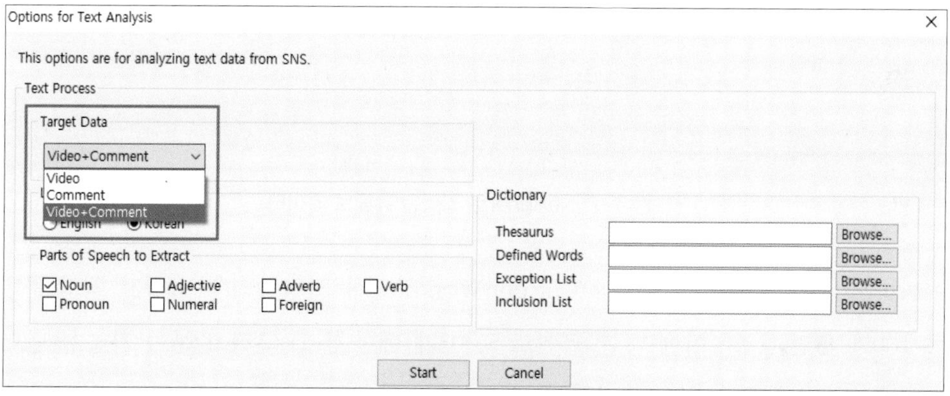

[그림 6–6] **유튜브 데이터 전처리 과정 3**

유튜브상 텍스트 데이터에 대한 전처리 과정이 완료되면, [그림 6–4]의 ❸을 실행하여 클리닝한 데이터를 NetMiner로 보낸다. 실행 후 [그림 6–7]의 빈 화면에 다음과 같이 데이터가 입력되어 있음을 확인할 수 있다.

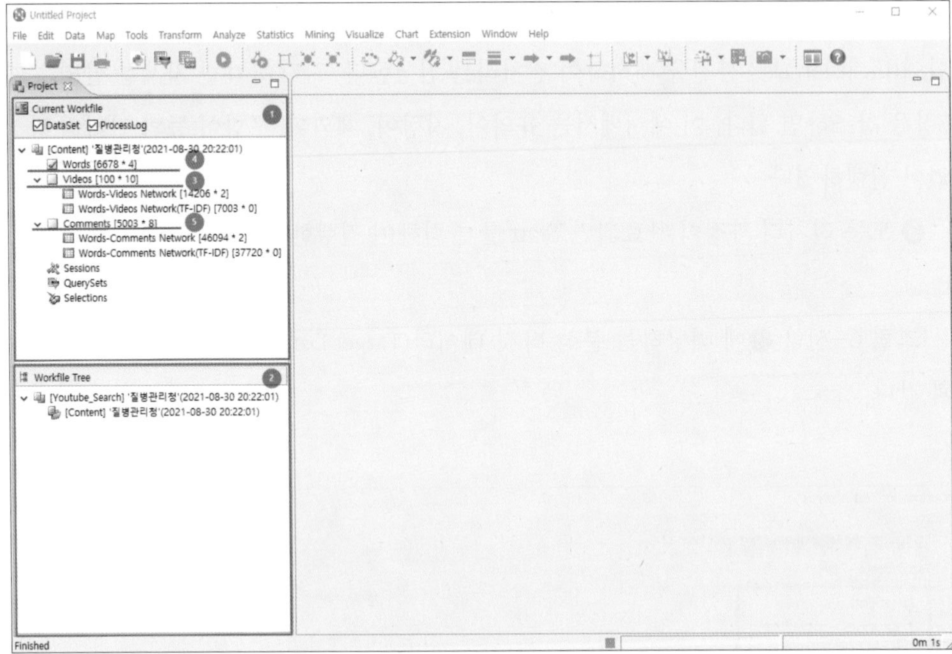

[그림 6-7] NetMiner로 입력된 유튜브 데이터

Project 패널의 ❶에 해당하는 'Current Workfile' 내 '질병관리청' 유튜브 영상 콘텐츠 100개(❸번 참조), 이에 대한 코멘트 5,003개(❹번 참조) 그리고 분석 가능한 단어(Words) 6,678개(❺번 참조)가 입력되고 나열되어 있음을 확인할 수 있다. 이 입력된 데이터에 대한 'Workfile Tree'는 ❷와 같다.

최종적으로 유튜브 데이터 추출, 텍스트 데이터 전처리 과정 그리고 NetMiner로 입력하는 것까지의 일련의 과정이 완료되면, 전체 데이터셋을 저장하여 데이터가 소실되지 않도록 해야 한다.

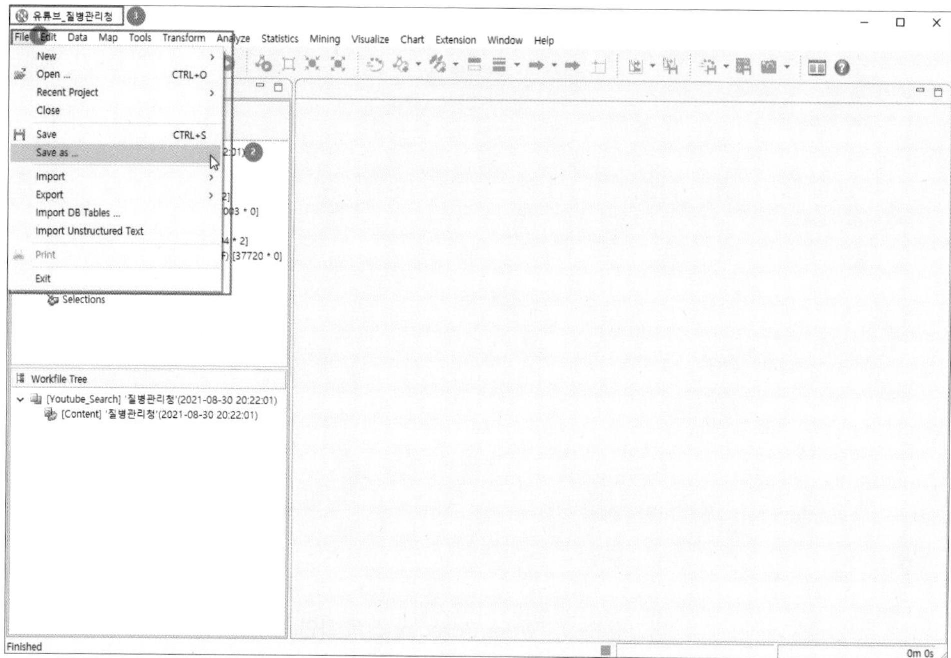

[그림 6-8] NetMiner로 입력된 유튜브 데이터 저장

전체 데이터셋을 저장하기 위하여 ❶ 주메뉴 표시줄의 File 탭에서 Save as(❷)를 선택하여 새로운 파일명(이 예시에서는 '유튜브_질병관리청' 이름으로 저장함)으로 저장하면, ❸번에서 보는 바와 같이 NetMiner 파일명이 'Untitled Project'에서 '유튜브_질병관리청'으로 변경되었음을 확인할 수 있다.

3. 트위터 Data collector

SNS Data collector를 활용해 트위터 데이터를 추출하기 위하여, NetMiner의 주메뉴 표시줄의 Extension 탭에서 Twitter Collector를 [그림 6-9]와 같이 선택하면 된다.

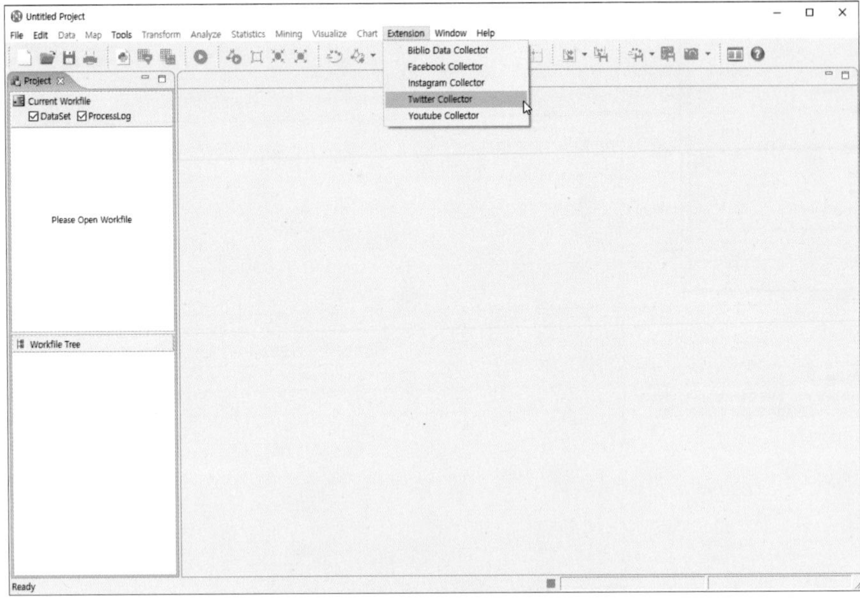

[그림 6-9] Twitter Collector 선택 화면

Extension 탭에서 Twitter Collector를 선택하면 새로운 창이 열리는데, 계속 진행하기 위해서는 [그림 6-10]의 붉은색 박스로 표시한 바와 같이 'Data Collector' 탭 내 데이터 추출을 위한 허가(Authorization)[2]를 얻어야 한다. 이에 'Get Authorization'을 클릭하여 트위터 user ID와 password를 입력하면 된다.

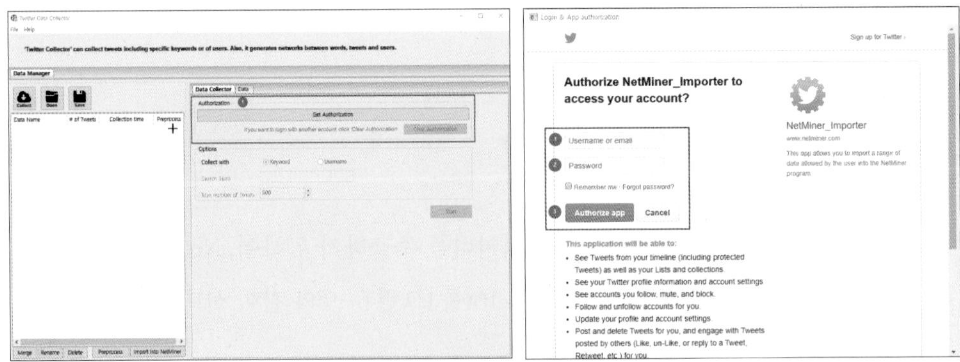

[그림 6-10] 트위터 데이터 추출을 위한 Authorization 요청과 로그인 화면

2) 유튜브 Data collector 과정과 동일하게, 이용자가 트위터 데이터 수집 전에 개인 트위터 계정을 생성하여 로그인해야 활성화된다.

Authorization 요청에 대한 로그인이 되면, [그림 6-11]의 ❶과 같이 'Get Authorization'이 'Authorized'로 변환됨을 볼 수 있다.

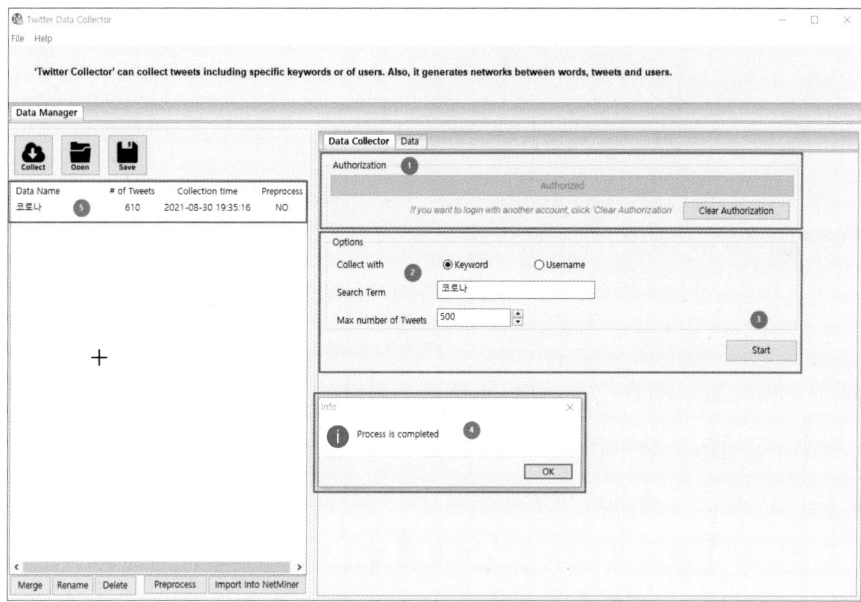

[그림 6-11] **트위터 데이터 추출부터 저장까지의 단계**

❷의 'Search Term' 공란에 이용자의 관심 키워드를 입력하면 된다. 이 예시에서는 '코로나'라는 단어를 기입한 상태이다. 또한 데이터 모집 시점을 기준으로 가장 최근에 생성된 트위터 콘텐츠(140자 미만의 텍스트 콘텐츠) 최대량(Max number of Tweets)을 설정할 수 있다(이 예시에서는 500개의 트위터 콘텐츠를 지정함).

❸ 'Start' 버튼을 클릭하면 지정한 데이터가 추출되며, 완료 시 ❹의 'Process is completed' 화면이 나타나는데 이때 'OK'를 클릭하면 된다.

❹의 데이터 추출 완료 시 'Data Manager' 패널에 ❺와 같이 Data Name(이 예시에서는 '코로나'), 610개의 # of Tweets(이 예시에서는 '500개'의 트위터 콘텐츠를 추출하고자 지정하였으나, 트위터 특성상 트윗과 리트윗된 콘텐츠까지 추가로 추출되어 총 610개의 트위팅 데이터가 추출됨), Collection time(이 예시에서는 2021월 8월 30일 17시 35분 경), Preprocess(이 예시에서는 'NO'로 표기)가 자동적으로 표시된다.

앞서 설명한 추출된 유튜브 콘텐츠의 저장 기능과 동일하게, 'Data Manager' 패널상 'Save' 아이콘을 클릭하여 추출한 데이터를 저장한다.

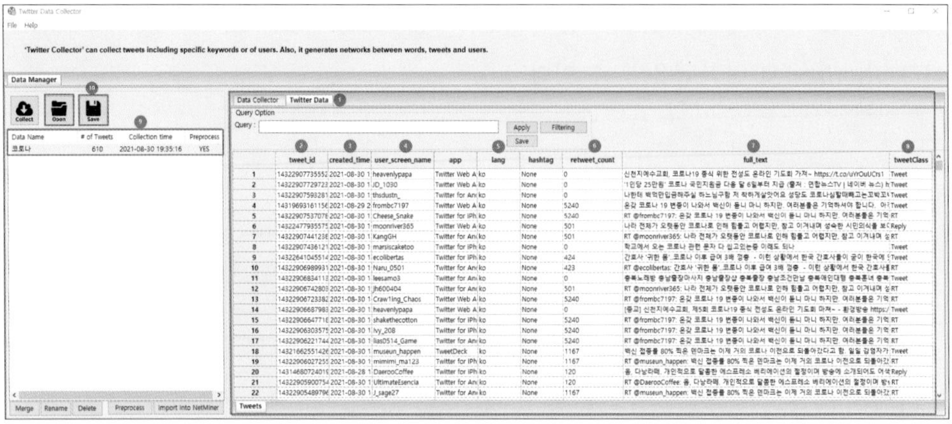

[그림 6-12] **추출된 트위터 데이터 속성 보기**

❶의 'Twitter Data' 탭을 클릭하면, 추출된 트위터 데이터의 속성을 확인할 수 있다.

❷ 트위터 콘텐츠를 생성한 'tweet_id'를 보여 준다.

❸ 트위터 콘텐츠가 생성된 세부적인 일시와 시간을 보여 준다.

❹ 트위터 공간(screen) 내 트위터 콘텐츠를 생성한 사용자(user)의 이름을 보여 준다.

❺ 트위터 콘텐츠의 언어(이 예시에서는 'ko'로 표기된 한국어임)를 보여 준다.

❻ 각 트위터 콘텐츠의 'retweet_count'를 보여 준다.

❼ 트위터 콘텐츠 전문(full-text)을 보여 준다.

❽ 트위터의 특성/종류(Tweet, RT, Reply)를 요약하여 보여 준다.

❾ 앞서 언급한 'Data Manager' 패널 내 정보와 동일하다.

❿ 저장(Save)과 필요시에는 'Open' 아이콘을 통하여 정보를 불러올 수 있다.

트위터 콘텐츠에서 추출된 텍스트 데이터에 대한 전처리 과정 역시 앞선 유튜브 과정과 동일하다([그림 6-4, 6-5, 6-6] 참조).

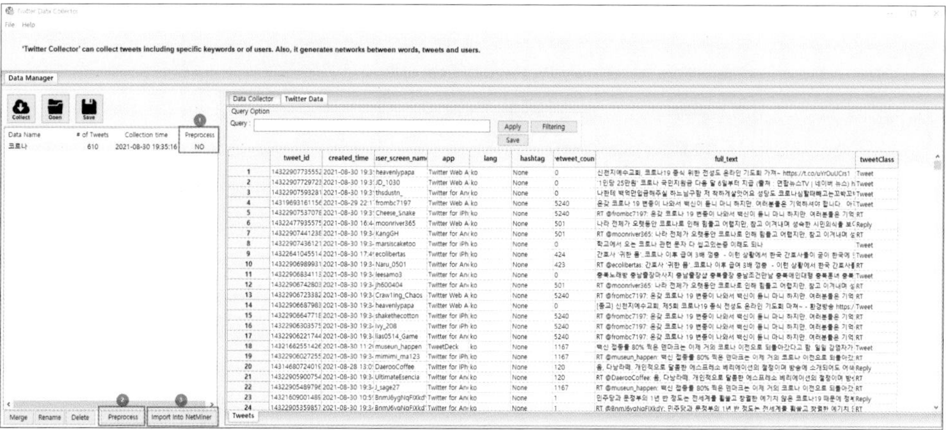

[그림 6-13] **트위터 데이터 전처리 과정 1**

트위터 데이터를 추출하면 ❶처럼 'Preprocess'가 'NO'로 표기되는데, 이는 텍스트 데이터의 전처리를 하기 전 상태를 나타내며, ❷의 'Preprocess'를 클릭하여 전처리를 진행해야 한다.

전처리 과정이 완료되면, 클리닝된 텍스트 데이터를 비로소 NetMiner로 데이터를 보낼 수 있으며, ❸의 'Import into NetMiner'를 클릭하여 진행한다.

이 과정은 'Save' 아이콘을 클릭하여 저장할 수 있으며, 저장된 데이터를 'Open' 아이콘을 이용하여 필요시 데이터를 불러올 수 있다.

텍스트 데이터 전처리 과정을 설명하면 다음과 같다. 앞서 제시한 [그림 6-13]의 ❷번 'Preprocess'를 클릭하면 [그림 6-14]와 같이 새로운 창이 생성되는데, 이때 이용자의 분석 목적에 맞게 텍스트 전처리를 실행하면 된다.

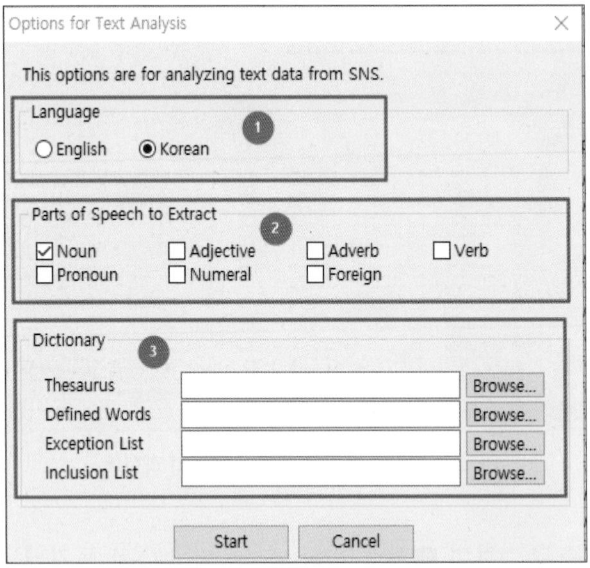

[그림 6-14] **트위터 데이터 전처리 과정 2**

가령, 분석하고자 하는 텍스트가 한글인지 영어인지에 따라 ❶의 옵션 중 선택하면 된다(이 예시에서는 한글로 설정함).

❷ 영상을 필연적으로 포함하는 유튜브 데이터와 달리 트위터 데이터는 기본적으로 텍스트만을 포함한다. 다만, 유튜브 전처리 과정과 동일하게, 분석 텍스트의 단위 혹은 품사를 결정해야 한다. 명사(Noun), 형용사(Adjective), 부사(Adverb), 동사(Verb) 중 하나를 선택하거나 다수의 품사를 복수로 선택할 수 있다(이 예시에서는 '명사'만 추출하고자 함).

❸ 역시 미리 준비한 유의어(Thesaurus), 지정어(Defined Words), 제외어(Exception List), 포함어(Inclusion List) 사전을 제시하여 전처리를 진행한다. 각각에 대한 자세한 설명은 제7장을 참조하면 된다.

트위터 텍스트 데이터에 대한 전처리 과정이 완료되면, [그림 6-13]의 ❸을 실행하여 클리닝한 데이터를 NetMiner로 보낸다. 실행 후 [그림 6-15]의 빈 화면에 다음과 같이 데이터가 입력되어 있음을 확인할 수 있다.

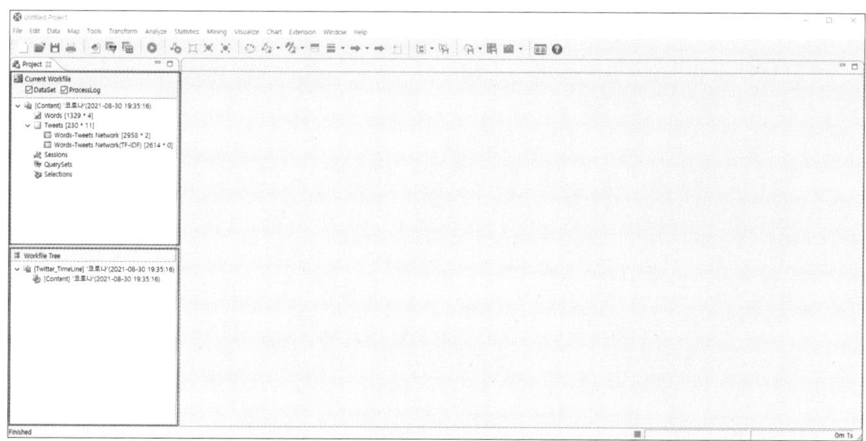

[그림 6-15] NetMiner로 입력된 트위터 데이터

Project 패널의 'Current Workfile' 내 '코로나' 키워드로 추출한 610개 트위터 콘텐츠 중 분석 가능한 트위터 콘텐츠 230개(Tweet와 Retweet 포함)와 분석 가능한 단어(Words) 1,329개가 입력되고 나열되어 있음을 확인할 수 있다. 이 입력된 데이터에 대한 'Workfile Tree' 내용도 확인할 수 있다.

최종적으로 트위터 데이터 추출, 텍스트 데이터 전처리 과정 그리고 NetMiner로 입력하는 것까지의 일련의 과정이 완료되면, 전체 데이터셋을 저장하여 데이터가 소실되지 않도록 해야 한다. [그림 6-8]의 NetMiner로 입력된 유튜브 데이터 저장과 동일한 방식으로 저장한다.

이 장에서는 SNS를 대표하여 유튜브와 트위터상에서 Data collector를 활용하는 방법에 대하여 논의하였다. Data collector를 활용하여 인스타그램 데이터를 추출하는 방법에 대해서는 제14장 사례에서 언급할 것이다. 공간의 제약으로 페이스북의 데이터 추출은 생략하나, 페이스북 SNS 채널 내 데이터 추출, 텍스트 데이터에 대한 전처리 과정, NetMiner로의 데이터 송출과 저장 등의 과정은 앞서 언급한 유튜브 및 트위터 그리고 뒤에 나올 인스타그램 방식과 동일하기에 전 과정을 이해하기에 무리가 없을것으로 판단된다. 다만, SNS Data collector를 활용하여 SNS상의 데이터를 추출하기 위해서는 각 SNS별 계정 user ID와 password가 있어야 데이터 추출의 허가를 취득할 수 있기에, 이용자는 각 SNS 데이터 수집 전에 개인 계정을 반드시 가지고 있어야 한다.

제3부

NetMiner를 활용한 소셜미디어 분석 실습

제7장

소셜미디어 데이터 크롤링 및 전처리 과정

1. 데이터 추출 및 파일 저장

제6장에서 소개한 SNS Data collector를 활용하여 페이스북, 트위터, 유튜브 그리고 인스타그램상에 존재하는 소셜미디어 데이터를 자동적으로 수집한다.

이 장의 실습을 위하여 제6장에서 제시한 바와 같이, 2021년 7월 초부터 8월 말까지 질병관리청 공식 유튜브 채널('아프지마TV')에서 생성된 콘텐츠에 대한 반응 분석과 공유·확산 네트워크 분석을 실습하고자 한다('유튜브_질병관리청' 파일 참조).

2. 데이터 전처리

[그림 7-1]의 NetMiner SNS Data collector를 활용하여 추출되고 입력된 유튜브 데이터를 다시 보면, 두 달간 '질병관리청' 키워드로 추출한 유튜브 콘텐츠는 ❹ 단어(Words) 6,678개, ❸ 영상 콘텐츠(Videos) 100개, ❺ 댓글(Comments) 5,003개가 추출되었음을 알 수 있다.

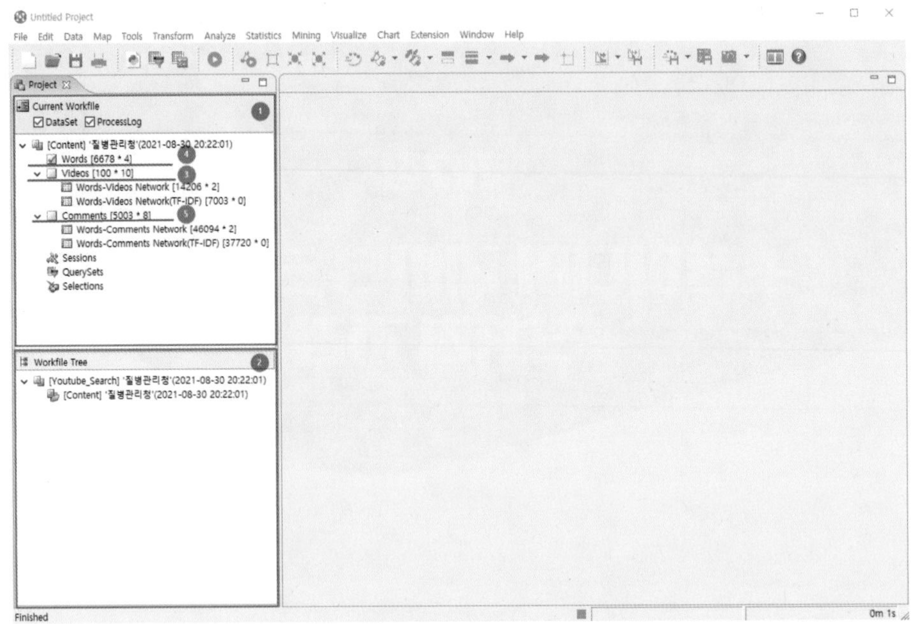

[그림 7-1] NetMiner로 입력된 유튜브 데이터

❸ 영상 콘텐츠(Videos) 100개를 클릭하면, NetMiner 데이터 편집 패널(Data Editing Panel)에 [그림 7-2]와 같이 최신 영상 업로드 시간 순서대로 100개 콘텐츠에 대한 기본 정보가 나타난다.

Videos

	1	2	3	4	5	6	7	8	9	10
	Title	Created Time	Writer(ID)	Writer(Name)	View Count	Like Count	Dislike Count	Favorite Count	Comment Count	Full Text
1	한...정부 "공급 지연 반복 시 매우 유감" / YTN"	'2021-08-30 18:12:31"	nwUGzWzbJ3H5w"	"YTN news"	3,065.0	39.0	5.0	0.0	44.0	5SZ © YTN & YTN plus 무단 전재 및 재배포금지"
2	기부터 백신접종" (21.08.30) / JTBC News"	'2021-08-30 16:17:23"	LiaMfV_ceaYz5rQ"	"JTBC News"	1,096.0	13.0	7.0	0.0	10.0	it.ly/1krluzF 방송사 : JTBC (https://jtbc.joins.com)"
3	층 백신 접종의 모든 것(백신 브리핑, 8.26.)"	'2021-08-30 16:04:59"	-5Rfxgu3RQY_gw"	"질병관리청 아프지마TV"	200.0	34.0	4.0	0.0	16.0	방접종 #건강한_국민_안전한_사회 #질병관리청"
4	신규확진자가 좀처럼 줄어들지 않는 이유는?"	'2021-08-30 15:00:06"	-5Rfxgu3RQY_gw"	"질병관리청 아프지마TV"	285.0	41.0	2.0	0.0	6.0	방접종 #건강한_국민_안전한_사회 #질병관리청"
5	대응 브리핑 / 연합뉴스TV (YonhapnewsTV)"	'2021-08-30 14:56:10"	fZ0uiKOvFyhGwg"	"연합뉴스TV"	909.0	10.0	2.0	0.0	1.0	onhap News TV http://www.yonhapnewstv.co.kr/"
6	시설에서 첫 주말...밀린 빨래하며 휴식 / YTN"	'2021-08-28 16:07:21"	nwUGzWzbJ3H5w"	"YTN news"	193,575.0	2,777.0	115.0	0.0	979.0	5SZ © YTN & YTN plus 무단 전재 및 재배포금지"
7	서 첫 주말...밀린 빨래하고 휴식 취해 / YTN"	'2021-08-28 14:07:25"	nwUGzWzbJ3H5w"	"YTN news"	44,514.0	762.0	27.0	0.0	359.0	5SZ © YTN & YTN plus 무단 전재 및 재배포금지"
8	신 부작용/보상신청/의료비지원/질병관리청"	'2021-08-28 13:00:08"	rbMWXyxpMsxtow"	"비욘드닥터BeyondDoctor"	535.0	27.0	1.0	0.0	2.0	혈증, 심뇌혈관질환 등)에 한하여 서비스중입니다."
9	병원' 바이러스 전파...추가 확산 우려 / YTN"	'2021-08-28 11:13:05"	nwUGzWzbJ3H5w"	"YTN news"	4,026.0	12.0	0.0	0.0	19.0	5SZ © YTN & YTN plus 무단 전재 및 재배포금지"
10	뽀작혈관랭탱 3편] 아빠가 입원했어요! ♡●"	'2021-08-27 15:00:37"	-5Rfxgu3RQY_gw"	"질병관리청 아프지마TV"	304.0	30.0	3.0	0.0	6.0	관질환 #심뇌혈관질환예방관리주간 #질병관리청"
11	대응 브리핑/ 연합뉴스TV (YonhapnewsTV)"	'2021-08-27 14:44:04"	fZ0uiKOvFyhGwg"	"연합뉴스TV"	1,139.0	4.0	1.0	0.0	0.0	onhap News TV http://www.yonhapnewstv.co.kr/"
12	로나19 중앙방역대책본부 브리핑 (21.8.27.)"	'2021-08-27 14:41:52"	UpoAM2bpT4JZQ"	"KTV국민방송"	5,117.0	423.0	4.0	0.0	19.0	실 ▶발표 : 권준욱 중앙방역대책본부 제2부본부장"
13	사 '노마스크' 실험은 문 대통령 지시" / YTN"	'2021-08-27 13:03:36"	nwUGzWzbJ3H5w"	"YTN news"	4,839.0	120.0	13.0	0.0	226.0	5SZ © YTN & YTN plus 무단 전재 및 재배포금지"
14	탱 2편] 아빠 배는 개구리 배! 혈관 탐험 ◎□"	'2021-08-27 10:18:45"	-5Rfxgu3RQY_gw"	"질병관리청 아프지마TV"	273.0	27.0	2.0	0.0	4.0	관질환 #심뇌혈관질환예방관리주간 #질병관리청"
15	스감염증-19] 전문가 초청 예방접종 설명회"	'2021-08-27 03:46:49"	-5Rfxgu3RQY_gw"	"질병관리청 아프지마TV"	2,158.0	-999,999.0	-999,999.0	0.0	-999,999.0	코로나19 예방접종 관련 질의에 대한 전문가 답변"
16	작혈관랭탱 1편] 앗, 피가 나! 피는 뭘까? □●"	'2021-08-26 17:59:23"	-5Rfxgu3RQY_gw"	"질병관리청 아프지마TV"	328.0	31.0	3.0	0.0	2.0	관질환 #심뇌혈관질환예방관리주간 #질병관리청"
17	예방접종 특집 질병관리청 브리핑 (21.8.26.)"	'2021-08-26 16:45:01"	UpoAM2bpT4JZQ"	"KTV국민방송"	12,681.0	846.0	24.0	0.0	50.0	교수 - 최원석 고려대학교 안산병원 감염내과 교수"
18	특집 브리핑 / 연합뉴스TV (YonhapnewsTV)"	'2021-08-26 15:38:31"	fZ0uiKOvFyhGwg"	"연합뉴스TV"	2,967.0	13.0	10.0	0.0	1.0	onhap News TV http://www.yonhapnewstv.co.kr/"
19	약 무더기 취소...백신 접종 곳곳 '혼선' / YTN"	'2021-08-26 04:46:24"	nwUGzWzbJ3H5w"	"YTN news"	292,591.0	1,353.0	68.0	0.0	904.0	5SZ © YTN & YTN plus 무단 전재 및 재배포금지"
20	물어보세요! 심근염·심낭염(수어통역지원)"	'2021-08-25 13:08:09"	-5Rfxgu3RQY_gw"	"질병관리청 아프지마TV"	1,218.0	43.0	20.0	0.0	12.0	방접종 #건강한_국민_안전한_사회 #질병관리청"
21	이상지질혈증'- 생활터(직장) 중심 교육 영상"	'2021-08-24 16:29:34"	msNS1icbauENg"	"인천권역심뇌혈관질환센터 인하대병원"	5.0	0.0	0.0	0.0	0.0	생활터(직장) 중심 교육 영상으로 제작하였습니다."
22	포즈 '당뇨병'- 생활터(직장) 중심 교육 영상"	'2021-08-24 16:26:01"	msNS1icbauENg"	"인천권역심뇌혈관질환센터 인하대병원"	7.0	0.0	0.0	0.0	0.0	생활터(직장) 중심 교육 영상으로 제작하였습니다."
23	포즈 '고혈압'- 생활터(직장) 중심 교육 영상"	'2021-08-24 16:22:50"	msNS1icbauENg"	"인천권역심뇌혈관질환센터 인하대병원"	7.0	0.0	0.0	0.0	0.0	생활터(직장) 중심 교육 영상으로 제작하였습니다."
24	현황 브리핑 / 연합뉴스TV (YonhapnewsTV)"	'2021-08-24 14:53:30"	fZ0uiKOvFyhGwg"	"연합뉴스TV"	1,746.0	5.0	7.0	0.0	0.0	onhap News TV http://www.yonhapnewstv.co.kr/"
25	UN 210821 방송 [감적률] 399회 TV조선"	'2021-08-21 22:38:35"	DVUhgMzRDk3aw"	"TVCHOSUN - TV조선"	992.0	7.0	1.0	0.0	0.0	공식 블로그 : https://blog.naver.com/tv_chosun"
26	국민의 50% 코로나19 1차 예방 접종 완료!"	'2021-08-21 13:01:29"	-5Rfxgu3RQY_gw"	"질병관리청 아프지마TV"	12,810.0	144.0	38.0	0.0	83.0	방접종 #건강한_국민_안전한_사회 #질병관리청"
27	백신/ 백신금기/백신제외대상자/질병관리청"	'2021-08-21 12:00:32"	rbMWXyxpMsxtow"	"비욘드닥터BeyondDoctor"	2,826.0	82.0	3.0	0.0	3.0	혈증, 심뇌혈관질환 등)에 한하여 서비스중입니다."
28	대응 브리핑/ 연합뉴스TV (YonhapnewsTV)"	'2021-08-20 14:33:47"	fZ0uiKOvFyhGwg"	"연합뉴스TV"	1,419.0	7.0	1.0	0.0	3.0	onhap News TV http://www.yonhapnewstv.co.kr/"
29	배우들이 전하는 코로나19 예방접종 이야기!"	'2021-08-19 18:21:19"	-5Rfxgu3RQY_gw"	"질병관리청 아프지마TV"	11,656.0	304.0	32.0	0.0	-999,999.0	병관리청 #문화체육관광부 #한국문화예술위원회"
30	문가들이 코로나19 예방접종을 선택한 이유"	'2021-08-18 14:12:43"	-5Rfxgu3RQY_gw"	"질병관리청 아프지마TV"	7,001.0	68.0	100.0	0.0	-999,999.0	방접종 #건강한_국민_안전한_사회 #질병관리청"
31	리청 정은경 청장과 박세리 감독의 영상통화!"	'2021-08-18 10:00:18"	-5Rfxgu3RQY_gw"	"질병관리청 아프지마TV"	376,015.0	200.0	61.0	0.0	73.0	방접종 #건강한_국민_안전한_사회 #질병관리청"
32	18~49세 예방접종 10부제 예약 대상자 안내"	'2021-08-17 11:36:30"	WWxFW9xg0iM6Q"	"제주도농아복지관"	9.0	1.0	0.0	0.0	0.0	지는 생일끝자리(주민등록상) "7번"이 해당됩니다."
33	대응 브리핑/ 연합뉴스TV (YonhapnewsTV)"	'2021-08-16 14:49:11"	fZ0uiKOvFyhGwg"	"연합뉴스TV"	5,209.0	35.0	12.0	0.0	7.0	onhap News TV http://www.yonhapnewstv.co.kr/"
34	지 다 답해준다고요?! [교육부 X 질병관리청]"	'2021-08-13 17:09:51"	YH7XJfCQzVR_jg"	"교육부 TV"	20,908.0	177.0	313.0	0.0	260.0	스타그램: https://www.instagram.com/moeprplan"
35	신 증명서 / 질병관리청 / 고양시코로나백신"	'2021-08-12 12:15:00"	0bjP7ITGYpKN1w"	"드러머 서우 Korea Drummer"	60.0	5.0	0.0	0.0	3.0	그 / 백신 증명서 / 질병관리청 / 고양시코로나백신"
36	한 질병청...20대 끝내 숨져 (자막있슈) / SBS"	'2021-08-11 11:11:22"	qOEwR1Sze2JTw"	"SBS 뉴스"	72,857.0	556.0	27.0	0.0	483.0	스타그램: https://www.instagram.com/sbsnews"
37	한 질병청...20대 모더나 접종자 사망 / SBS"	'2021-08-11 07:25:14"	qOEwR1Sze2JTw"	"SBS 뉴스"	8,298.0	89.0	6.0	0.0	68.0	스타그램: https://www.instagram.com/sbsnews"
38	리청 사칭 ◀이런문자 절대 클릭하지마세요"	'2021-08-10 23:35:55"	3POE-PTuPV4DiQ"	"이백점쥼마TV"	256.0	52.0	0.0	0.0	40.0	문자 피싱입니다 영상보시고 조심 또 조심하세요"
39	부 (2021.8.10/뉴스데스크 제주/ 제주MBC)"	'2021-08-10 21:08:25"	MBR9ZEqcDN5kw"	"제주MBC NEWS"	1,716.0	21.0	0.0	0.0	11.0	적이 나오고 있습니다. MBC뉴스 김항섭입니다."
40	대 사망...혈전증 검사 거부한 질병청 / SBS"	'2021-08-10 20:09:46"	qOEwR1Sze2JTw"	"SBS 뉴스"	1,096,835.0	7,088.0	275.0	0.0	6,035.0	스타그램: https://www.instagram.com/sbsnews"
41	종간격 등 설명드립니다(백신 브리핑, 8.9.)"	'2021-08-10 16:41:38"	-5Rfxgu3RQY_gw"	"질병관리청 아프지마TV"	5,107.0	81.0	131.0	0.0	165.0	방접종 #건강한_국민_안전한_사회 #질병관리청"

[그림 7-2] 유튜브 영상 콘텐츠 기본 정보

❶ Title: 유튜브 콘텐츠 제목(Title)을 나타낸다.

❷ Created Time: 유튜브 콘텐츠 업로드 시간을 제시한다.

❸ Writer(ID): 유튜브 콘텐츠를 업로드한 유튜버(예: 개인이나 정부기관 또는 기업 등 조직)의 고유 ID를 보여 준다.

❹ Writer(Name): 유튜브 콘텐츠를 업로드한 유튜버의 이름을 보여 준다. 참고로 대부분의 개인의 경우 유튜브 계정을 만들 때 본명보다는 필명이나 닉네임으로 사용하였을 가능성이 높으며, 그때 사용한 이름이 이 부분에 나타난다.

❺ View Count: 유튜브 콘텐츠를 시청(View)한 총 횟수를 나타낸다.

❻ Like Count: 유튜브 콘텐츠에 좋아요(Like) 반응을 보인 숫자를 나타낸다.

❼ Dislike Count: 유튜브 콘텐츠에 싫어요(Dislike) 반응을 보인 숫자를 나타낸다.

❽ Favorite Count: 유튜브 콘텐츠에 Favorite 반응을 보인 숫자를 나타낸다.

❾ Comment Count: 유튜브 콘텐츠에 댓글(Comment)을 남긴 숫자를 나타낸다.

❿ Full Text: 유튜브 콘텐츠 소개글의 내용을 보여 준다.

1) 내림차순 정렬

유튜브 콘텐츠 업로드 시간을 기준으로 정렬되어 있기에, 반응 분석에 필요한 View, Like, Dislike 등의 반응 순위를 보기 위해서 [그림 7-3]과 같이 각 범주(category)별로 내림차순(descending sort)을 할 필요가 있다.

Videos

	1	2	3	4	5	6	7
	Title	Created Time	Writer(ID)	Writer(Name)	View Count	Like Count	Dislike Count
1	전...정부 "공급 지연 반복 시 매우 유감" / YTN"	'2021-08-30 18:12:31"	nwUGzWzbJ3H5w"	"YTN news"	3,065		5.0
2	분기부터 백신접종" (21.08.30) / JTBC News"	'2021-08-30 16:17:23"	HLiaMfV_ceaYz5rQ"	"JTBC News"	1,096		7.0
3	총 백신 접종의 모든 것!(백신 브리핑, 8.26.)"	'2021-08-30 16:04:59"	-5Rfxgu3RQY_gw"	"질병관리청 아프지마TV"	200		4.0
4	신규확진자가 좀처럼 줄어들지 않는 이유는?"	'2021-08-30 15:00:06"	-5Rfxgu3RQY_gw"	"질병관리청 아프지마TV"	285		2.0
5	대응 브리핑 / 연합뉴스TV (YonhapnewsTV)"	'2021-08-30 14:56:10"	NfZ0uiKOvFyhGwg"	"연합뉴스TV"	909		2.0
6	시설에서 첫 주말...밀린 빨래하며 휴식 / YTN"	'2021-08-28 16:07:21"	nwUGzWzbJ3H5w"	"YTN news"	193,575		115.0
7	에서 첫 주말...밀린 빨래하고 휴식 취해 / YTN"	'2021-08-28 14:07:25"	nwUGzWzbJ3H5w"	"YTN news"	44,514		27.0
8	신 부작용/보상신청/의료비지원/질병관리청"	'2021-08-28 13:00:08"	DrbMWXyxpMsxtow"	"비욘드닥터BeyondDoctor"	535		1.0
9	양병원' 바이러스 전파...추가 확산 우려 / YTN"	'2021-08-28 11:13:05"	nwUGzWzbJ3H5w"	"YTN news"	4,026		0.0
10	뽀짝혈관탱탱 3편] 아빠가 입원했어요! ♡●"	'2021-08-27 15:00:37"	-5Rfxgu3RQY_gw"	"질병관리청 아프지마TV"	304.0	30.0	3.0

Copy
Paste
Insert Attribute
Delete Attribute
Select All
Sort ...
Open in Excel

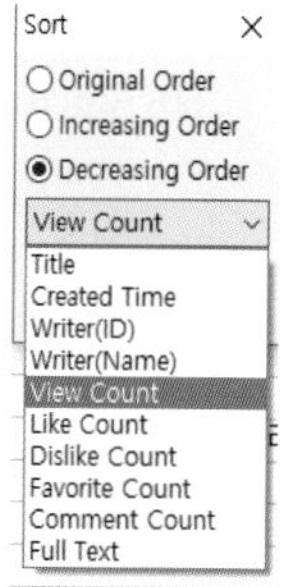

[그림 7-3] 내림차순 예시

마우스 커서를 'View Count' 위에 놓고, 우클릭을 하면 새로운 기능창이 생성되고, ❶ Sort ≫ Decreasing Order ≫ View Count를 선택하면 [그림 7-4]와 같이, View가 높은 순서대로 재정렬된다.

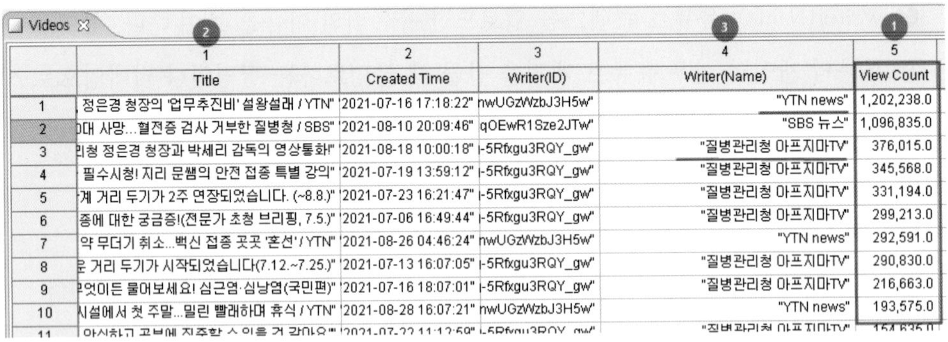

[그림 7-4] 내림차순 결과

❶ 총 100개의 유튜브 콘텐츠 중 가장 높은 View 수(1,202,238)를 보인 콘텐츠는
❷ '정은경 청장의 업무추진비 설왕설래'라는 제목으로
❸ 'YTN news' 공식 계정에서 올린 뉴스 영상이다.

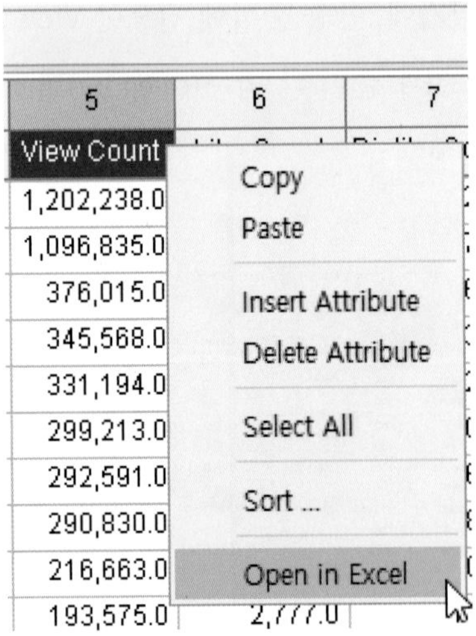

한편, 질병관리청 공식 계정('질병관리청 아프지마TV')에서 업로드한 콘텐츠 중에서는 목록 ❸번에 해당하는 '코로나19 방역수칙 알리기 위한 질병관리청 정은경 청장과 박세리 감독의 영상통화!'가 376,015번이라는 가장 높은 조회수를 나타냈다.

내림차순 결과를 저장하고자 할 때는 마우스 커서를 데이터 편집 패널 위에 놓고 우클릭을 하면 [그림 7-5]와 같은 기능창이 나타나며, 'Open in Excel'을 선택하면 된다.

[그림 7-5] 내림차순 결과를 엑셀 파일로 저장

'Open in Excel'을 선택하면 [그림 7-6]과 같은 엑셀 문서가 자동으로 열리며, [그림 7-6]의 ❶에서 보는 바와 같이, 내림차순으로 정렬된 View Count가 보이며, 이 문서를 저장하면 된다.

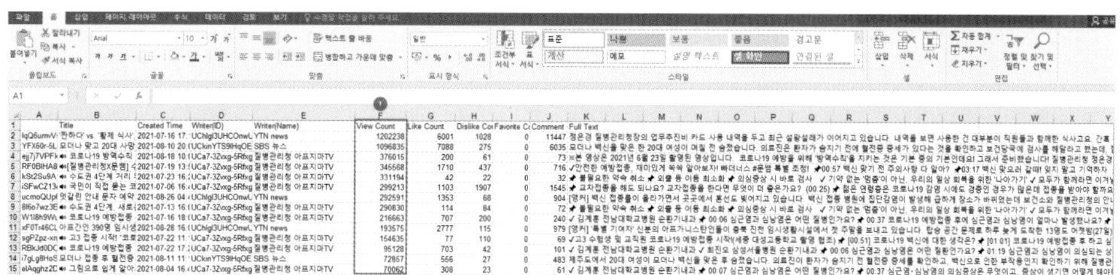

[그림 7-6] 엑셀 파일로 저장된 예시: View Count

[그림 7-3]과 동일한 방식으로 'Like Count'를 선택하여 내림차순으로 재정렬하고 엑셀 파일로 저장한 예시는 [그림 7-7]과 같다.

[그림 7-7]의 ❶에서 보는 바와 같이, 내림차순으로 정렬된 Like Count가 보인다.

A2 YFX60r-5LHc ❶

	A	B	C	D	E	F	G
1		Title	Created Ti	Writer(ID)	Writer(Name)	View Count	Like Count
2	YFX60r-5L	모더나 맞	2021-08-1(	UCkinYTS	SBS 뉴스	1096835	7088
3	IqQ6umvV	'짠하다' vs.	2021-07-16	UChlgl3UH	YTN news	1202238	6001
4	xF0Tr46CL	아프간인 3	2021-08-28	UChlgl3UH	YTN news	193575	2777
5	RF0BIHA8	🔊[질병관	2021-07-19	UCa7-3Zvx	질병관리청 아프지마TV	345568	1710
6	ucmoQUp	엇갈린 안니	2021-08-26	UChlgl3UH	YTN news	292591	1353
7	gOi61enXj	18-49세 일	2021-07-3(	UCIMOytY	KTV국민방송	21615	1212
8	iSFwCZ13	🔊 국민이	2021-07-06	UCa7-3Zvx	질병관리청 아프지마TV	299213	1103
9	IQJYttOCT	예방접종 3	2021-08-26	UCIMOytY	KTV국민방송	12681	846
10	PnpWC0b	이스라엘고	2021-07-06	UCIMOytY	KTV국민방송	13414	787
11	veeBO4Q4	아프간인 3	2021-08-28	UChlgl3UH	YTN news	44514	762
12	QbE4PeHi	55-59세 사	2021-07-14	UCIMOytY	KTV국민방송	14780	753
13	W1l8h9Wu	🔊 코로나1	2021-07-16	UCa7-3Zvx	질병관리청 아프지마TV	216663	707
14	RBkJd0DC	🔊 코로나1	2021-07-22	UCa7-3Zvx	질병관리청 아프지마TV	95128	703
15	fh8PFUr-y	상황 악화	2021-07-08	UCIMOytY	KTV국민방송	9026	671
16	Tdtgd_eR2	접종완료지	2021-07-05	UCIMOytY	KTV국민방송	10174	616

[그림 7-7] 엑셀 파일로 저장된 예시: Like Count

2) 유튜버 추출

지금까지의 예는 '질병관리청'이라는 키워드를 가지고 추출한 데이터이기에, [그림 7-8]에서 보듯이 영상 콘텐츠를 업로드한 유튜버가 질병관리청 공식 계정('질병관리청 아프지마TV') 외에도 다양하게 섞여 있는 상태이다.

	A	B	C	D	E	F
1		Title	Created Time	Writer(ID)	Writer(Name)	View Count
2	lqQ6umvV	'짠하다' vs. '황제 식사',	2021-07-16 17:	UChlgl3UHCOnwU	YTN news	1202238
3	YFX60r-5L	모더나 맞고 20대 사망	2021-08-10 20:	UCkinYTS9lHqOE	SBS 뉴스	1096835
4	ejj7j7VPFk	🔈 코로나19 방역수칙	2021-08-18 10:	UCa7-3Zvxg-5Rfxg	질병관리청 아프지마TV	376015
5	RF0BIHA8	🔈[질병관리청X문쌤] 수	2021-07-19 13:	UCa7-3Zvxg-5Rfxg	질병관리청 아프지마TV	345568
6	kSt2Su9A	🔈 수도권 4단계 거리	2021-07-23 16:	UCa7-3Zvxg-5Rfxg	질병관리청 아프지마TV	331194
7	iSFwCZ13	🔈 국민이 직접 묻는 코	2021-07-06 16:	UCa7-3Zvxg-5Rfxg	질병관리청 아프지마TV	299213
8	ucmoQUp	엇갈린 안내 문자·예약	2021-08-26 04:	UChlgl3UHCOnwU	YTN news	292591
9	8l6o7wz3E	🔈 수도권 4단계, 새로	2021-07-13 16:	UCa7-3Zvxg-5Rfxg	질병관리청 아프지마TV	290830
10	W1l8h9Wu	🔈 코로나19 예방접종	2021-07-16 18:	UCa7-3Zvxg-5Rfxg	질병관리청 아프지마TV	216663
11	xF0Tr46CL	아프간인 390명 임시생	2021-08-28 16:	UChlgl3UHCOnwU	YTN news	193575
12	sgPZpz-xn	🔈 고3 접종 시작! "코로	2021-07-22 11:	UCa7-3Zvxg-5Rfxg	질병관리청 아프지마TV	154635
13	RBkJd0DC	🔈 코로나19 예방접종	2021-07-22 17:	UCa7-3Zvxg-5Rfxg	질병관리청 아프지마TV	95128
14	i7gLg8HoS	모더나 접종 후 혈전증	2021-08-11 11:	UCkinYTS9lHqOE	SBS 뉴스	72857
15	elAqghz2D	🔈 그림으로 쉽게 알아.	2021-08-04 16:	UCa7-3Zvxg-5Rfxg	질병관리청 아프지마TV	70062

[그림 7-8] **다양한 유튜버 목록**

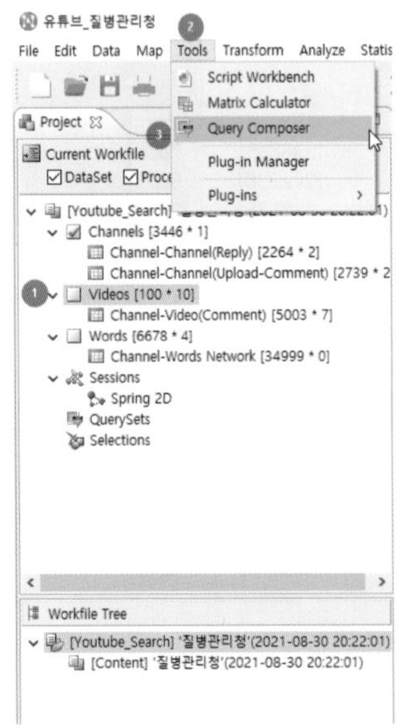

[그림 7-9] **유튜버 추출: Query 실행 1**

총 100개의 유튜브 콘텐츠를 업로드한 모든 유튜버를 대상으로 반응 분석과 공유·확산 네트워크를 분석하기도 하지만, 특정 유튜버(예: 질병관리청 아프지마TV)의 영상 콘텐츠만 추출하여 반응 및 네트워크 분석을 해야 하는 경우도 있다. 이 경우에는 메뉴의 Query를 이용하여 원하는 데이터, 즉 동일한 유튜버의 영상 콘텐츠만을 추출하는 전처리 과정이 필요하다.

❶ Videos ≫ ❷ Tools ≫ ❸ Query Composer를 선택하여 Query를 실행한다.

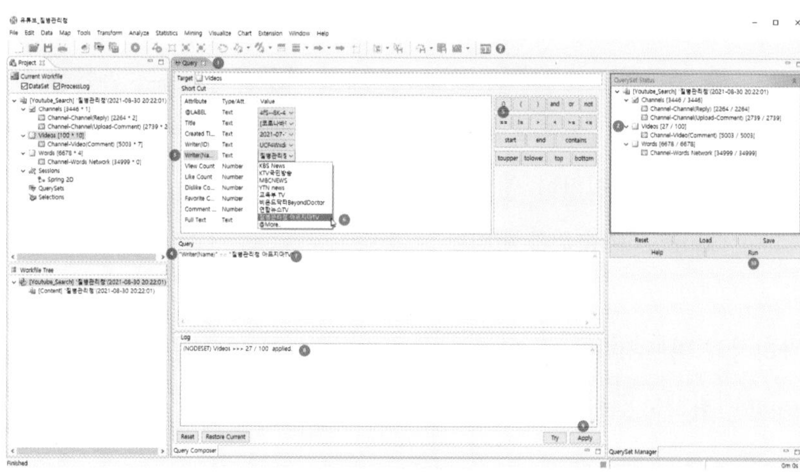

[그림 7-10] 유튜버 추출: Query 실행 2

❶ Query 창이 생성되고 ❷ Videos를 클릭하면 ❸ Videos 내 속성들이 나타나게 되고, 질병관리청의 '아프지마TV'만 추출하고자 한다면, 'Writer(Name)'를 클릭한다. ❹번의 Query 공간에 'Writer(Name)'라고 표기가 된다. ❺ 단축키 패드에서 '=='을 선택하고, ❻번과 같이 '질병관리청 아프지마TV'를 선택하면, ❼ Query 공간에 ["Writer(Name)" == "질병관리청 아프지마TV"]라는 실행 명령문이 완성된다. ❾번의 'Apply'를 클릭하면, ❽ 'Log' 공간에서 총 100개의 유튜브 콘텐츠 중 27개 콘텐츠는 질병관리청 공식 계정 이름인 '아프지마TV'에서 업로드한 영상임을 보여 준다. ❿ 'Run'을 클릭하면 실행이 완료된다.

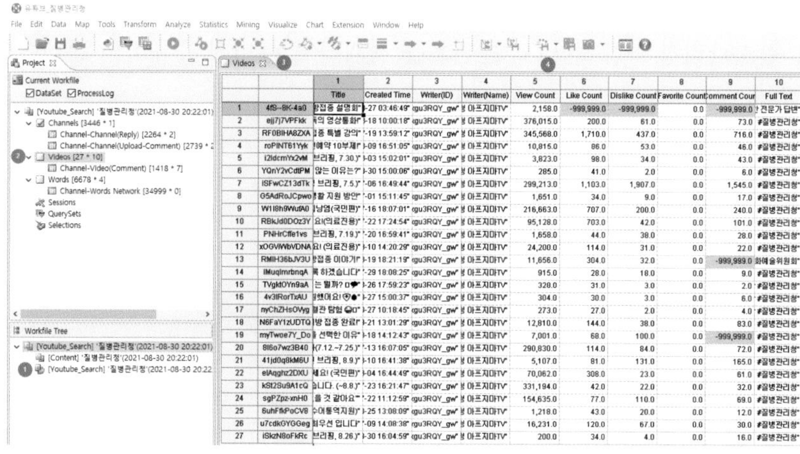

[그림 7-11] 유튜버 추출: Query 실행 3

[그림 7-10]의 ⑩ 'Run'을 실행하면, [그림 7-11]의 ❶번처럼 새로운 Workfile Tree가 생성되고, ❷ 종전의 100개의 Videos가 27개로 재추출되었음을 확인한 후 클릭하면, ❸ 27개의 유튜브 콘텐츠 목록을 확인할 수 있다. ❹ [그림 7-3]~[그림 7-7]까지의 과정을 반복하여 질병관리청이 생성한 유튜브 영상 콘텐츠만을 대상으로 높은 View, Like, Dislike, Comments 순위를 확인할 수 있다.

질병관리청의 '아프지마TV'가 게시하여 생성한 유튜브 영상 콘텐츠만을 대상으로 한 View Count 내림차순 결과 예시는 [그림 7-12]와 같다.

1		Title	Created Time	Writer(ID)	Writer(Name)	View Count	Like Count
2	ejj7j7VPFkk	코로나19 방역수칙 알리기 위한 질병관리청 정	2021-08-18 10:00:18	UCa7-3Zvxg-5Rfx	질병관리청 아프지마TV	376015	200
3	RF0BIHA8ZXA	[질병관리청X문쌤] 수능 보는 고3 수험생들 필수	2021-07-19 13:59:12	UCa7-3Zvxg-5Rfx	질병관리청 아프지마TV	345568	1710
4	kSt2Su9A1cQ	수도권 4단계 거리 두기가 2주 연장되었습니다.	2021-07-23 16:21:47	UCa7-3Zvxg-5Rfx	질병관리청 아프지마TV	331194	42
5	iSFwCZ13dTk	국민이 직접 묻는 코로나19 하반기 예방접종에	2021-07-06 16:49:44	UCa7-3Zvxg-5Rfx	질병관리청 아프지마TV	299213	1103
6	8l6o7wz3B40	수도권 4단계, 새로운 거리 두기가 시작되었습니	2021-07-13 16:07:05	UCa7-3Zvxg-5Rfx	질병관리청 아프지마TV	290830	114
7	W1l8h9WufA0	코로나19 예방접종 후 이상반응, 무엇이든 물어	2021-07-16 18:07:01	UCa7-3Zvxg-5Rfx	질병관리청 아프지마TV	216663	707
8	sgPZpz-xnH0	고3 접종 시작! "코로나19 예방접종 덕분에 더 안	2021-07-22 11:12:59	UCa7-3Zvxg-5Rfx	질병관리청 아프지마TV	154635	77
9	RBkJd0DOz3Y	코로나19 예방접종 후 이상반응, '심근염·심낭염	2021-07-22 17:24:54	UCa7-3Zvxg-5Rfx	질병관리청 아프지마TV	95128	703
10	elAqghz2DXU	그림으로 쉽게 알아보는 심근염·심낭염 무엇이든	2021-08-04 16:44:49	UCa7-3Zvxg-5Rfx	질병관리청 아프지마TV	70062	308
11	xOGViWbVDNA	그림으로 자세하게 알아보는 코로나19 예방접종	2021-08-10 14:20:29	UCa7-3Zvxg-5Rfx	질병관리청 아프지마TV	24200	114
12	u7cdkGYGGeg	대한민국 국가대표 선수 여러분! 무엇보다 건강이	2021-07-09 14:08:38	UCa7-3Zvxg-5Rfx	질병관리청 아프지마TV	16231	120
13	N6FaY1zUDTQ	전 국민의 50% 코로나19 1차 예방 접종 완료!	2021-08-21 13:01:29	UCa7-3Zvxg-5Rfx	질병관리청 아프지마TV	12810	144
14	RMIH36bJV3U	[질병관리청 X 레드북] 뮤지컬 '레드북' 배우들이	2021-08-19 18:21:19	UCa7-3Zvxg-5Rfx	질병관리청 아프지마TV	11656	304
15	roPINT61Yyk	[질병관리청X14F]반드시 알아야 할 사전예약 10	2021-08-09 16:51:05	UCa7-3Zvxg-5Rfx	질병관리청 아프지마TV	10815	86
16	myTwoe7Y_Do	전문가들이 코로나19 예방접종을 선택한 이유	2021-08-18 14:12:43	UCa7-3Zvxg-5Rfx	질병관리청 아프지마TV	7001	68
17	41jd0q8kM6U	모더나 공급 관련 백신 수급 상황 및 조정되는 접	2021-08-10 16:41:38	UCa7-3Zvxg-5Rfx	질병관리청 아프지마TV	5107	81
18	i2ldcmYx2vM	18~49세 접종 시행계획, 맞춤형 접종대책 등 8,9	2021-08-03 15:02:01	UCa7-3Zvxg-5Rfx	질병관리청 아프지마TV	3823	98
19	4fS--8K-4a0	[코로나바이러스감염증-19] 전문가 초청 예방접종	2021-08-27 03:46:49	UCa7-3Zvxg-5Rfx	질병관리청 아프지마TV	2158	-999999
20	PNHrCffe1vs	고3 수험생 접종 시작! 광복절 대체 휴일 접종, 청	2021-07-20 16:59:41	UCa7-3Zvxg-5Rfx	질병관리청 아프지마TV	1658	44
21	G5AdRoJCpwo	(20초)7월 예방접종 완료자 일상생활 지원 방안	2021-07-01 15:11:45	UCa7-3Zvxg-5Rfx	질병관리청 아프지마TV	1651	34
22	6uhFfkPoCV8	그림으로 쉽게 알아보는 코로나19 예방접종 후	2021-08-25 13:08:09	UCa7-3Zvxg-5Rfx	질병관리청 아프지마TV	1218	43
23	lMuqlmrbnqA	코로나19 예방접종 맞고 몸이 부서져라 뛰도록 하	2021-07-29 18:08:25	UCa7-3Zvxg-5Rfx	질병관리청 아프지마TV	915	28
24	TVgktOYn9aA	[귀염뽀짝혈관탱탱 1편] 앗, 피가 나! 피는 뭘까?	2021-08-26 17:59:23	UCa7-3Zvxg-5Rfx	질병관리청 아프지마TV	328	31
25	4v3lRorTxAU	[귀염뽀짝혈관탱탱 3편] 아빠가 입원했어요!	2021-08-27 15:00:37	UCa7-3Zvxg-5Rfx	질병관리청 아프지마TV	304	30
26	YQnY2vCdtPM	[60's물어본답] 하루 신규확진자가 좀처럼 줄어들	2021-08-30 15:00:06	UCa7-3Zvxg-5Rfx	질병관리청 아프지마TV	285	41
27	nyChZHsOVyg	[귀염뽀짝혈관탱탱 2편] 아빠 배는 개구리 배! 혈관	2021-08-27 10:18:45	UCa7-3Zvxg-5Rfx	질병관리청 아프지마TV	273	27
28	iSkzN8oFkRc	정은경청장과 전문가들이 알려드리는 18~49세	2021-08-30 16:04:59	UCa7-3Zvxg-5Rfx	질병관리청 아프지마TV	200	34

[그림 7-12] View Count 내림차순 결과 예시: 질병관리청의 '아프지마TV' post

한편, '질병관리청 아프지마TV' 콘텐츠를 제외하고 나머지 유튜버의 콘텐츠만을 추출하고자 할 때도 메뉴의 Query를 이용한다.

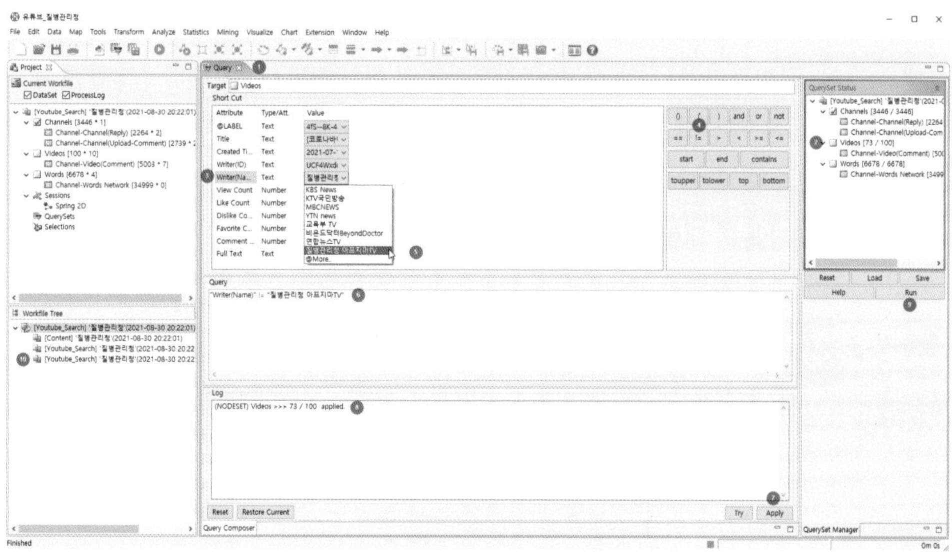

[그림 7-13] 유튜버 추출: Query 실행 4

❶ Query 창을 생성하고 ❷ Videos를 클릭하면 ❸ Videos 내 속성들이 나타나게 되고, 질병관리청의 '아프지마TV'만 제외하고 나머지 유튜버의 콘텐츠를 추출하고자 한다면, 'Writer(Name)'를 클릭한다. 이후 ❹번의 단축키 패드에서 '!='을 선택하고 ❺ '질병관리청 아프지마TV'를 선택하면, ❻번과 같이 Query 공간에 ["Writer(Name)" != "질병관리청 아프지마TV"]라는 실행 명령문이 완성된다. ❼의 'Apply'를 클릭하면, ❽ 'Log' 공간에서 총 100개의 유튜브 콘텐츠 중 73개 콘텐츠는 질병관리청 공식 계정 이름인 '아프지마TV'를 제외한 모든 유튜버가 업로드한 영상임을 보여 준다. ❾ 'Run'을 클릭하면 실행이 완료되고, ❿번과 같은 새로운 Workfile Tree가 생성된다.

질병관리청이 생성한 유튜브 영상 콘텐츠 대상 반응 분석과 동일하게 '아프지마TV' 이외의 콘텐츠만을 대상으로 높은 View, Like, Dislike, Comments 순위를 정리할 수 있다([그림 7-3]~[그림 7-7] 그리고 [그림 7-12] 참조).

3) 콘텐츠 추출

필요시 소셜미디어 내 특정 콘텐츠만 추출한 후 그 콘텐츠에 대한 반응 및 공유 · 확산 네트워크를 분석하기도 한다. 이 경우에도 메뉴의 Query를 이용하여 원하는 데이터, 즉 특정 영상 콘텐츠만을 추출하는 전처리 과정이 필요하다.

예를 들어, 질병관리청 공식 계정인 '질병관리청 아프지마TV'에서 업로드한 콘텐츠 중에서 가장 높은 영상 노출 수(376,015회)를 나타낸 '코로나19 방역수칙 알리기 위한 질병관리청 정은경 청장과 박세리 감독의 영상통화!' 콘텐츠(2021년 8월 18일 오전 10:00에 업로드)에 해당하는 데이터만을 추출하고자 한다.

Videos

		1	2	3	4	5	6	7	8	9	10
		Title	Created Time	Writer(ID)	Writer(Name)	View Count	Like Count	Dislike Count	Favorite Count	omment Cour	Full Text
1	4fS--8K-4a0	"[코로나바이러스감염증-19] 전문가 초청 예방접종 설명회"	21-08-27 03:46:49"	gu3RQY_gw"	아프지마TV"	2,158.0	-999,999.0	-999,999.0	0.0	-999,999.0	전문가 답변"
❶ 2	ejj7j7VPFkk	나19 방역수칙 알리기 위한 질병관리청 정은경 청장과 박세리 감독의 영상통화!"	21-08-18 10:00:18"	gu3RQY_gw"	아프지마TV"	376,015.0	200.0	61.0	0.0	73.0	#질병관리청"
3	RF0BIHA8ZXA	리청X문쌤] 수능 보는 고3 수험생들 필수시청! 지리 문쌤의 안전 접종 특별 강의"	21-07-19 13:59:12"	gu3RQY_gw"	아프지마TV"	345,568.0	1,710.0	437.0	0.0	716.0	#질병관리청"
4	Mu5MMTivBpQ	"이런 질문까지 다 답해준다고요?! [교육부 X 질병관리청]"	21-08-13 17:09:51"	XJfCQzVR_jg"	"교육부 TV"	20,908.0	177.0	313.0	0.0	260.0	n/moeprplan"

[그림 7-14] 콘텐츠 추출: Query 실행 1

❶번의 Videos 창에서는 가장 높은 영상 시청수(View Count)를 보이는 콘텐츠를 확인할 수 있으며, 그 콘텐츠의 고유한 Video ID는 'ejj7j7VPFkk'임을 알 수 있다.

[그림 7-15] 아프지마 TV 유튜브 영상 콘텐츠 예시

Videos 창에서 가장 높은 View Count를 보이는 'ejj7j7VPFkk'에 해당하는 '정은경 청장과 박세리 감독의 영상통화' 콘텐츠를 확인할 수 있다.

단 하나의 콘텐츠에 대한 반응 및 공유 · 확산 네트워크 분석 시 콘텐츠에 해당하는 데이터만을 추출해서 분석할 필요가 있기에, [그림 7-10]과 동일한 방식의 Query 활용이 필요하다. 가령, 앞서 언급한 'ejj7j7VPFkk' 콘텐츠만을 추출하기 위해서는 [그림 7-16]의 전처리 과정을 거친다.

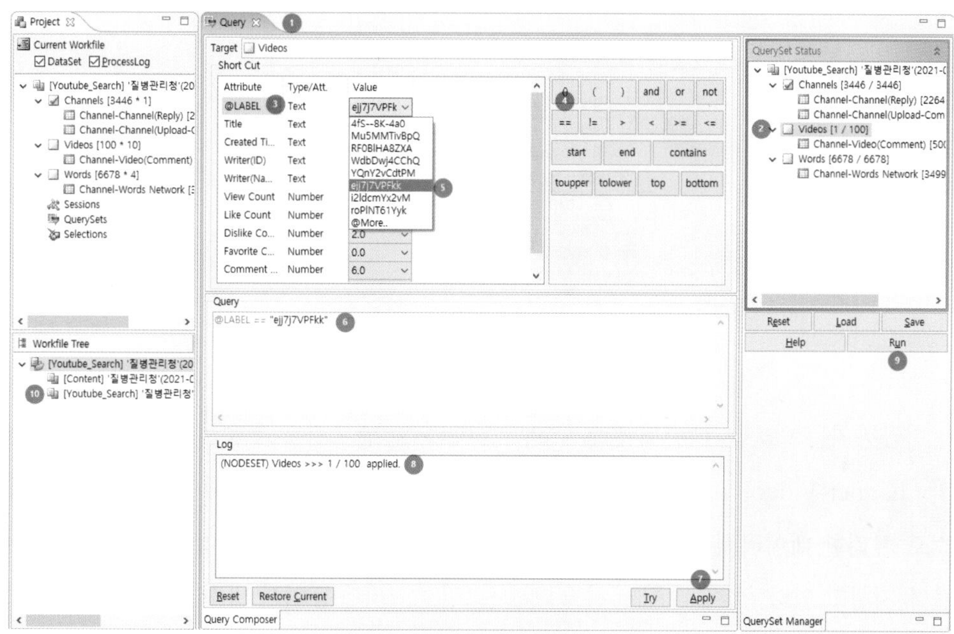

[그림 7-16] **콘텐츠 추출: Query 실행 2**

❶ Query 창을 생성하고 ❷ 'Videos'를 클릭하면 ❸ 연관된 속성들이 나타나게 된다. 여기에서 '@LABEL'을 선택한 후 ❹번의 단축키 패드에서 '=='을 선택하고 ❺ 'ejj7j7VPFkk'를 선택하면, ❻ Query 공간에 [@LABEL == "ejj7j7VPFkk"]라는 명령문이 완성된다. ❼ 'Apply'를 클릭하면, ❽ 'Log' 공간에서 총 100개의 유튜브 콘텐츠 중 'ejj7j7VPFkk' 콘텐츠만 추출되었음을 알 수 있다. ❾ 'Run'을 클릭하여 실행을 완료하면, ❿번과 같은 새로운 Workfile Tree가 생성된다.

실행이 완료되면 [그림 7-17]과 같이, ❶ Current Workfile 내 Videos [100*10]이

Videos [1*10]으로 변환되고, 원래 존재하였던 총 5,003개의 노드를 지닌 Channel-Video(Comment)는 64개로 변환된다.

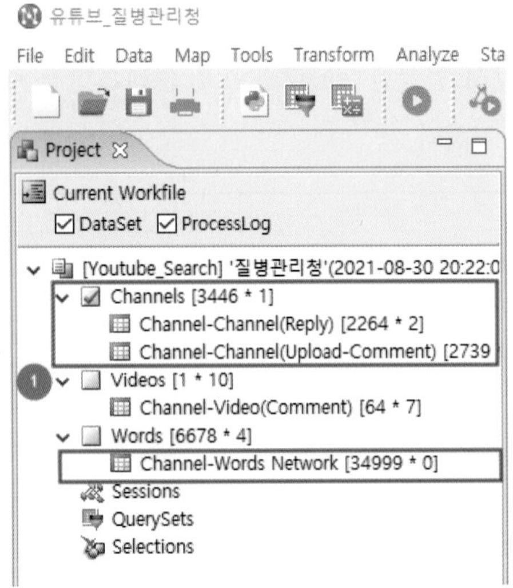

[그림 7-17] **콘텐츠 추출: Query 실행 3**

지금까지는 Videos 데이터셋에서 'ejj7j7VPFkk' 콘텐츠만을 추출하였기에, 데이터셋의 Channel-Video(Comment) 네트워크 데이터셋이 자동으로 변환되었지만, 붉은색 박스로 처리한 데이터셋은 전처리 과정을 아직 다 하지 못한 관계로 여전히 원 데이터셋을 유지하고 있다. 이에 각 네트워크 셋을 [그림 7-16]과 동일한 방식으로 처리해 줄 필요가 있다.

동일한 예시로 'ejj7j7VPFkk' 콘텐츠에 대한 'Channel-Channel(Reply)' 네트워크를 추출하고자 한다['Channel-Channel(Reply)'의 분석 방법과 의미는 174~176페이지에서 언급할 예정이며 여기서는 콘텐츠 추출에 대해서만 설명하도록 한다]. 총 100개의 유튜브 콘텐츠에 대한 전체 네트워크는 총 2,264개의 네트워크 노드를 포함하고 있지만, 'ejj7j7VPFkk' 영상에 대한 네트워크만을 추출한 분석이 필요하다.

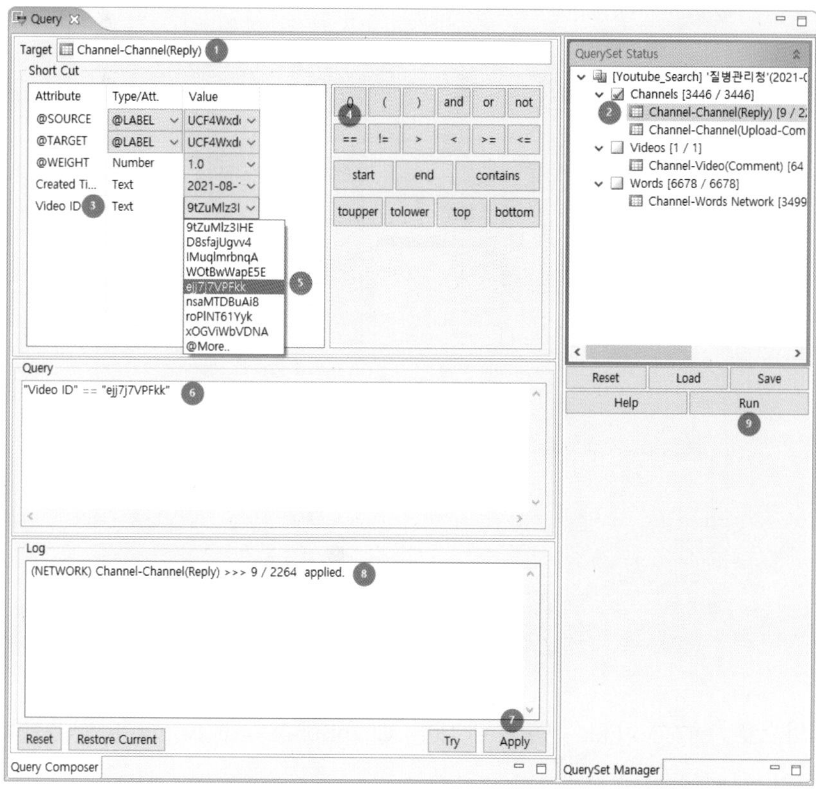

[그림 7-18] **콘텐츠 추출: Query 실행 4**

❶ Query 창을 생성하고 ❷ 'Channel-Channel(Reply)'를 클릭하면 ❸ 연관된 속성들이 나타나게 되고, 'Video ID'를 선택한 후 ❹번의 단축키 패드에서 '=='을 선택하고 ❺ 'ejj7j7VPFkk'를 선택하면 ❻ Query 공간에 ["Video ID" == "ejj7j7VPFkk"]라는 명령문이 완성된다. ❼ 'Apply'를 클릭하면, ❽ 'Log' 공간에서 총 2,264개의 Channel-Channel(Reply) 네트워크 중 'ejj7j7VPFkk' 유튜브 콘텐츠와 관련된 네트워크 9개가 존재함을 알 수 있다. ❾ 'Run'을 클릭하여 실행을 완료하면, 새로운 Workfile Tree가 생성된다.

'ejj7j7VPFkk' 콘텐츠에 대한 'Channel-Channel(Upload-Comment)' 네트워크를 추출하는 방식도 [그림 7-19]와 동일하게 진행한다.

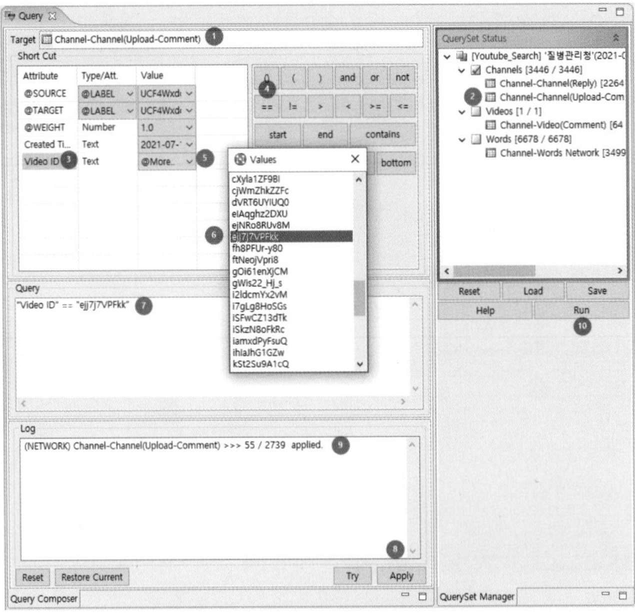

[그림 7-19] **콘텐츠 추출: Query 실행 5**

마지막으로, 'ejj7j7VPFkk' 콘텐츠에 대한 'Channel-Words Network'를 추출하는 방식도 [그림 7-20]과 같이 진행한다.

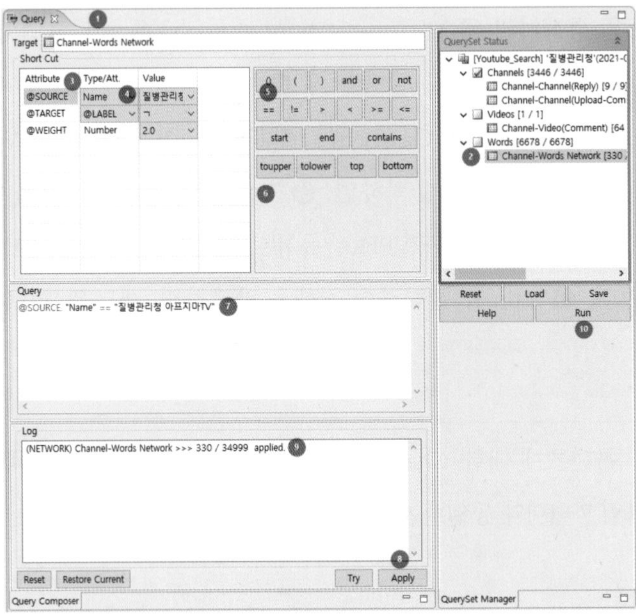

[그림 7-20] **콘텐츠 추출: Query 실행 6**

Words 데이터셋의 'Channel-Words Network'도 동일하게 진행하면 된다.

[그림 7-18]~[그림 7-20]까지의 전처리 과정에 대한 실행 결과를 보면 [그림 7-21]과 같다.

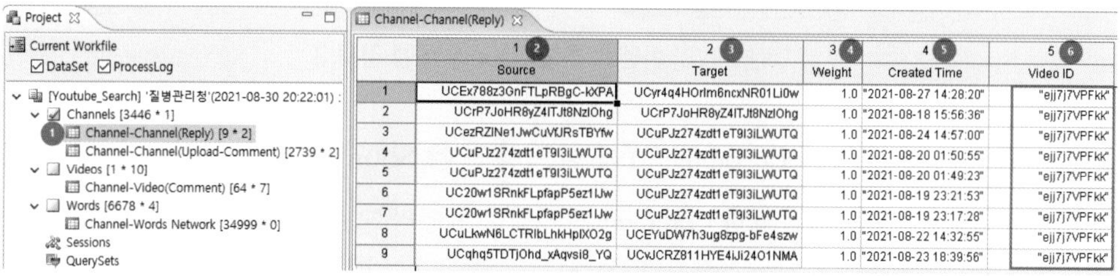

Project
Current Workfile
DataSet ProcessLog
[Youtube_Search] '질병관리청'(2021-08-30 20:22:01)
Channels [3446 * 1]
❶ Channel-Channel(Reply) [9 * 2]
Channel-Channel(Upload-Comment) [2739 * 2]
Videos [1 * 10]
Channel-Video(Comment) [64 * 7]
Words [6678 * 4]
Channel-Words Network [34999 * 0]
Sessions
QuerySets

Channel-Channel(Reply)

	1 ❷	2 ❸	3 ❹	4 ❺	5 ❻
	Source	Target	Weight	Created Time	Video ID
1	UCEx788z3GnFTLpRBgC-kXPA	UCyr4q4HOrlm6ncxNR01Li0w	1.0	"2021-08-27 14:28:20"	"ejj7j7VPFkk"
2	UCrP7JoHR8yZ4ITJt8NzlOhg	UCrP7JoHR8yZ4ITJt8NzlOhg	1.0	"2021-08-18 15:56:36"	"ejj7j7VPFkk"
3	UCezRZINe1JwCuVfJRsTBYfw	UCuPJz274zdt1eT9I3iLWUTQ	1.0	"2021-08-24 14:57:00"	"ejj7j7VPFkk"
4	UCuPJz274zdt1eT9I3iLWUTQ	UCuPJz274zdt1eT9I3iLWUTQ	1.0	"2021-08-20 01:50:55"	"ejj7j7VPFkk"
5	UCuPJz274zdt1eT9I3iLWUTQ	UCuPJz274zdt1eT9I3iLWUTQ	1.0	"2021-08-20 01:49:23"	"ejj7j7VPFkk"
6	UC20w1SRnkFLpfapP5ez1IJw	UCuPJz274zdt1eT9I3iLWUTQ	1.0	"2021-08-19 23:21:53"	"ejj7j7VPFkk"
7	UC20w1SRnkFLpfapP5ez1IJw	UCuPJz274zdt1eT9I3iLWUTQ	1.0	"2021-08-19 23:17:28"	"ejj7j7VPFkk"
8	UCuLkwN6LCTRIbLhkHpIXO2g	UCEYuDW7h3ug8zpg-bFe4szw	1.0	"2021-08-22 14:32:55"	"ejj7j7VPFkk"
9	UCqhq5TDTjOhd_xAqvsi8_YQ	UCvJCRZ811HYE4iJi24O1NMA	1.0	"2021-08-23 18:39:56"	"ejj7j7VPFkk"

[그림 7-21] **콘텐츠 추출: Query 실행 결과 1**

❶ 'Channel-Channel(Reply)'를 클릭하면 ❻ ejj7j7VPFkk 유튜브 콘텐츠 9개가 존재함을 알 수 있으며, ❷ Source(댓글이나 반응을 보인, 즉 Reply를 시작한 유튜버 고유 ID), ❸ Target(Reply를 받은 유튜버 고유 ID), ❹ Weight(Reply 횟수), ❺ Created Time(네트워크 생성, 즉 Reply가 발생한 시간) 등의 정보를 얻을 수 있다. 모든 데이터 정보는 하나의 유튜브 콘텐츠에서 추출되었음을 ❻ Video ID를 통해 확인할 수 있다.

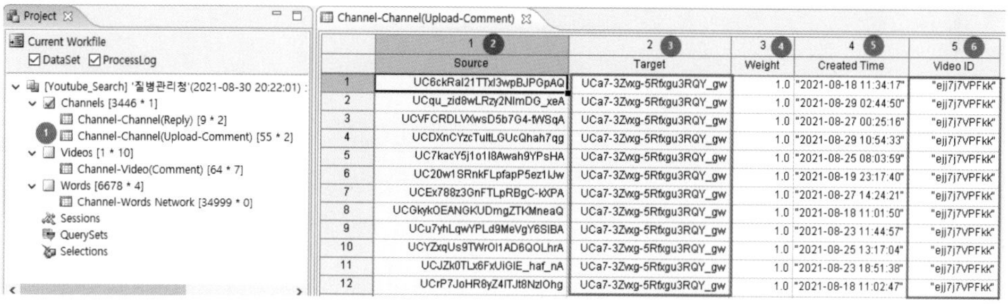

Project
Current Workfile
DataSet ProcessLog
[Youtube_Search] '질병관리청'(2021-08-30 20:22:01)
Channels [3446 * 1]
Channel-Channel(Reply) [9 * 2]
❶ Channel-Channel(Upload-Comment) [55 * 2]
Videos [1 * 10]
Channel-Video(Comment) [64 * 7]
Words [6678 * 4]
Channel-Words Network [34999 * 0]
Sessions
QuerySets
Selections

Channel-Channel(Upload-Comment)

	1 ❷	2 ❸	3 ❹	4 ❺	5 ❻
	Source	Target	Weight	Created Time	Video ID
1	UC6ckRal21TTxl3wpBJPGpAQ	UCa7-3Zvxg-5Rfxgu3RQY_gw	1.0	"2021-08-18 11:34:17"	"ejj7j7VPFkk"
2	UCqu_zid8wLRzy2NlmDG_xeA	UCa7-3Zvxg-5Rfxgu3RQY_gw	1.0	"2021-08-29 02:44:50"	"ejj7j7VPFkk"
3	UCVFCRDLVXwsD5b7G4-tWSqA	UCa7-3Zvxg-5Rfxgu3RQY_gw	1.0	"2021-08-27 00:25:16"	"ejj7j7VPFkk"
4	UCDXnCYzcTultLGUcQhah7qg	UCa7-3Zvxg-5Rfxgu3RQY_gw	1.0	"2021-08-29 10:54:33"	"ejj7j7VPFkk"
5	UC7kacY5j1o1I8Awah9YPsHA	UCa7-3Zvxg-5Rfxgu3RQY_gw	1.0	"2021-08-25 08:03:59"	"ejj7j7VPFkk"
6	UC20w1SRnkFLpfapP5ez1IJw	UCa7-3Zvxg-5Rfxgu3RQY_gw	1.0	"2021-08-19 23:17:40"	"ejj7j7VPFkk"
7	UCEx788z3GnFTLpRBgC-kXPA	UCa7-3Zvxg-5Rfxgu3RQY_gw	1.0	"2021-08-27 14:24:21"	"ejj7j7VPFkk"
8	UCGkykOEANGKUDmgZTKMneaQ	UCa7-3Zvxg-5Rfxgu3RQY_gw	1.0	"2021-08-18 11:01:50"	"ejj7j7VPFkk"
9	UCu7yhLqwYPLd9MeVgY6SIBA	UCa7-3Zvxg-5Rfxgu3RQY_gw	1.0	"2021-08-23 11:44:57"	"ejj7j7VPFkk"
10	UCYZxqUs9TWrOl1AD6QOLhrA	UCa7-3Zvxg-5Rfxgu3RQY_gw	1.0	"2021-08-25 13:17:04"	"ejj7j7VPFkk"
11	UCJZk0TLx6FxUiGIE_haf_nA	UCa7-3Zvxg-5Rfxgu3RQY_gw	1.0	"2021-08-23 18:51:38"	"ejj7j7VPFkk"
12	UCrP7JoHR8yZ4ITJt8NzlOhg	UCa7-3Zvxg-5Rfxgu3RQY_gw	1.0	"2021-08-18 11:02:47"	"ejj7j7VPFkk"

[그림 7-22] **콘텐츠 추출: Query 실행 결과 2**

다른 예로, ❶ 'Channel-Channel(Upload-Comment)'를 클릭하면 ❻ ejj7j7VPFkk 유튜브 콘텐츠 55개가 존재함을 알 수 있으며, ❷ Source(Comment 반응을 보인, 즉 Channel에 대한 Comment를 시작한 유튜버 고유 ID), ❸ Target(Comment를 받은 유튜버 고유 ID, 즉 질병관리청 ID), ❹ Weight(Comment 횟수), ❺ Created Time(네트워크 생성, 즉 Comment를 생성한 시간) 등의 정보를 얻을 수 있다.

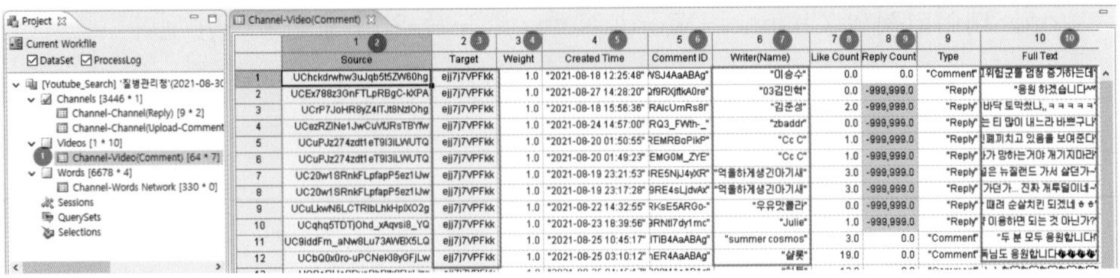

[그림 7-23] **콘텐츠 추출: Query 실행 결과 3**

또한 ❶ 'Channel-Video(Comment)'를 클릭하면 ❷ Source(Comment 반응을 보인, 즉 유튜브 영상/Video 콘텐츠에 대한 Comment를 시작한 유튜버 고유 ID) ❸ Target(Comment를 받은 콘텐츠/Video 고유 ID, 즉 ejj7j7VPFkk) ❹ Weight(Comment 횟수) ❺ Created Time(네트워크 생성, 즉 Comment를 생성한 시간) 등의 정보를 얻을 수 있다. ❻ Comment마다 생성된 고유 ID와 ❼ Comment를 남긴 Writer/Channel 이름 그리고 ❽ Comment에 대한 Like Count 및 ❾ Reply에 대한 Count를 확인할 수 있다. ❿ 마지막으로, 댓글의 Full Text도 확인할 수 있다.

Words 데이터셋의 'Channel-Words Network'도 동일한 방식으로 Query 실행 결과를 확인할 수 있다.

제8장
소셜미디어 분석 기법

소셜미디어 데이터를 추출하여 데이터별로 분류하는 등 전처리 과정이 완료되면 분석의 준비가 되었다고 판단할 수 있다.

제7장의 예시인 유튜브에서의 소셜미디어 분석을 정리하면 〈표 8-1〉과 같다.

〈표 8-1〉 **유튜브에서의 소셜미디어 분석**

분석 종류	연구 문제	활용 데이터
이용자 반응 분석	특정 동영상에 대한 여론 분석	특정 동영상에 대한 댓글
	활용도(예: 댓글 수)가 높은 계정 파악	댓글(comment) 작성자 ID
이슈 여론과 공유 · 확산 분석	특정 이슈에 대한 여론 분석: 주요 단어, 토픽 분석	동영상 제목/설명 내용, 댓글
	여론 동향(트렌드), 변화 추이: 시간에 따른 여론 변화, 관련 사건(이벤트)과 비교	동영상 제목/설명 내용 및 댓글 작성 일지
	많은 관심을 받은 동영상과 반응 분석	동영상 조회수/좋아요 수, 동영상에 대한 댓글
	해당 이슈에서의 영향력자(인플루언서) 파악	동영상 조회수/좋아요 수, 게시자 정보와 이용자 상호 관계[댓글-답글(reply)]
이용자 커뮤니티 분석	유사한 단어를 사용하거나, 비슷한 동영상에 관심을 가진 이용자 커뮤니티 추출	이용자가 사용한 단어, 이용자가 댓글을 작성한 동영상 정보
	커뮤니티별 메시지 내용 비교 분석	커뮤니티 추출 후, 커뮤니티별 댓글

출처: 사이람-소셜미디어 데이터의 수집과 분석.

유튜브에서의 반응이나 행동을 측정하기 위한 반응 분석(〈표 2-2〉 참조)과 공유 · 확산 네트워크(〈표 2-3〉 참조)에 대하여 추출한 실제 데이터를 활용하여 중점적으로 설명하도록 하겠다.

1. 반응 분석

1) 질병관리청의 '아프지마TV' 콘텐츠

[그림 7-11]과 [그림 7-12]를 통하여 추출한 질병관리청의 '아프지마TV'가 유튜브에 업로드한 27개 콘텐츠 중 '조회/노출(View)' 반응을 가장 많이 보인 10개를 내림차순으로 정리하면 〈표 8-2〉와 같다.

〈표 8-2〉 유튜브 'View' TOP 10 콘텐츠: 질병관리청의 '아프지마TV' post

순위	콘텐츠 Title	View Count	시간
1	코로나19 방역수칙 알리기 위한 질병관리청 정은경 청장과 박세리 감독의 영상통화!	376,015	2021-08-18 10:00
2	[질병관리청×문쌤] 수능 보는 고3 수험생들 필수시청! 지리 문쌤의 안전 접종 특별 강의	345,568	2021-07-19 13:59
3	수도권 4단계 거리 두기가 2주 연장되었습니다(~8. 8.)	331,194	2021-07-23 16:21
4	국민이 직접 묻는 코로나19 하반기 예방접종에 대한 궁금증!(전문가 초청 브리핑, 7. 5.)	299,213	2021-07-06 16:49
5	수도권 4단계, 새로운 거리 두기가 시작되었습니다(7. 12.~7. 25.)	290,830	2021-07-13 16:07
6	코로나19 예방접종 후 이상반응, 무엇이든 물어보세요! 심근염 · 심낭염(국민편)	216,663	2021-07-16 18:07
7	고3 접종 시작! "코로나19 예방접종 덕분에 더 안심하고 공부에 집중할 수 있을 것 같아요"	154,635	2021-07-22 11:12
8	코로나19 예방접종 후 이상반응, '심근염 · 심낭염' 진료 시 참고하세요!(의료진용)	95,128	2021-07-22 17:24
9	그림으로 쉽게 알아보는 심근염 · 심낭염 무엇이든 물어보세요!(국민편)	70,062	2021-08-04 16:44
10	그림으로 자세하게 알아보는 코로나19 예방접종 후 이상반응, '심근염 · 심낭염' 진료 시 참고하세요!(의료진용)	24,200	2021-08-10 14:20

질병관리청의 '아프지마TV'가 유튜브에 업로드한 27개 콘텐츠에 대하여 '좋아요(Like)' 반응을 가장 많이 보인 10개를 내림차순으로 정리하면 〈표 8-3〉과 같다.

〈표 8-3〉 유튜브 'Like' TOP 10 콘텐츠: 질병관리청의 '아프지마TV' post

순위	콘텐츠 Title	Like Count	시간
1	[질병관리청×문쌤] 수능 보는 고3 수험생들 필수시청! 지리 문쌤의 안전 접종 특별 강의	1710	2021-07-19 13:59
2	국민이 직접 묻는 코로나19 하반기 예방접종에 대한 궁금증!(전문가 초청 브리핑, 7. 5.)	1103	2021-07-06 16:49
3	코로나19 예방접종 후 이상반응, 무엇이든 물어보세요! 심근염 · 심낭염(국민편)	707	2021-07-16 18:07
4	코로나19 예방접종 후 이상반응, '심근염 · 심낭염' 진료 시 참고하세요!(의료진용)	703	2021-07-22 17:24
5	그림으로 쉽게 알아보는 심근염 · 심낭염 무엇이든 물어보세요!(국민편)	308	2021-08-04 16:44
6	[질병관리청×레드북] 뮤지컬 '레드북' 배우들이 전하는 코로나19 예방접종 이야기!	304	2021-08-19 18:21
7	코로나19 방역수칙 알리기 위한 질병관리청 정은경 청장과 박세리 감독의 영상통화!	200	2021-08-18 10:00
8	전 국민의 50% 코로나19 1차 예방 접종 완료!	144	2021-08-21 13:01
9	대한민국 국가대표 선수 여러분! 무엇보다 건강이 최우선입니다	120	2021-07-09 14:08
10	수도권 4단계, 새로운 거리 두기가 시작되었습니다(7. 12.~7. 25.)	114	2021-07-13 16:07
10	그림으로 자세하게 알아보는 코로나19 예방접종 후 이상반응, '심근염 · 심낭염' 진료 시 참고하세요!(의료진용)	114	2021-08-10 14:20

2) 질병관리청의 '아프지마TV' 이외의 콘텐츠

[그림 7-13]을 통하여 추출한 질병관리청의 '아프지마TV' 이외의 유튜버가 업로드한 73개 콘텐츠에 대하여 '싫어요(Dislike)' 반응을 가장 많이 보인 10개를 내림차순으로 정리하면 〈표 8-4〉와 같다.

〈표 8-4〉 유튜브 'Dislike' TOP 10 콘텐츠: 질병관리청의 '아프지마TV' 이외의 유튜버 post

순위	콘텐츠 Title	Writer(Name)	Dislike Count	시간
1	'짠하다' vs. '황제 식사', 정은경 청장의 '업무추진비' 설왕설래	YTN news	1,028	2021-07-16 17:18
2	이런 질문까지 다 답해준다고요?! [교육부×질병관리청]	교육부 TV	313	2021-08-13 17:09
3	모더나 맞고 20대 사망…혈전증 검사 거부한 질병청	SBS 뉴스	275	2021-08-10 20:09
4	아프간인 390명 임시생활시설에서 첫 주말...밀린 빨래하며 휴식	YTN news	115	2021-08-28 16:07
5	mRNA 백신 접종간격 한시적으로 6주까지 연장	KTV 국민방송	90	2021-08-09 15:14
6	엇갈린 안내 문자 · 예약 무더기 취소...백신 접종 곳곳 '혼선'	YTN news	68	2021-08-26 04:46
7	모더나 백신 공급 차질?! 정은경 청장 "심려 끼쳐 드려 송구"	KTV 국민방송	39	2021-08-09 23:29
8	18-49세 일반 연령층 8월 9일부터 10부제 사전예약, 26일부터 접종	KTV 국민방송	37	2021-07-30 14:57
9	[LIVE] 정은경 질병관리청장, 50대 백신예약 관련 긴급 브리핑	YTN news	35	2021-07-14 10:27
10	모더나 접종 후 혈전증 검사 거부한 질병청	SBS 뉴스	27	2021-08-11 11:11
10	아프간인 390명 임시생활시설에서 첫 주말	YTN news	27	2021-08-28 14:07

또한 '아프지마TV' 이외의 유튜버가 업로드한 콘텐츠 중 '댓글(Comment)' 반응을 가장 많이 보인 10개를 내림차순으로 정리하면 〈표 8-5〉와 같다.

〈표 8-5〉 유튜브 'Comment' TOP 10 콘텐츠: 질병관리청의 '아프지마TV' 이외의 유튜버 post

순위	콘텐츠 Title	Writer(Name)	Comment Count	시간
1	'짠하다' vs. '황제 식사', 정은경 청장의 '업무추진비' 설왕설래	YTN news	11,447	2021-07-16 17:18
2	모더나 맞고 20대 사망…혈전증 검사 거부한 질병청	SBS 뉴스	6,035	2021-08-10 20:09
3	아프간인 390명 임시생활시설에서 첫 주말...밀린 빨래하며 휴식	YTN news	979	2021-08-28 16:07

4	엇갈린 안내 문자 · 예약 무더기 취소...백신 접종 곳곳 '혼선'	YTN news	904	2021-08-26 04:46
5	모더나 접종 후 혈전증 검사 거부한 질병청	SBS 뉴스	483	2021-08-11 11:11
6	아프간인 390명 임시생활시설에서 첫 주말	YTN news	359	2021-08-28 14:07
7	이런 질문까지 다 답해준다고요?! [교육부 X 질병관리청]	교육부 TV	260	2021-08-13 17:09
8	하태경 "병사 '노마스크' 실험은 문 대통령 지시"	YTN news	226	2021-08-27 13:03
9	mRNA 백신 접종간격 한시적으로 6주까지 연장	KTV 국민방송	210	2021-08-09 15:14
10	[LIVE] 정은경 질병관리청장, 50대 백신예약 관련 긴급 브리핑	YTN news	124	2021-07-14 10:27

종합하면, 특정 이슈나 아젠다(agenda)에 대하여 특정 시간을 설정한 후, 특정 소셜미디어 플랫폼 그리고 특정 콘텐츠 내에 생성된 반응(View, Like, Dislike, Comment, 담론 등)을 분석하여 조직 간, 시간의 추이별, 콘텐츠별로 유사하거나 상이한 차이를 비교 분석함에 있다. 이것이 소셜미디어 반응 분석의 핵심적인 의의라 할 수 있다.

2. 공유 · 확산 네트워크 분석

1) 공유 · 확산 네트워크 분류

〈표 2-3〉에서 언급한 공유 · 확산 네트워크 분석을 위한 접근 방법에 대하여 이해하기 위해서는 NetMiner에서 사용하는 용어에 대한 이해가 선행되어야 한다. 이 책에서 관심을 가지는 SNS 플랫폼별로 각 고유의 네트워크가 다소 상이한 부분이 있으나, 기본적으로 유사점이 많다. 가령, 현재 진행 중인 유튜브상에서의 공유 · 확산 네트워크를 분석하기 위해서는 [그림 8-1]의 Workfile 내에 존재하는 용어와 네트워크 특성을 이해해야 한다.

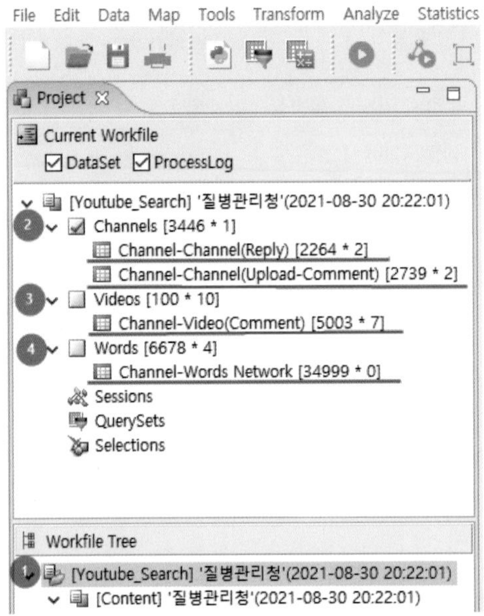

[그림 8-1] **유튜브 공유 · 확산 네트워크 분류 1**

[그림 8-1]의 Project 패널을 보면, ❶ Workfile Tree의 [Youtube_Search]에서는 Current Workfile 내에 크게 세 가지 데이터셋이 존재함을 알 수 있다. ❷ 첫 번째는 Channels 데이터셋이며, ❸ 두 번째는 Videos 그리고 ❹ 마지막은 Words 데이터셋임을 알 수 있다.

유튜브 데이터셋에서 하나의 Channel은 하나(한 개인이거나 한 조직)의 유튜버(계정)를 의미한다. 가령, 이 예시에서는 100개의 유튜브 콘텐츠에 대한 반응(Reply나 Upload-Comment)에 참여한 총 유튜버(노드)가 3,446명이라는 의미이다. Channels 데이터셋은 다시 ① Channel-Channel(Reply)와 ② Channel-Channel(Upload-Comment)라는 2개의 네트워크 데이터셋으로 나뉜다. Channel-Channel(Reply) 데이터셋에는 하나의 Channel들끼리 유튜브 콘텐츠 100개에 대한 Reply 반응과 관계(유튜버/Channel 간 Reply 반응이 생성된 관계)를 보인 총 2,264개의 노드로 구성된 네트워크 구조를 보여준다. 이 네트워크 분석을 통해 유튜버/Channel 간 Reply의 공유 · 확산 중심성이나 매개 활동을 파악할 수 있다.

동일하게, Channel-Channel(Upload-Comment) 데이터셋에는 하나의 Channel들끼리 유튜브 콘텐츠 100개에 대한 Upload-Comment 반응(하나의 유튜버/Channel이 업로

드한 유튜브 콘텐츠에 대하여 Comment를 하는 반응)을 보인 총 2,739개의 노드로 구성된 네트워크 구조를 보여 준다. 이 네트워크 분석을 통해 Comment 생성을 기준으로 유튜버/Channel 간 공유 · 확산 중심성이나 매개 활동을 파악할 수 있다.

한편, Video는 하나의 유튜브 콘텐츠를 의미한다. 이 예시에서는 총 100개의 유튜브 콘텐츠가 존재하며, Videos 데이터셋에는 Channel-Video(Comment)라는 하나의 네트워크 데이터셋이 존재한다. 이는 유튜브 콘텐츠/Video당 Comment를 남긴 Channel들 간의 관계를 보인 총 5,003개의 노드로 구성된 네트워크 구조를 보여 준다. 이 네트워크 분석을 통해 하나의 유튜브 콘텐츠/Video에 어떠한 유튜버/Channel이 Comment를 생성했는지 파악할 수 있다.

마지막으로, Word는 하나의 단어를 의미한다. 이 예시에서는 총 100개의 유튜브 콘텐츠에 총 6,678개의 단어로 이루어진 Words 데이터셋이 존재하며, 이 데이터셋에는 Channel-Words Network라는 하나의 네트워크 데이터셋이 존재한다. 이는 유튜브 콘텐츠에 단어로 Comment를 남긴 Channel들 간의 관계를 보인 총 34,999개의 노드로 구성된 네트워크 구조를 보여 준다. 이 네트워크 분석을 통해 하나의 유튜버/Channel이 어떠한 단어로 Comment를 생성했는지 파악할 수 있다. 반대로, 어떠한 단어(예: 특정 부정어)로 어떠한 Comment(예: 잘못된 정보를 제공하기 위한 의도적인 가짜뉴스)를 작성한 유튜버/Channel이 누구인지 파악할 수도 있다.

동일 주체 혹은 하나의 주체인 Channel들 간의 반응과 관계 형성 정도를 분석할 수 있기에, Channels 데이터셋 내에 존재하는 ① Channel-Channel(Reply)와 ② Channel-Channel(Upload-Comment) 네트워크를 1-모드 네트워크(1-mode network)라 부른다. 한편, Videos 데이터셋의 Channel-Video(Comment) 네트워크와 Words 데이터셋의 Channel-Words Network는 다른 두 주체(Channel-Video 혹은 Channel-Words) 간 네트워크이기에 2-모드 네트워크(2-mode network)라 칭한다.

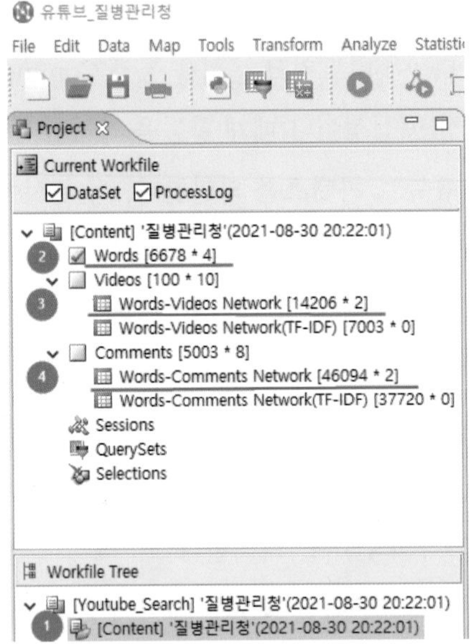

[그림 8-2] **유튜브 공유 · 확산 네트워크 분류 2**

[그림 8-2]의 Project 패널을 보면, ❶ Workfile Tree의 [Content]에서는 Current Workfile 내에 크게 세 가지 데이터셋이 존재함을 알 수 있다. ❷ 첫 번째는 Words 데이터셋이며, ❸ 두 번째는 Videos 그리고 ❹ 마지막은 Comments 데이터셋이다.

앞서 [그림 8-1]에서 언급한 바와 같이, ❷ Words 데이터셋의 Words는 단어를 의미한다. 이 데이터셋은 텍스트 네트워크 분석을 하기 위함이며, 이 예시에서 제시되어 있는 '질병관리청' 키워드로 지정한 두 달 동안 추출된 100개의 유튜브 콘텐츠 내에 존재하는 아젠다와 프레임을 텍스트로 파악할 수 있다.

텍스트 네트워크 분석에 대한 자세한 설명과 예시는 이 시리즈의 1권 『NetMiner를 활용한 빅데이터 텍스트 분석 기법과 활용』을 참고하길 바란다.

❸ 두 번째 Videos 데이터셋에는 Words-Videos Network라는 하나의 네트워크 데이터셋이 존재한다. 이는 유튜브 콘텐츠/Video당 포함되어 있는 Words와의 관계를 보인 총 14,206개의 노드로 구성된 네트워크 구조를 보여 준다. 이 네트워크 분석을 통해 하나의 유튜브 콘텐츠/Video에 어떠한 Words가 포함되어 있는지 혹은 어떠한 Words로 구성되어 네트워크를 형성하는지 파악할 수 있다.

❹ 마지막으로, Comments 데이터셋에는 Words-Comments Network라는 데이터

셋이 존재한다. 이는 개별 Comment당 포함되어 있는 Word들과의 관계를 보인 총 46,094개의 노드로 구성된 네트워크 구조를 보여준다. 이 네트워크 분석을 통해 하나의 Comment에 어떠한 Words가 포함되어 있는지 혹은 어떠한 Words로 구성되어 네트워크를 형성하는지 파악할 수 있다. 이는 앞서 언급한 특정 단어를 포함한 특정 Comment를 작성한 유튜버/Channel이 누구인지 파악하고자 하는 Channel-Words Network와는 차별점이 존재한다.

Words-Videos Network와 Words-Comments Network 역시 서로 다른 두 분석 주체(Words-Videos 혹은 Words-Comments) 간 네트워크를 분석하기에 2-모드 네트워크(2-mode network) 분석을 실행해야 한다.

2) 공유 · 확산 네트워크 분석을 위한 전처리

분석 목적에 따라 추출한 총 100개의 '질병관리청' 연관 유튜브 콘텐츠 전체에 대해 공유 · 확산 네트워크 분석을 실시할 수 있다. 하지만 특정 조직(예: 질병관리청)이 업로드한 콘텐츠만을 대상으로 정교한 맞춤형 분석을 위하여 [그림 7-10]과 같이 그 조직의 콘텐츠만 추출하여 분석할 수 있다. 또한 [그림 7-16] 그리고 [그림 7-18]~[그림 7-20]처럼 특정 콘텐츠 1~2개만 추출하여 분석을 실행할 수도 있다.

이 분석 예시에서는 질병관리청의 '아프지마TV'에서 업로드한 영상 중 가장 높은 View Count를 보이는 'ejj7j7VPFkk'에 해당하는 콘텐츠만을 대상으로 [그림 7-16] 그리고 [그림 7-18]~[그림 7-20]의 전처리가 완료된 이후 공유 · 확산 네트워크 분석을 실행하도록 하겠다.

3) Channel-Channel(Reply) 분석 1

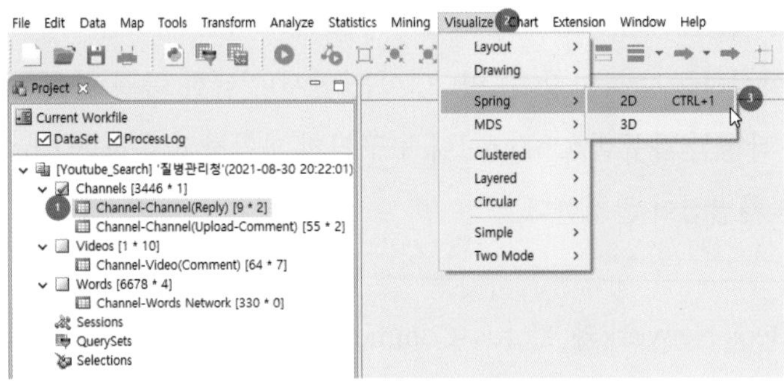

[그림 8-3] 유튜브 Channel-Channel(Reply) 분석 1

[그림 7-18]의 'ejj7j7VPFkk' 콘텐츠에 대한 Channel-Channel(Reply) 전처리가 완료되면 ❶ Channel-Channel(Reply) 네트워크 노드 수가 [2,264*2]에서 [9*2]로 축소 변환되었음을 확인할 수 있다. 그 후 ❷ Visualize ≫ ❸ (1-mode) Spring ≫ 2D를 선택한다.

Spring ≫ 2D를 실행하면, [그림 8-4]와 같은 시각화 결과가 데이터 편집 패널에 나타난다. 형태를 이해하기 쉽지 않은 네트워크 시각화 결과가 나타나는 이유는 총 100개 유튜브의 2,264개 노드가 여전히 시각적으로 존재하기 때문이다.

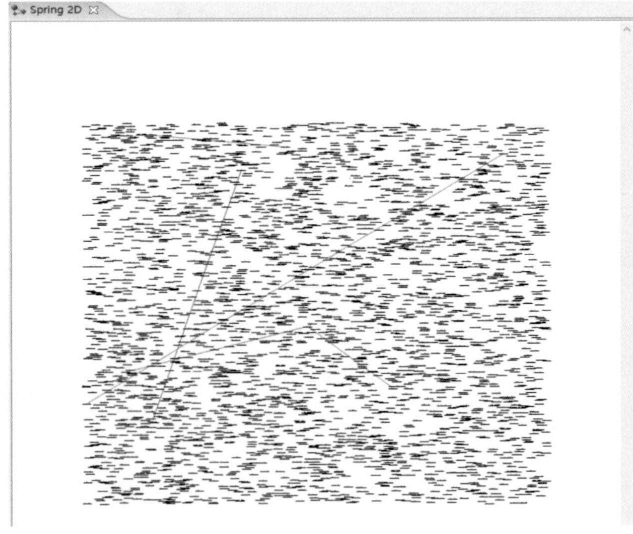

[그림 8-4] 유튜브 Channel-Channel(Reply) 분석 2

이 예시에서 관심을 가지는 'ejj7j7VPFkk' 콘텐츠에 대한 Channel-Channel(Reply) 노드와 네트워크 9개만 시각화하기 위해서는 [그림 8-5]와 같은 다음 과정이 필요하다.

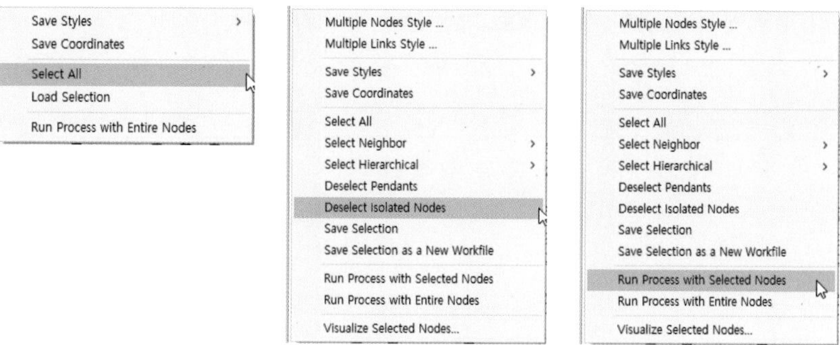

[그림 8-5] 유튜브 Channel-Channel(Reply) 분석 3

[그림 8-4]의 시각화 결과에 마우스 커서를 놓고 우클릭을 한 후, Select All ≫ Deselect Isolated Nodes ≫ Run Process with Selected Nodes를 순차적으로 선택하여 실행하면 된다.

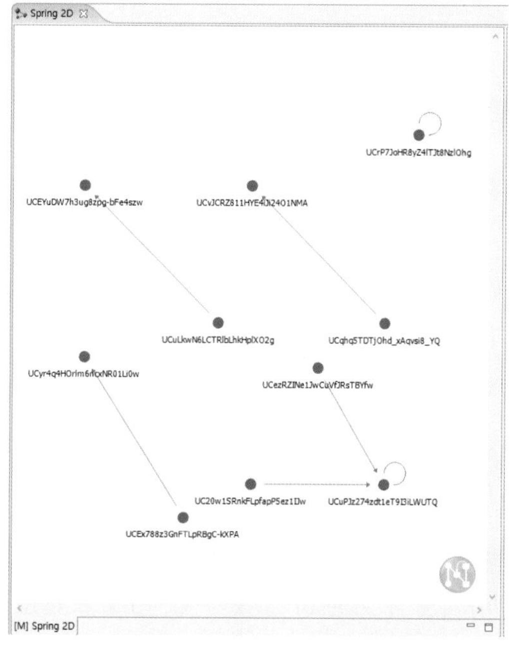

[그림 8-6] 유튜브 Channel-Channel(Reply) 분석 4

[그림 8-5]의 과정에 의하여 [그림 8-4]의 식별하기 어려웠던 시각화 결과가 [그림 8-6]과 같이 재정리되었음을 알 수 있다. 다만, 각 노드가 유튜브 고유 ID 혹은 Label로 표기가 되었기에 직관적으로 노드를 파악하기 쉽지 않다. 이에 [그림 8-7]과 같이 프로세스 관리 영역에서 간단한 실행으로 재정리할 필요가 있다.

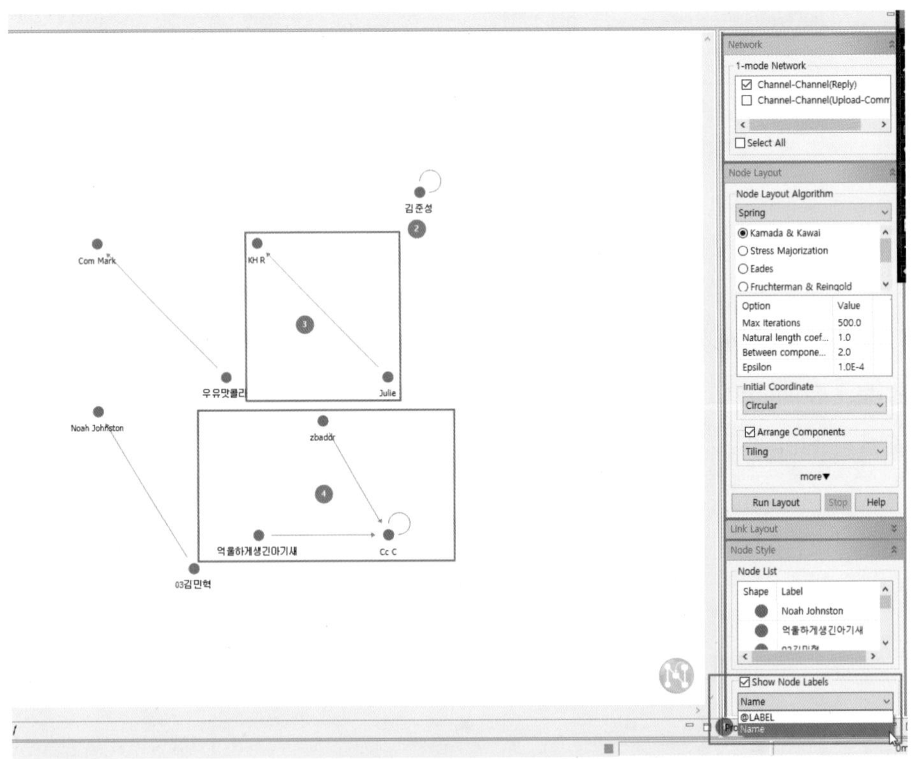

[그림 8-7] **유튜브 Channel-Channel(Reply) 분석 5**

프로세스 관리 영역의 'Node Style'에서 ❶ Node Label을 '@LABEL' 대신 'Name'으로 변환해 주면, 편집 패널의 [그림 8-6]의 시각화 결과가 노드 Name을 기준으로 변환되어 노드 식별이 용이해진다. ❷ '김준성'이라는 노드 Name을 사용하는 유튜버는 'ejj7j7VPFkk' 콘텐츠에 대한 Channel-Channel(Reply) 네트워크를 혼자 생성한 결과를 보여 주며, ❸의 경우에는 'Julie' → 'KH R'로 Reply 네트워크가 전달되었으며, ❹의 경우에는 '억울하게생긴아기새'와 'zbaddr' 노드가 'Cc C' 노드로 Reply를 동시에 전달하였음을 볼 수 있다.

4) Channel-Channel(Upload-Comment) 분석 2

[그림 7-19]의 'ejj7j7VPFkk' 콘텐츠에 대한 Channel-Channel(Upload-Comment) 전처리가 완료되면 ❶ Channel-Channel(Upload-Comment) 네트워크가 [2,739*2]에서 [55*2]로 변환되었음을 확인할 수 있다. 그 후 ❷ Visualize ≫ ❸ (1-mode) Spring ≫ 2D를 선택한다.

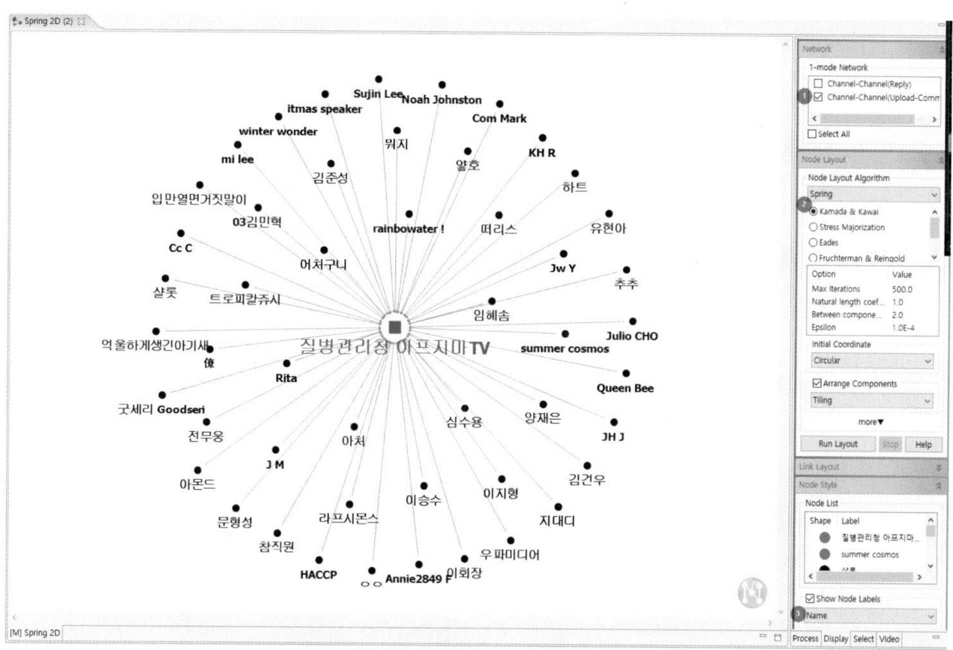

[그림 8-8] **유튜브 Channel-Channel(Upload-Comment) 분석 1**

컨트롤 패널의 ❶ 'Network'에서 'Channel-Channel(Upload-Comment)'를 선택한 후, ❷ 'Node Layout'에서 'Spring → Kamada & Kawai' 시각화 알고리즘을 선택하고, ❸ 프로세스 관리 영역의 'Node Style'에서 Node Label을 '@LABEL' 대신 'Name'으로 변환해 주면, 편집 패널의 시각화 결과가 노드 Name을 기준으로 변환되어 노드 식별이 용이해진다.

이때 노드의 모양, 크기, 색 등을 편집하기 위하여 [그림 5-10]과 [그림 5-11] 같은 노드 스타일링을 추가한다.

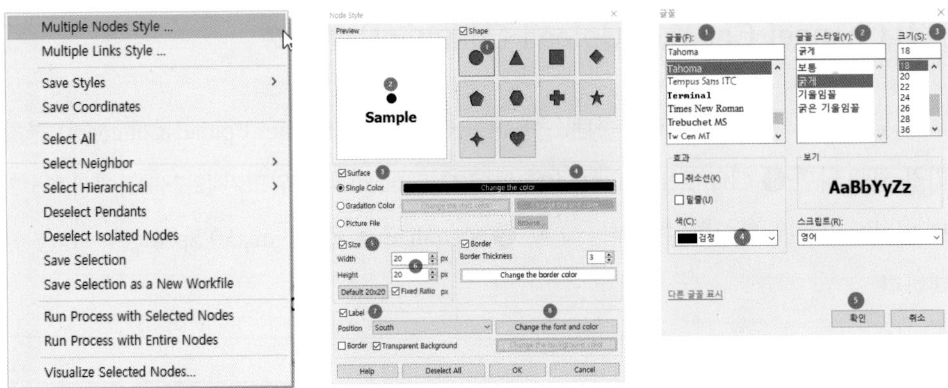

[그림 8-9] 유튜브 Channel-Channel(Upload-Comment) 분석 2

[그림 8-8]의 Channel-Channel(Upload-Comment) 시각화 결과 위에 마우스 우클릭을 하고 'Multiple Nodes Style'을 선택한 후, 'Node Style(검정, 원형, 노드 크기 20)'과 '글꼴(Tahoma, 굵게, 글자 크기 18)'을 지정해 준다.

한편, [그림 8-8]의 시각화 결과에서 '질병관리청 아프지마TV'만 다른 노드(검은색 원형)와 구분하기 위하여 파란색 사각형으로 변환하여 가독성을 높이고자 한다.

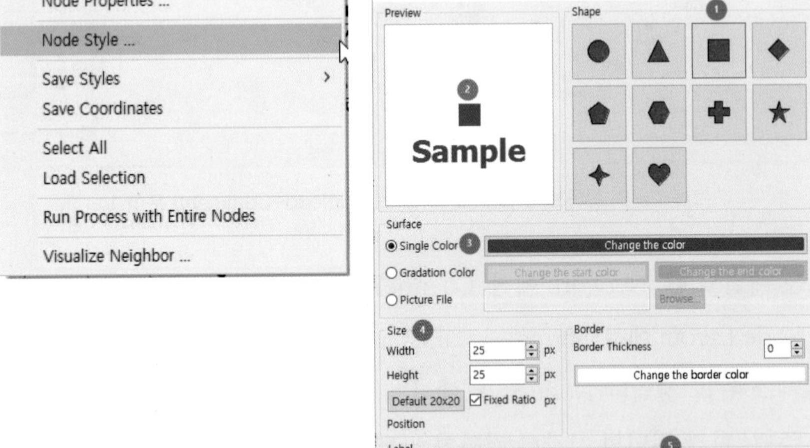

[그림 8-10] 유튜브 Channel-Channel(Upload-Comment) 분석 3

[그림 8-8]의 Channel-Channel(Upload-Comment) 시각화 결과 위에 마우스 우클릭을 한 후 하나의 특정 노드(질병관리청 아프지마TV)만 지정하기 때문에 'Node Style'을 선택한 후 'Node Style(파란색 사각형과 노드 크기 25)'과 '글꼴'을 지정해 준다.

5) Channel-Video(Comment) 분석

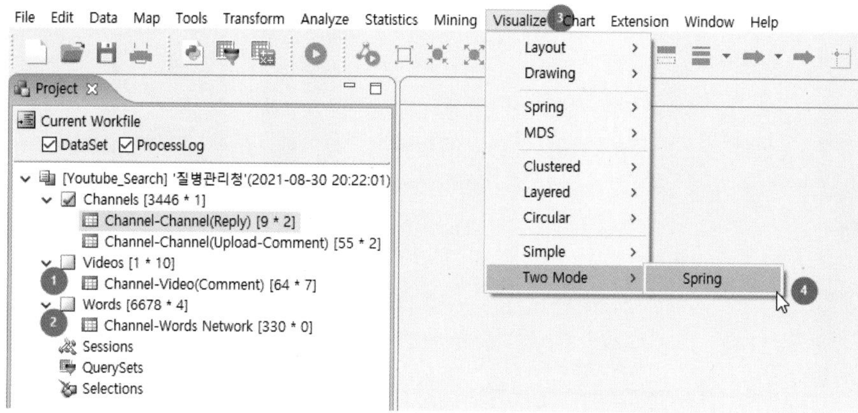

[그림 8-11] 유튜브 Channel-Video(Comment) 분석 1

[그림 7-20]의 'ejj7j7VPFkk' 콘텐츠에 대한 Channel-Video(Comment) 전처리가 완료되면 ❶ Channel-Video(Comment) 네트워크가 [5,003*7]에서 [64*7]로 축소되었음을 확인한 후(참고로 ❷ Channel-Words Network도 [34,999*0]에서 [330*0]로 전처리 완료한 상태이다), Channel-Video(Comment)와 Channel-Words Network는 2-모드 네트워크 분석이 필요하기에 ❸ Visualize ≫ ❹ Two Mode ≫ Spring을 선택해야 한다.

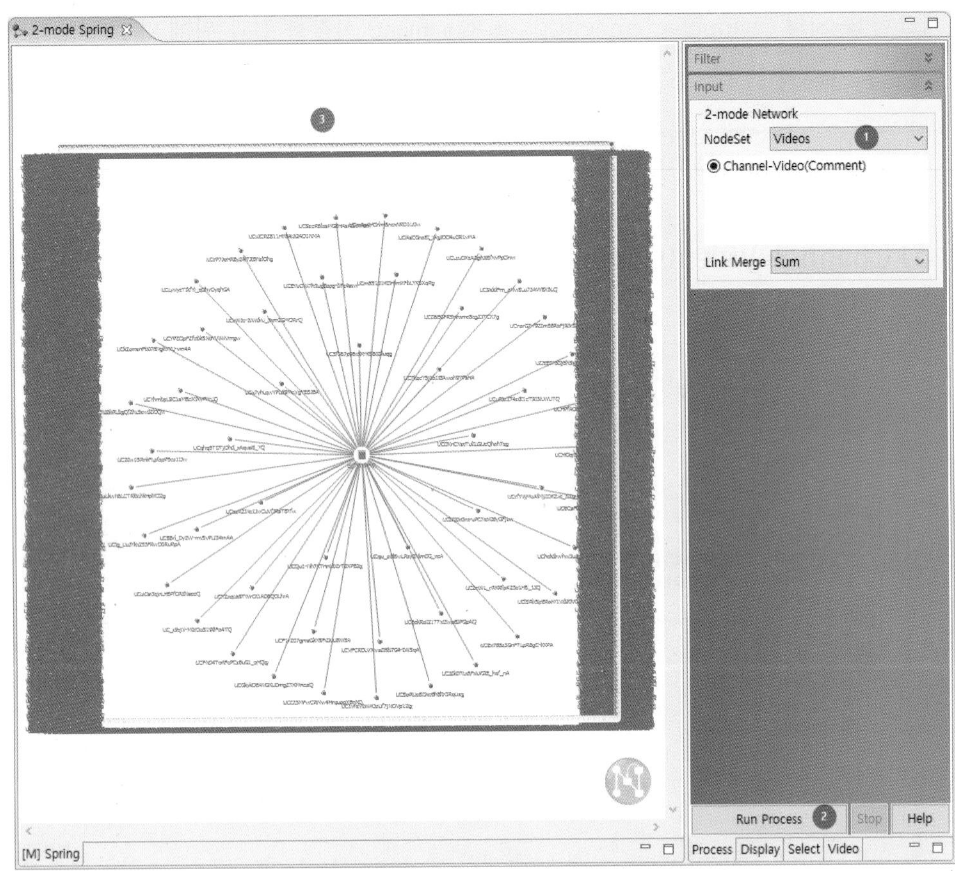

[그림 8-12] **유튜브 Channel-Video(Comment) 분석 2**

Two Mode ≫ Spring을 선택한 후 'Input' 패널에서 ❶ 'NodeSet ≫ Videos'로 선택하고 ❷ 'Run Process'를 클릭하면 ❸번과 같은 시각화 결과가 나타난다.

이후 [그림 8-5]의 과정을 거치면 [그림 8-13]과 같이 시각화 결과가 재조정된다.

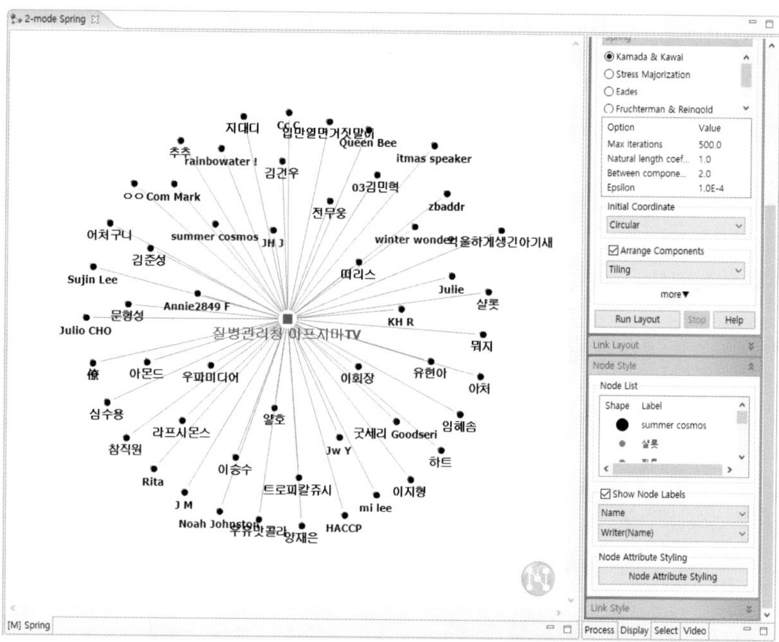

[그림 8-13] 유튜브 Channel-Video(Comment) 분석 3

6) Channel-Words Network 분석 1

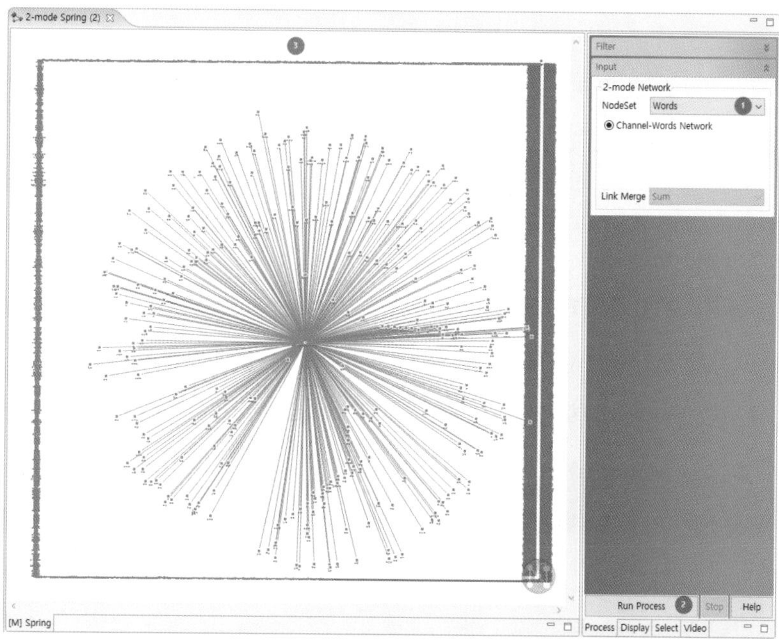

[그림 8-14] 유튜브 Channel-Words Network 분석 1

Channel-Video(Comment) 분석과 동일하게, Channel-Words Network도 2-모드 네트워크 분석이 필요하기에 Visualize ≫ Two Mode ≫ Spring을 선택한다. 이후 'Input' 패널에서 ❶ 'NodeSet ≫ Words'로 선택하고 ❷ 'Run Process'를 선택하면 ❸번과 같은 시각화 결과가 나타난다.

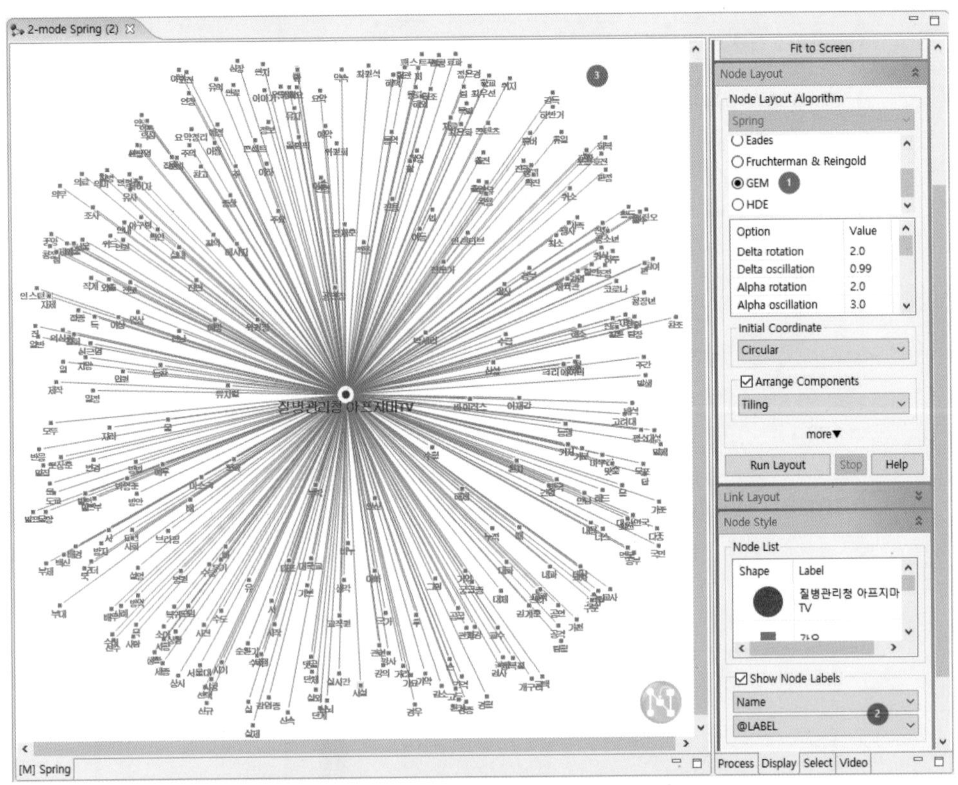

[그림 8-15] **유튜브 Channel-Words Network 분석 2**

이후 [그림 8-5]의 과정과 컨트롤 패널의 ❶ 'Node Layout'에서 'Spring → GEM' 시각화 알고리즘을 선택(GEM 시각화 선택은 특별한 의도가 있는 것은 아니고 알고리즘 다양성 차원에서 예시로 선택함)한 후 ❷ 프로세스 관리 영역의 'Node Style'에서 Node Labels를 'Name'과 '@LABEL(Words)'로 변환해 주면 ❸ 편집 패널의 시각화 결과가 노드 Name과 단어/Words를 기준으로 변환되어 노드 식별이 용이한 시각화 결과로 재조정된다.

이때 노드의 모양, 크기, 색 등을 편집하기 위하여 [그림 8-9] 및 [그림 8-10]과 같은 노드 스타일링을 추가한다.

Channel-Words Network 특성상 노드의 수가 다수 존재하기에, 만약 여전히 복잡해 보이는 [그림 8-15]의 결과를 더욱 간단하게 시각화하고자 한다면, 다음 과정을 추가로 수행해도 된다.

'ejj7j7VPFkk' 콘텐츠에 대한 Channel-Words Network를 [34,999*0]에서 [330*0]으로 축소 전처리하였으나, 노드 수를 '@WEIGHT(네크워크가 강하게 연결된 정도)' 기준으로 상위 100개만 선택하여, 중요 Channel-Words Network만 선택적으로 추출하고자 한다.

[그림 8-16] **유튜브 Channel-Words Network 분석 3**

❶ Query 창을 생성하고 ❷ 'Channel-Words Network'를 클릭하면 ❸ 연관된 속성들이 나타나게 되고, '@WEIGHT'를 선택한 후 ❹번의 단축키 패드에서 'top'을 선택하고 '100'을 기입하여, ❺ Query 공간에 [@WEIGHT top 100]의 명령문을 완성한다. ❻ 'Apply'를 클릭하면, ❼ 'Log' 공간에서 기존 330개의 Channel-Words Network 중 최상위 WEIGHT 100개만이 추출되었음을 알 수 있다. ❽ 'Run'을 클릭하여 실행을 완료하면, 새로운 Workfile Tree가 생성된다.

이후 [그림 8-14]와 [그림 8-15]의 과정을 반복하면 [그림 8-17]과 같이 직관적 가독성이 높은 시각화 결과를 얻을 수 있다.

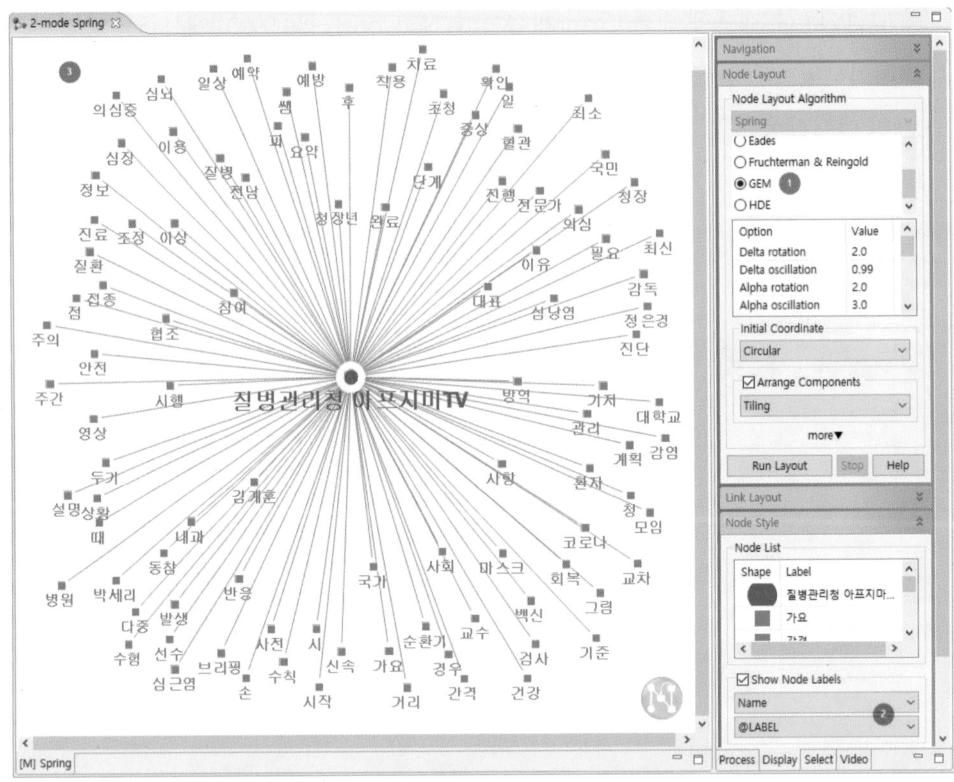

[그림 8-17] 유튜브 Channel-Words Network 분석 4

7) Words-Videos Network 분석 1

[그림 8-2]에서 언급된 Words-Videos Network 분석을 예시로 제시하고자 한다. 'ejj7j7VPFkk' Video 콘텐츠에 포함한 단어를 Words-Videos Network로 분석 시 2-모드 네트워크 분석이 필요하기에 Visualize ≫ Two Mode ≫ Spring을 선택하여 [그림 5-15]와 같이 노드 속성에 따른 스타일링을 추가한 후 시각화한 결과는 [그림 8-18]과 같다.

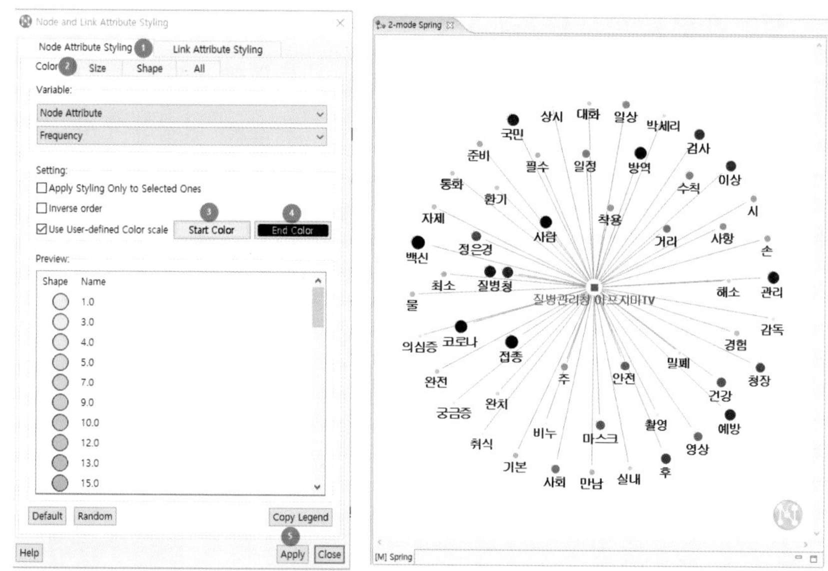

[그림 8-18] 유튜브 Words-Videos Network 분석 1

지금까지 예시로 제시한 공유 · 확산 네트워크 분석 결과는 'ejj7j7VPFkk' 콘텐츠 하나만에 대한 네트워크 분석이었기에, 공유 · 확산 네트워크를 시각적으로 설명하기에 충분하지 못한 점이 있다. 이에 다음 예시에서는 [그림 7-10]에서 제시한 '질병관리청 아프지마TV'가 생성하여 업로드한 27개 유튜브 콘텐츠에 대한 공유 · 확산 네트워크 분석 중 몇 개만 선별하여 수행하고자 한다.

8) Channel-Channel(Reply) 분석 2

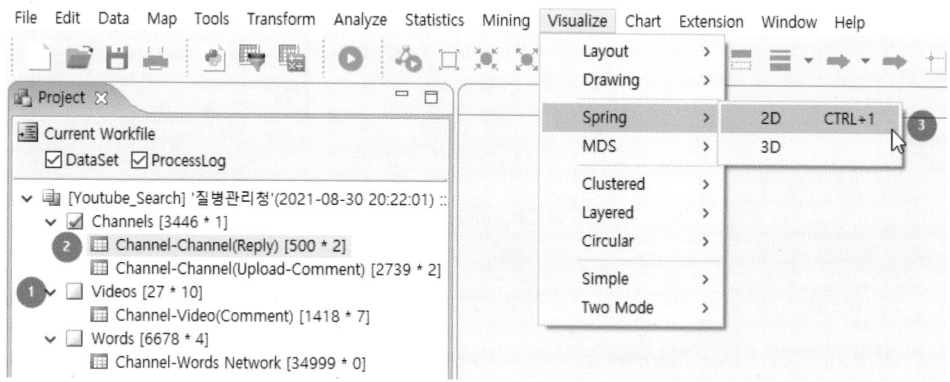

[그림 8-19] 유튜브 Channel-Channel(Reply) 분석 6

[그림 7-10] 데이터셋에서 ❶ Video 콘텐츠가 100개에서 27개로 축소됨에 따라 ❷ Query 기능을 활용하여 Channel-Channel(Reply) 네트워크 노드 수를 [2,264*2]에서 [500*2]로 변환한 후, ❸ Visualize ≫ (1-mode) Spring ≫ 2D를 선택하여 시각화한다.

이 예시의 Channel-Channel(Reply) 네트워크 노드 수가 [그림 7-10]보다 많기에, [그림 8-4]의 결과보다는 더 복잡해 보이는 시각화 결과를 [그림 8-20]과 같이 확인할 수 있다.

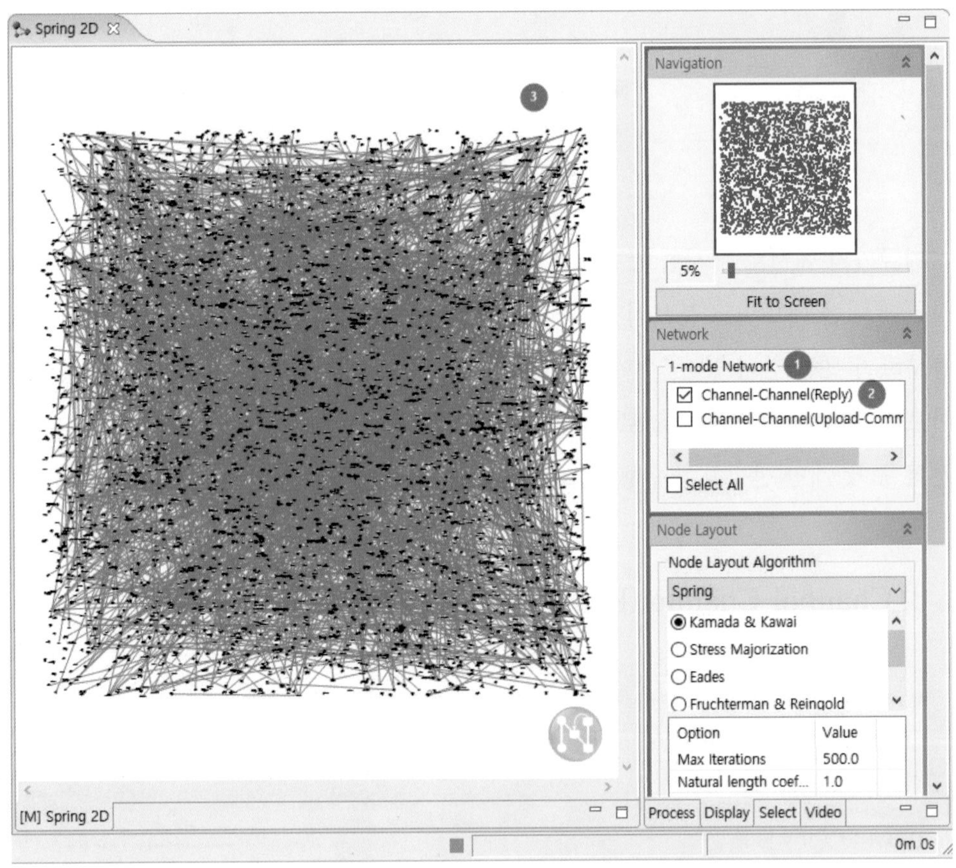

[그림 8-20] 유튜브 Channel-Channel(Reply) 분석 7

[그림 8-5]의 과정을 반복하면, [그림 8-21]과 같이 시각화 결과가 재조정되지만, '질병관리청 아프리카TV' Channel을 찾기 어려울 정도로 가독성이 여전히 낮은 수준이다.

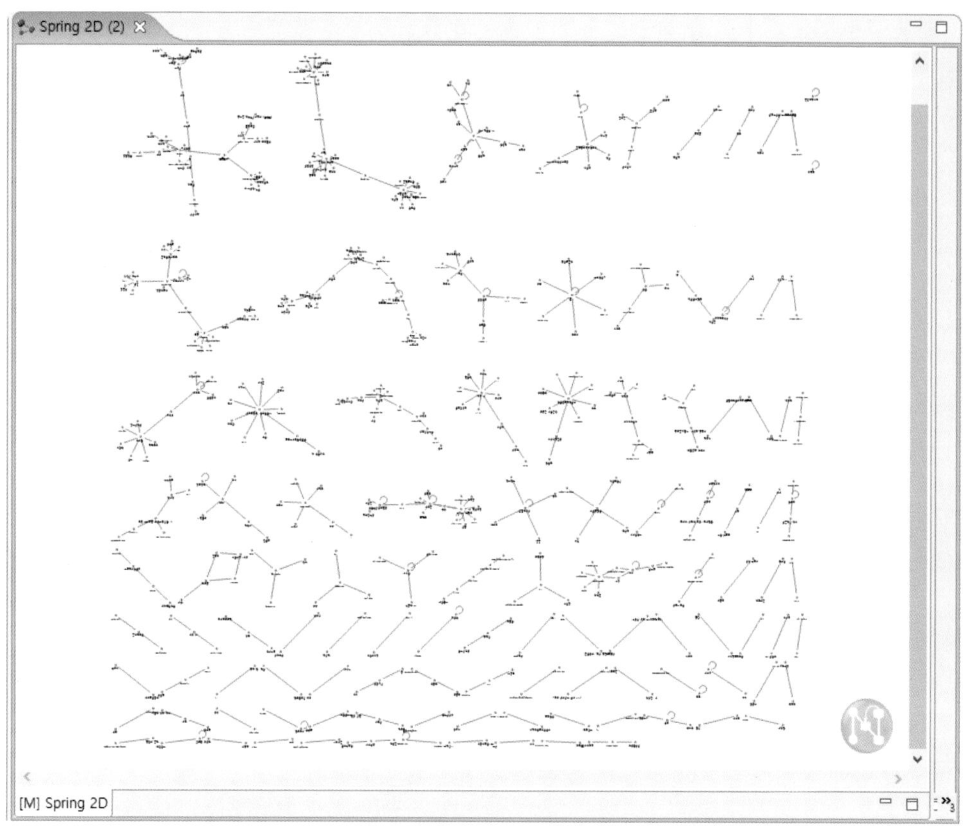

[그림 8-21] 유튜브 Channel-Channel(Reply) 분석 8

이에 우선적으로 이 분석의 관심사인 '질병관리청 아프리카TV' Channel을 찾기 위하여 다음과 같은 과정을 진행한다.

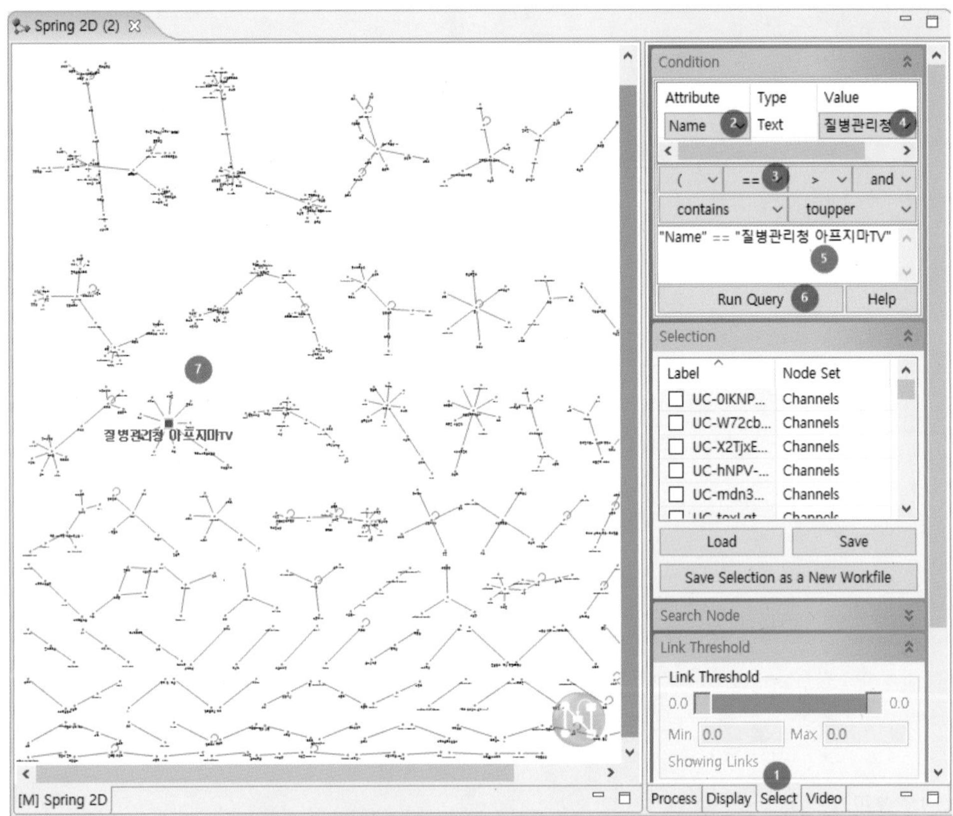

[그림 8-22] **유튜브 Channel-Channel(Reply) 분석 9**

❶ 프로세스 관리 영역에서 'Select'를 클릭한다. ❷ Condition 패널에서 'Name' ≫ ❸ '==' ≫ ❹ '질병관리청 아프리카TV'를 순차적으로 선택하면 ❺ 영역에 ["Name" == "질병관리청 아프리카TV"]라는 명령어가 입력되고, ❻ 'Run Query'를 실행하면 ❼의 데이터 편집 패널에 존재하고 있는 '질병관리청 아프리카TV'를 찾아 준다. 단, [그림 8-10]의 과정을 실행하여 그 크기를 조정할 필요가 있다.

[그림 8-22]의 ❼번 영역을 확대하여 이 분석의 목표인 공유·확산 네트워크를 편집해 보면, [그림 8-23]과 같다.

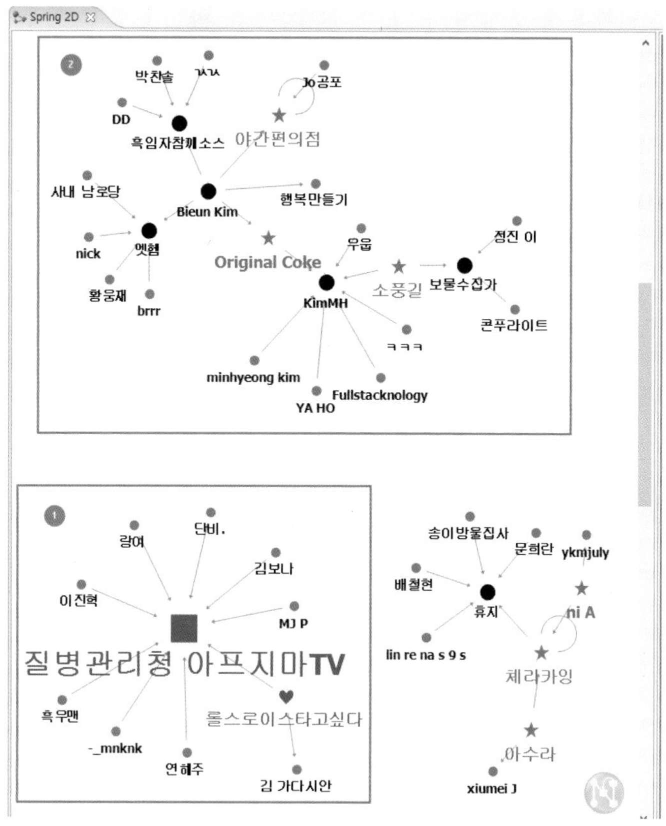

[그림 8-23] 유튜브 Channel-Channel(Reply) 분석 10

❶번 영역은 '질병관리청 아프리카TV'가 포함되어 있는 Channel-Channel(Reply) 공유 · 확산 네트워크를 보여 주며, '질병관리청 아프리카TV'와 Reply 반응을 하는 Channel(개인 유튜버)은 '이진혁' '랑여' '단비' '김보나' '흑우맨' 'MJ P' '연해주' 등이다. 하지만 이들은 다른 Channel들과 매개자 역할을 하는 공유 · 확산 활동은 저조하였다. 다만, '롤스로이스타고싶다'라는 개인 유튜버는 '질병관리청 아프리카TV'와 '김 가다시안' 유튜버 사이의 매개자로서 공유 · 확산 네트워크 구축에 역할을 하는 것을 확인할 수 있다.

❷번 영역은 ❶번 영역보다는 더 많은 Channel이 서로 강한 공유 · 확산 네트워크를 이루고 있는 것으로 파악된다. 가령, '흑임자참께소스' '엣헴' 'Bieun Kim' 'KimMH' '보물수집가' 유튜버들(검은색 원형 표기)은 각자 공유 대상 네트워크를 가지고 있지만, 매개자인 '야간편의점' 'Original Coke' 그리고 '소풍길' 유튜버(초록색 별표 표기)를 통하여 Reply가 확산되는 네트워크 구조를 보인다. 'Bieun Kim'과 'Original Coke'의 경우에는

공유와 확산의 역할을 동시에 하는 것으로 보여 결국 ❷번 네트워크에서 가장 중요한 역할을 하는 유튜버로 파악된다.

9) Channel-Channel(Upload-Comment) 분석 2

앞선 'Channel-Channel(Reply) 분석 2'와 동일하게 [그림 7-10]의 데이터셋, 즉 '질병관리청 아프리카TV' Video 콘텐츠인 27개를 기준으로 Channel-Channel(Upload-Comment) 분석을 다시 한번 실행한 결과는 [그림 8-24]와 같다.

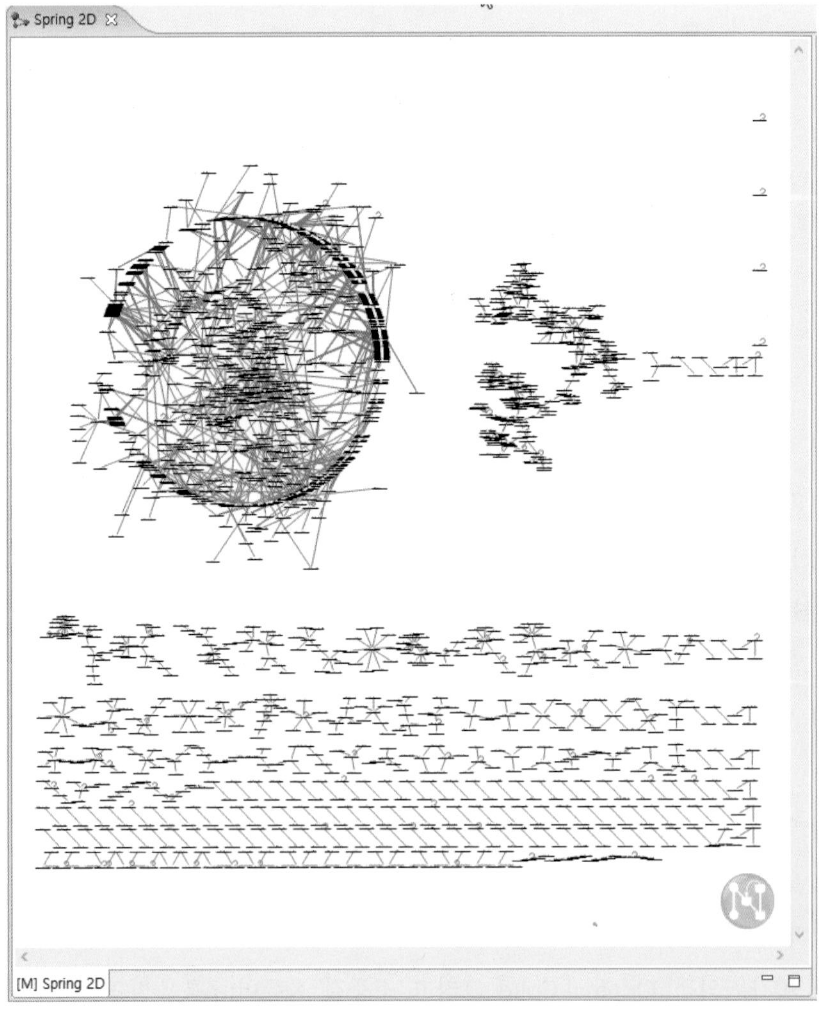

[그림 8-24] 유튜브 Channel-Channel(Upload-Comment) 분석 4

이 분석 결과, 시각화 역시 [그림 8-20]과 동일한 연유로 매우 복잡하게 보이기에 [그림 8-21]과 [그림 8-22]의 과정을 실행하여 [그림 8-25]와 같이 '질병관리청 아프리카TV' Channel의 위치를 파악할 수 있다.

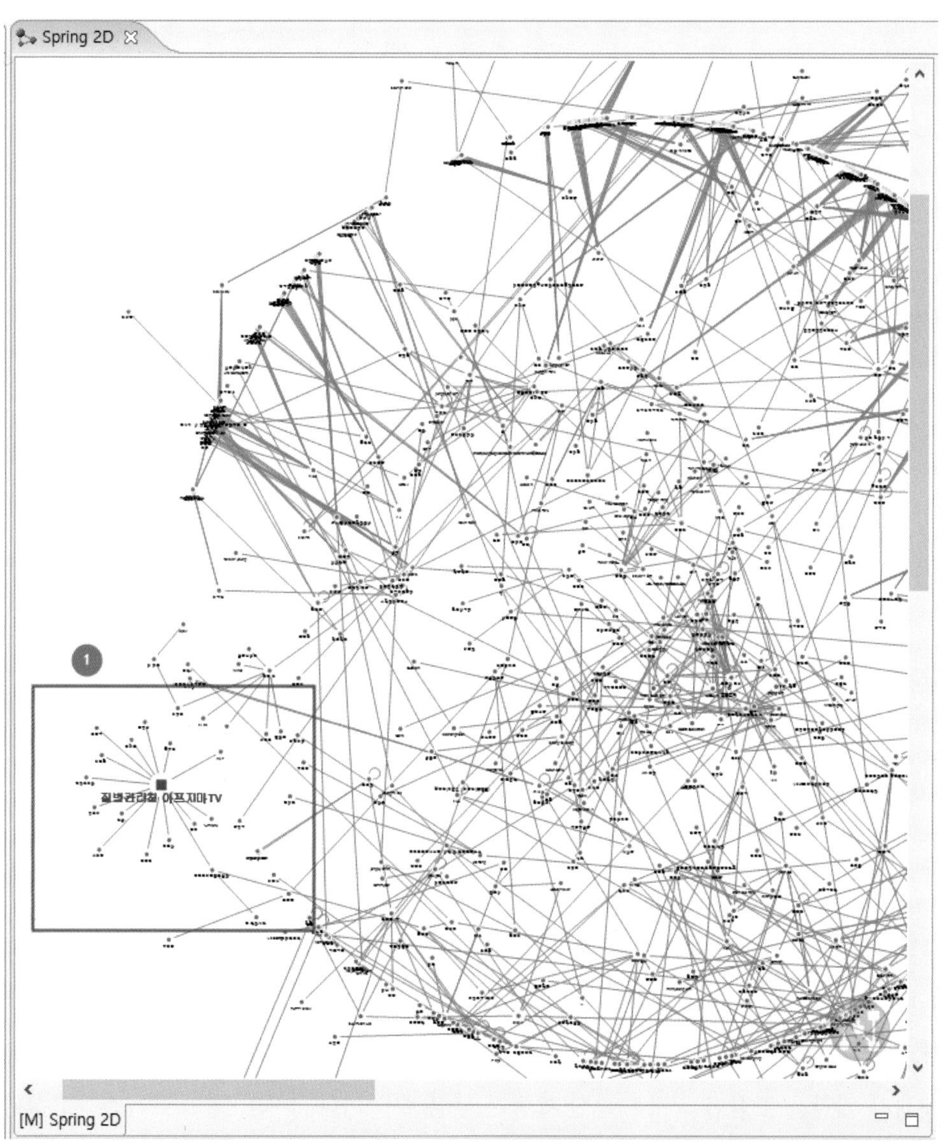

[그림 8-25] **유튜브 Channel-Channel(Upload-Comment) 분석 5**

[그림 8-25]의 ❶번 영역을 확대하여 이 분석의 목표인 공유 · 확산 네트워크를 편집해 보면, [그림 8-26]과 같다.

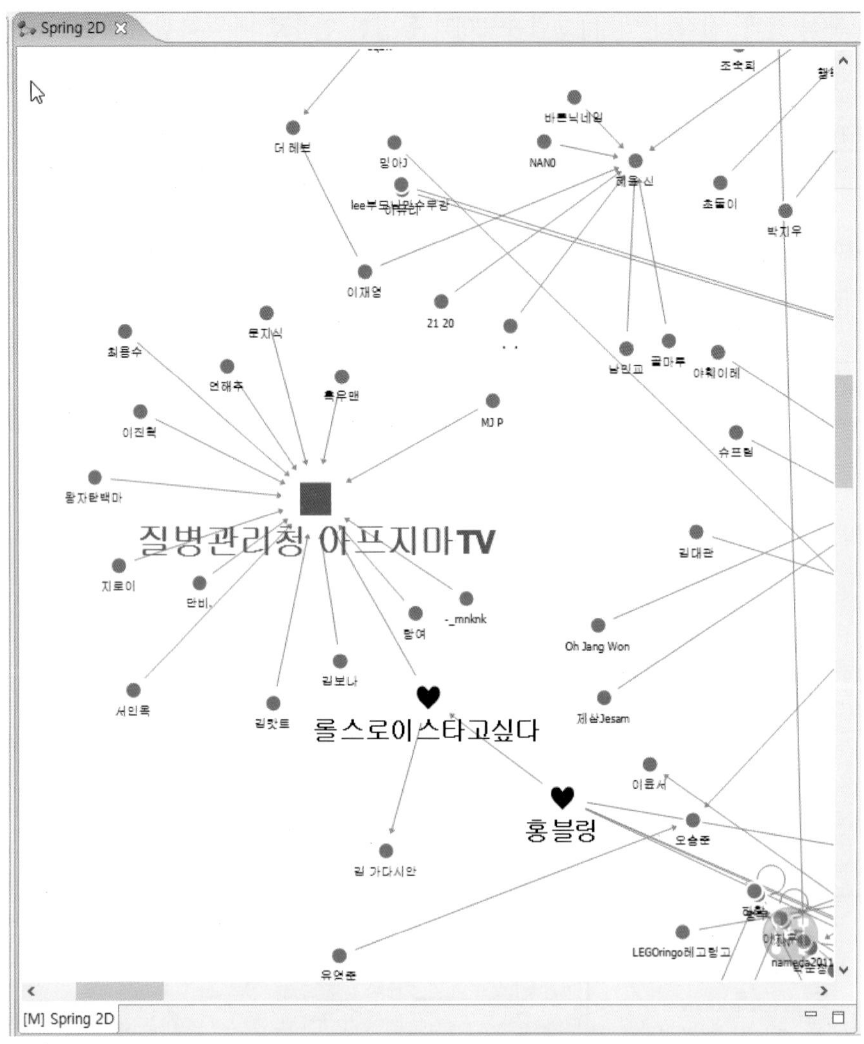

[그림 8-26] **유튜브 Channel-Channel(Upload-Comment) 분석 6**

앞선 [그림 8-23]의 Channel-Channel(Reply) 분석 결과와 유사하게 '질병관리청 아프리카TV' 주위에는 Upload-Comment 활동에 대한 연결된 Channel(예: 최용수, 이진혁, 왕자탄백마, 지로이 등 붉은색 원형으로 표기)이 존재하지만, 이들은 다른 Channel들과 매개자 역할을 포함한 공유 · 확산 활동은 낮은 수준이다. 다만, '롤스로이스타고싶다'와 '홍블링'이라는 개인 유튜버(검은색 하트 모양으로 표기)는 '질병관리청 아프리카TV'와 '김 가다시안' 유튜버를 포함한 다른 유튜버 사이의 매개자로서 공유 · 확산 네트워크 구축에 역할을 하는 것을 확인할 수 있다.

10) Words-Videos Network 분석 2

'질병관리청 아프리카TV' Video 콘텐츠인 27개를 기준으로 Words-Videos Network 분석 역시 다시 실행하였다. 앞선 사례들과 동일하게 유튜브 Video 콘텐츠가 많아짐에 따라 Words-Videos Network 분석 시각화 결과가 복잡하게 보이기에, 추출된 단어 총수 6,678개 중 빈도수(Frequency) 최상위 150개만 Query를 활용하여 [그림 8-27]과 같이 재추출하였다.

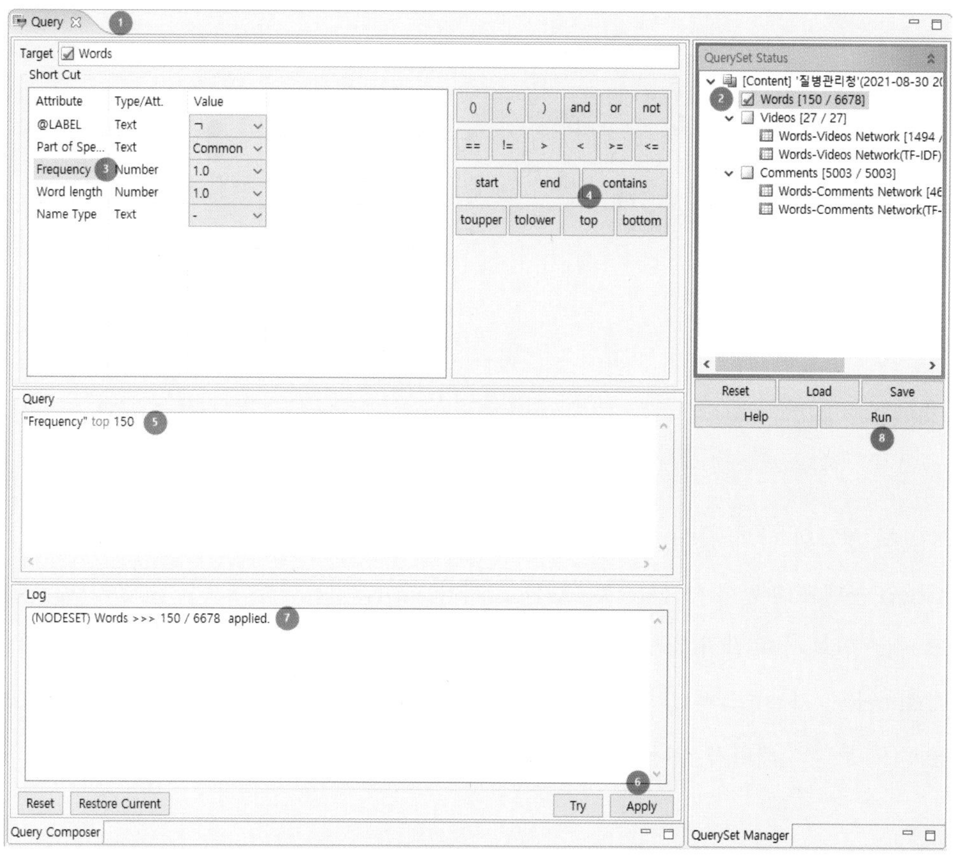

[그림 8-27] 유튜브 Words-Videos Network 분석 2

[그림 8-27]의 데이터셋을 기준으로 분석한 Words-Videos Network 결과는 [그림 8-28]과 같다.

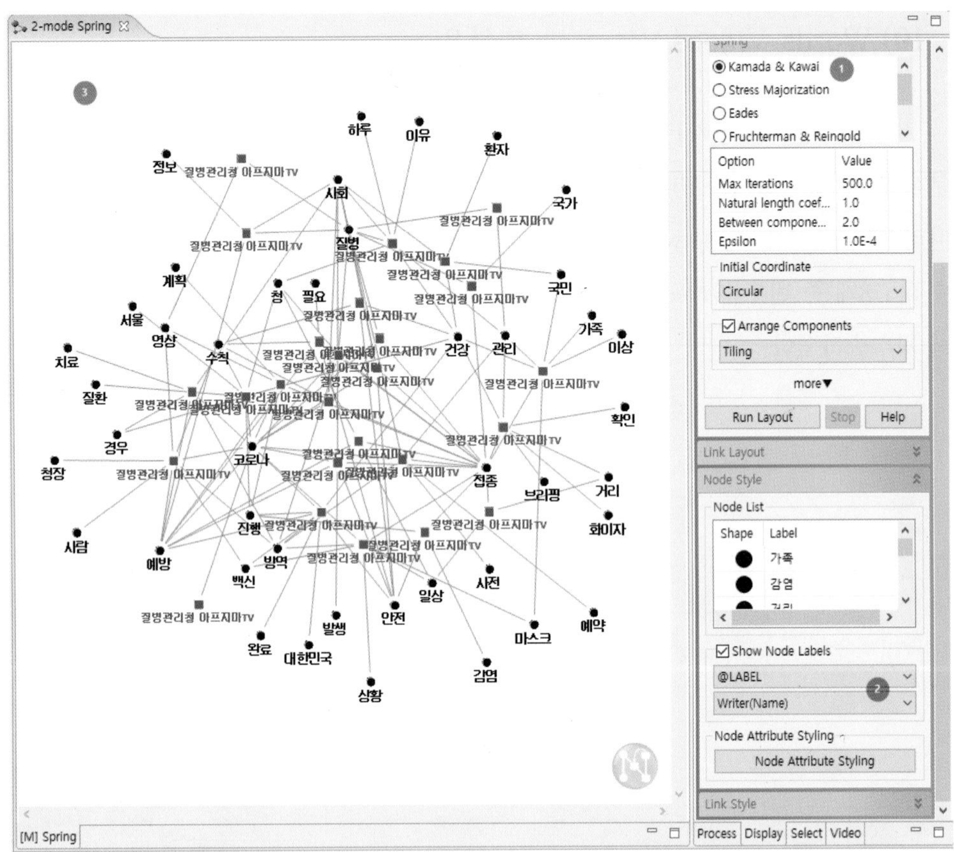

[그림 8-28] 유튜브 Words-Videos Network 분석 3

앞서 언급한 바와 같이, [그림 8-28]의 시각화 결과에는 '질병관리청 아프리카TV' Video 콘텐츠(파란색 사각형으로 표기) 27개와 Word(검은색 원형으로 표기)가 네트워크 구조 안에서 복잡하게 엉켜 있다. 이에 특정 단어(예: 주요 키워드나 부정적 단어)나 Channel(예: 가짜뉴스 생산자 혹은 유포자로 의심이 되는 유튜버) 노드의 속성을 확인해 보는 것도 분석의 의미가 있다.

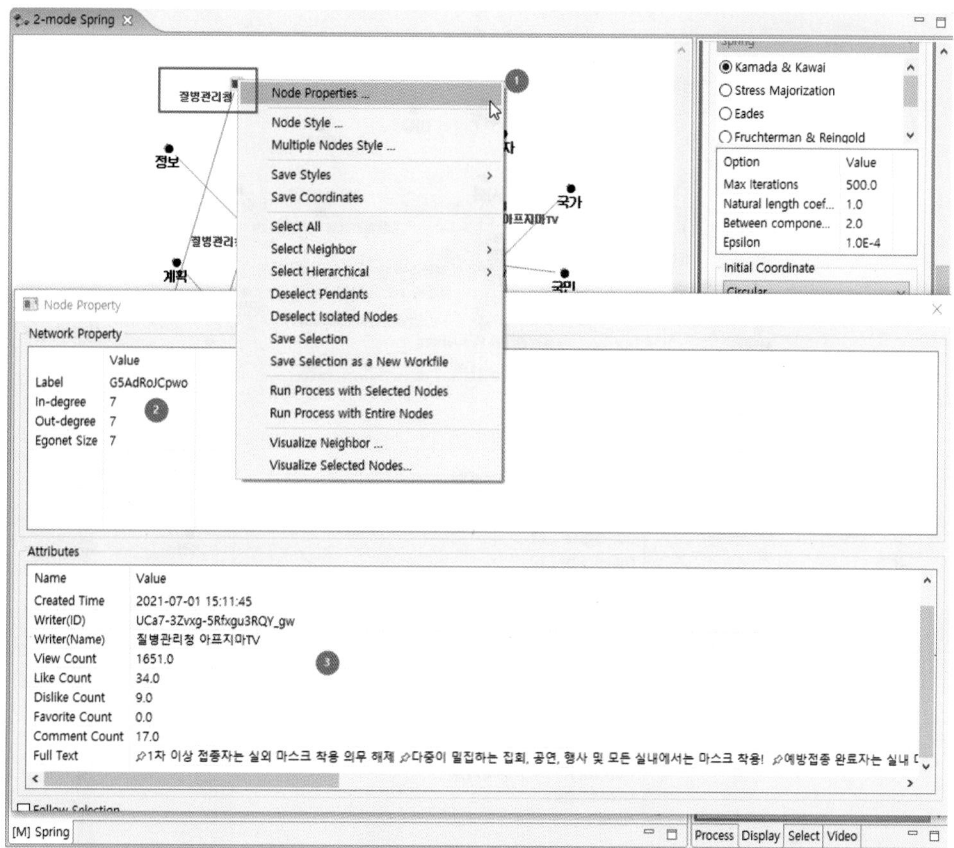

[그림 8-29] **유튜브 Words-Videos Network 분석 4**

[그림 8-28]의 시각화 결과에서 파란색 사각형으로 표기된 유튜브 Video 생산자 중 관심 있는 노드를 선택(붉은색 사각형으로 표기)하여 마우스 커서를 그 생산자에 놓고, 우클릭을 한 후 ❶ 'Node Properties'를 선택한다. 이후 새로운 정보창이 생성되며, ❷ Network Property를 통해 단어 생성 정도(In-degree나 Out-degree로 표기)나 ❸ Attributes를 통해 이 Video에 대한 속성 정보(즉, View, Like, Comment Count와 Full Text)를 확인할 수 있다.

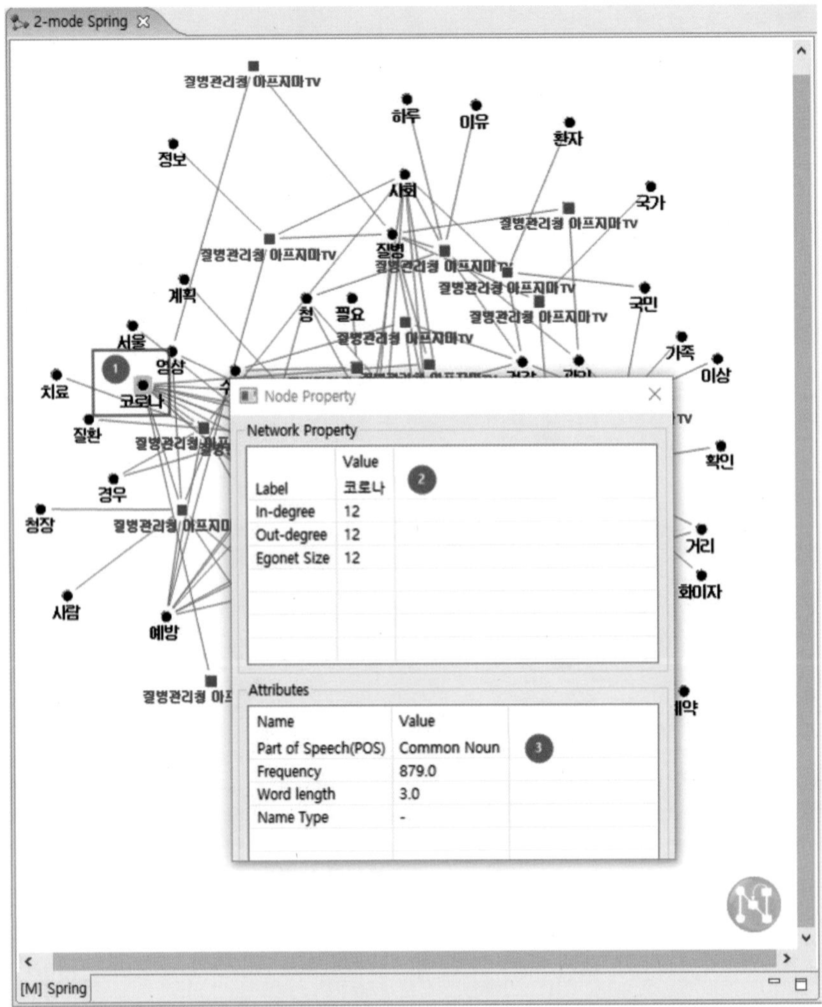

[그림 8-30] **유튜브 Words-Videos Network 분석 5**

[그림 8-29]와 동일하게, [그림 8-28]의 시각화 결과에서 검은색 원형으로 표기된 Words 중 관심 있는 단어를 ❶ 선택(붉은색 사각형으로 표기한 것. 이 예시에서는 '코로나')하여 마우스 커서를 그 위에 놓고, 우클릭을 한 후 'Node Properties'를 선택한다. 이후 새로운 정보창이 생성되며, ❷ Network Property를 통해 단어의 Value값 정도(In-degree나 Out-degree로 표기)나 ❸ Attributes를 통해 이 단어에 대한 속성 정보(즉, 빈도수)를 확인할 수 있다.

11) Channel-Words Network 분석 2

'질병관리청 아프리카TV' Video 콘텐츠인 27개를 기준으로 Channel-Words Network 분석을 실행하였다. [그림 8-27]과 동일하게, 추출된 단어 중 빈도수(Frequency) 최상위 150개만 Query를 활용하여 재추출 후 진행한 분석 결과는 [그림 8-31]과 같다.

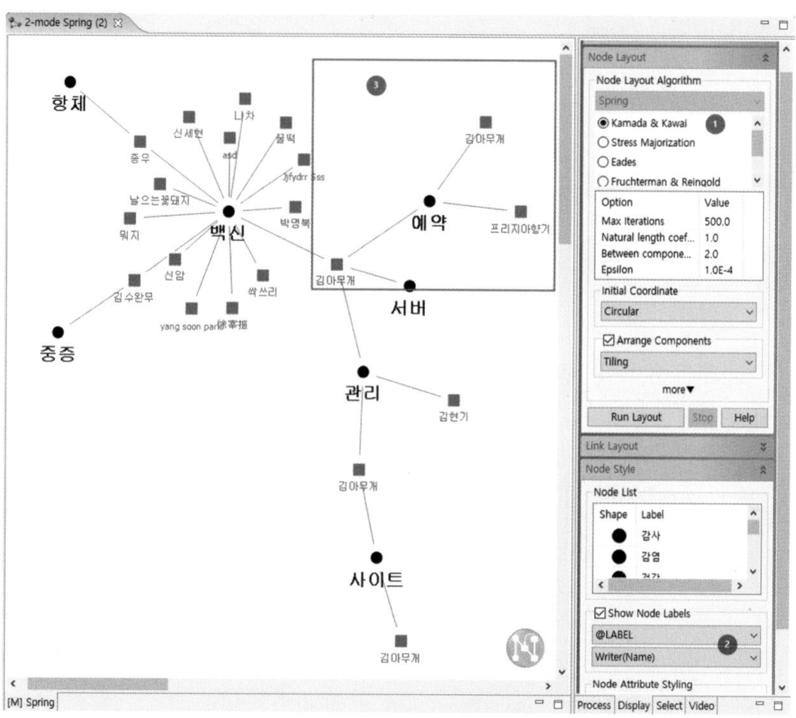

[그림 8-31] **유튜브 Channel-Words Network 분석**

이 분석 시각화 결과가 중요한 이유는 이 분석을 활용하여 하나의 유튜버/Channel이 어떠한 단어로 Comment를 생성했는지 파악할 수 있기에, 잘못된 정보나 가짜뉴스를 생성한 유튜버/Channel이 누구인지도 파악할 수 있기 때문이다.

실례로, ❸ 영역에 있는 '예약'이라는 단어는 '김아무개'와 '프리지아향기'라는 Channel(즉, 개인 유튜버)이 '질병관리청 아프지마TV' 콘텐츠 내 Comment를 통하여 생성한 단어이며, '김아무개'의 경우에는 2회 동안 이 단어를 사용한 Channel이라 파악된다.

제4부

NetMiner를 활용한 소셜미디어 분석 사례

제9장
트위터 분석

제4부에서는 제3부의 분석 예로 활용한 유튜브 분석 방법을 제외하고 트위터, 인스타그램 그리고 페이스북에 대한 분석 사례를 제시하고자 한다.

1. 트위터 데이터 추출 및 전처리 과정

제6장에서 소개한 SNS Data collector를 활용하여 트위터상에 존재하는 소셜미디어 데이터를 자동적으로 수집하고 전처리 과정을 거친다([그림 6-9]~[그림 6-15] 참조).

이 장의 실습을 위하여 제6장에서 제시한 바와 같이, 2021년 8월 30일에 '코로나' 키워드로 추출한 230개 트위터 콘텐츠에 대한 반응 분석과 공유·확산 네트워크 분석을 실습하고자 한다('트위터_코로나_네트워크' 파일 참조).

2. 트위터 분석의 종류

트위터 내 소셜미디어 분석의 종류를 정리하면 〈표 9-1〉과 같다.

〈표 9-1〉 **트위터 내 소셜미디어 분석의 종류**

분석 구분	연구 문제	활용 데이터
인물/기업 계정 및 메시지 분석	유명인/기업의 메시지 내용 분석: 주요 단어, 많이 사용된 해시태그, 토픽 분석	해당 계정이 작성한 트윗글
	많은 관심을 받은 메시지 파악 및 내용 분석	트윗글, 트윗글 RT 수, 즐겨찾기 수
	계정 활성 정도 파악: 활동도(팔로워 수, 트윗 수), 평균 메시지 확산도(RT 수)	계정 정보(팔로워/팔로잉 수, 트윗 수 등), 트윗글 RT 수
고객 반응 분석	유명인/기업에게 보내는 메시지 내용 분석	특정 계정에게 보내는 트윗글(mention)
이슈 여론 분석	특정 이슈에 따른 여론 분석: 주요 단어, 많이 사용된 해시태그, 토픽 분석	다수가 작성한 특정 이슈에 대한 트윗글
	여론 동향(트렌드), 변화 추이: 시간에 따른 여론 변화, 관련 사건(이벤트)과 비교	트윗글, 트윗 시간 정보
	많은 관심을 받은 메시지 파악 및 내용 분석	트윗글, RT 수
	해당 이슈에서의 영향력자(인플루언서) 파악	계정 정보(팔로워/팔로잉 수, 트윗 수 등)
이용자 커뮤니티 분석	유사한 단어를 사용하거나, 비슷한 글에 관심을 가진 이용자와 커뮤니티 추출	이용자가 사용한 단어, 이용자가 RT한 트윗글 정보
	커뮤니티 메시지 내용 분석 비교	커뮤니티 추출 후 커뮤니티별 트윗글

출처: 사이람-소셜미디어 데이터의 수집과 분석.

3. 반응 분석

트위터상의 소셜데이터를 분석하기에 앞서 [그림 6-15]와 같이 생성된 데이터셋을 파일명 '트위터_코로나_네트워크'로 저장한다. Workfile Tree 데이터셋에는 두 가지 데이터(❶ [Twitter_TimeLine] '코로나'(2021-08-30)과 ❷ [Content] '코로나'(2021-08-30))가 생성되고, 각 데이터셋에는 상이한 Current Workfile이 나타난다.

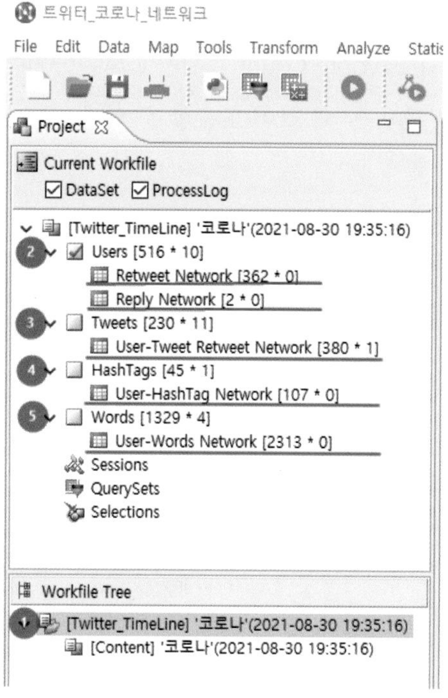

[그림 9-1] [Twitter_TimeLine] '코로나'(2021-08-30) Workfile Tree 데이터셋

❶ [Twitter_TimeLine] '코로나'(2021-08-30)으로 추출한 Workfile Tree 데이터셋을 클릭하여 데이터를 보면,

❷ 트위터상에서 '코로나'라는 키워드를 사용한 Tweet 콘텐츠 230개에 대해 Retweet 혹은 Reply에 참여하는 등 반응을 보인 총 516명의 user(즉, 트위터 이용자/작성자 및 노드)를 보여 준다. 또한 516명의 user 중 Retweet 반응을 한 user 간 Retweet Network의 노드 362개와 답글(Reply)에 참여한 Reply Network 노드 2개가 존재함을 확인할 수 있다.

❸ 230개 트윗에 대한 Retweet 반응을 보인 이용자(user) 간 User-Tweet Retweet Network 노드 380개가 생성되었음을 알 수 있다.

❹ 45개 해시태그에 대한 User-HashTag Network 노드 107개가 생성되었음을 알 수 있다.

❺ Tweet 또는 Retweet 시 사용된 단어, 총 1,329개의 Words에 대한 이용자(user)와 모든 Words 간 User-Words Network 노드 2,313개가 생성되었음을 알 수 있다.

기초적인 반응 분석의 예시로 [그림 9-1]의 ❸번에서 보는 바와 같이 추출된 230개 트윗에 대한 Retweeted와 Favorite Count 순위를 [그림 7-2]에서 [그림 7-7]까지의 과정을 통하여 〈표 9-2〉 〈표 9-3〉과 같이 도출할 수 있다.

〈표 9-2〉 **트위터 'Retweeted' TOP 10 콘텐츠**

순위	콘텐츠 Title	Writer(Name)	Retweeted Count	시간
1	이거 코로나가 장기화되면서 외향적인 사람이 많은 인스타그램은 우울해지고...	Juneyuwall	14,181	2021-08-29 02:35
2	9명 자리 있나요?	zwahsgnahc	7,758	2021-08-24 00:40
3	이 코로나 사태 끝나고나서 실내에만 갇혀서 1년 생활하면 10억을 벌 수 있다면...	SixiS_oClock	5,596	2021-04-14 03:09
4	온갖 코로나 19 변종이 나와서 백신이 듣니 마니 하지만...	frombc7197	5,240	2021-08-29 22:17
5	코로나확진 환자들의 진상...	PasteCat	4,064	2021-08-29 01:05
6	코로나로 휴관중인 서울식물원을 영상으로 담아왔습니다...	huam3house	3,130	2021-08-21 11:19
7	대한민국은 이제 추격의 시대를 넘어 추월의 시대를 맞고 있습니다...	moonriver365	2,877	2021-08-26 18:08
8	트윗: 현실이 소설보다 심한듯 1: 일본의 매장...	SixiS_oClock	2,868	2020-04-11 10:34
9	뭐라는거야 위드드라마도 빡쳐죽겠는데...	katsoraki	2,567	2021-08-23 13:34
10	한혜진 '호흡이 60%밖에 안 돼'..코로나 후유증 고백	vilnim	2,216	2021-08-26 14:36

한편, 230개 트윗에 대한 'Favorite Count'를 내림차순으로 정리하면, 〈표 9-3〉과 같다.

〈표 9-3〉 트위터 'Favorite Count' TOP 10 콘텐츠

순위	콘텐츠 Title	Writer(Name)	Favorite Count	시간
1	대한민국은 이제 추격의 시대를 넘어 추월의 시대를 맞고 있습니다...	moonriver365	5,463	2021-08-26 18:08
2	이거 코로나가 장기화되면서 외향적인 사람이 많은 인스타그램은 우울해지고...	Juneyuwall	5,425	2021-08-29 02:35
3	9명 자리 있나요?	zwahsgnahc	5,186	2021-08-24 00:40
4	평범하지만 특별한 올해의 마지막 날 이번에 코로나로 제야의 종소리는 없지만...	luv_nan2	3,374	2020-12-31 14:57
5	코로나로 휴관중인 서울식물원을 영상으로 담아왔습니다...	huam3house	2,433	2021-08-21 11:19
6	중소상공인자영업자 직능단체들이 저와 정책연대를 선언...	nylee21	2,316	2021-08-29 21:14
7	온갖 코로나 19 변종이 나와서 백신이 듣니 마니 하지만...	frombc7197	2,284	2021-08-29 22:17
8	#1TEAM 디지털싱글 #얼레리꼴레리 활동이 끝이 났습니다...	1team_official	1,720	2020-08-30 17:07
9	감사드립니다. 중소상공인과 자영업자 등의 코로나19에 따른 고통을 덜도록 최선을 다하겠습니다	nylee21	1,149	2021-08-29 21:14
10	코로나확진 환자들의 진상...	PasteCat	1,088	2021-08-29 01:05

또 다른 반응 분석의 예시로 [그림 9-1]의 ❺에 해당하는 2,313개의 User-Words Network를 클릭해 보면 [그림 9-2]의 좌측과 같은 데이터가 나타난다.

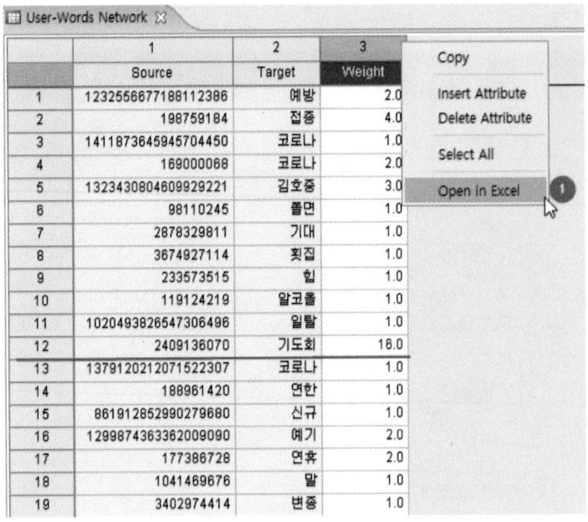

User-Words Network

	1	2	3
	Source	Target	Weight
1	1232556677188112386	예방	2.0
2	198759184	접종	4.0
3	1411873645945704450	코로나	1.0
4	169000068	코로나	2.0
5	1323430804609929221	김호중	3.0
6	98110245	쫄면	1.0
7	2878329811	기대	1.0
8	3674927114	횟집	1.0
9	233573515	힘	1.0
10	119124219	알코올	1.0
11	1020493826547306496	일탈	1.0
12	2409136070	기도회	16.0
13	1379120212071522307	코로나	1.0
14	188961420	연한	1.0
15	861912852990279680	신규	1.0
16	1299874363362009090	예기	2.0
17	177386728	연휴	2.0
18	1041469676	말	1.0
19	3402974414	변종	1.0

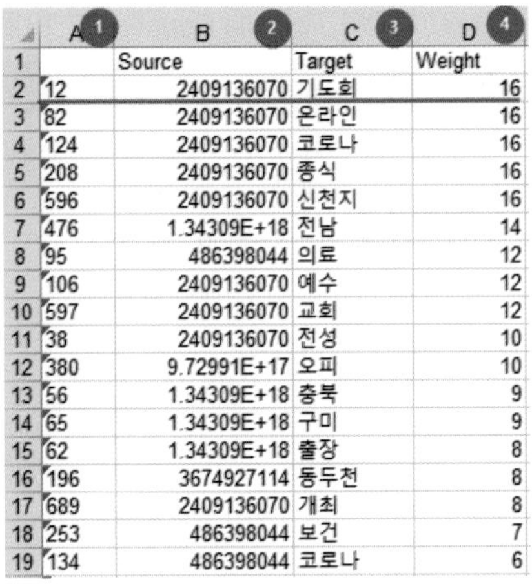

Copy
Insert Attribute
Delete Attribute
Select All
Open in Excel ❶

	A ❶	B ❷	C ❸	D ❹
1		Source	Target	Weight
2	12	2409136070	기도회	16
3	82	2409136070	온라인	16
4	124	2409136070	코로나	16
5	208	2409136070	종식	16
6	596	2409136070	신천지	16
7	476	1.34309E+18	전남	14
8	95	486398044	의료	12
9	106	2409136070	예수	12
10	597	2409136070	교회	12
11	38	2409136070	전성	10
12	380	9.72991E+17	오피	10
13	56	1.34309E+18	충북	9
14	65	1.34309E+18	구미	9
15	62	1.34309E+18	출장	8
16	196	3674927114	동두천	8
17	689	2409136070	개최	8
18	253	486398044	보건	7
19	134	486398044	코로나	6

[그림 9-2] 트위터 Users-Words Network 내 반응 분석 결과

❶ 좌측 그림의 Weight 위에 커서를 놓고 우클릭을 하면 새로운 기능창이 나타나는데, 이때 'Open in Excel'을 선택하고 클릭하면 새로운 엑셀 파일이 생성된다. ❷ 예시로 좌측에 보이는 데이터 중 12번째 열에 존재하는 '2409136070'이라는 Source(즉, 특정 단어를 사용한 user ID 또는 노드)가 Target(즉 그 특정 단어)인 '기도회'를 16회나 트윗에서 사용했음을 나타낸다.

새로 생성된 엑셀 문서에서 'Weight'를 기준으로 내림차순 하면 우측 그림과 같이 정렬된다. ❶ A행은 좌측 그림인 Users-Words Network상의 고유 번호, 즉 이 예시에서는 '12'번째 열에 있었음을 나타내며, ❷ Source인 '2409136070'과 ❸ Target인 '기도회' 그리고 ❹ Weight '16'부터 낮은 순서대로 정리되었음을 알 수 있다.

[Contents] '코로나' Workfile Tree 데이터셋은 [그림 9-3]과 같다.

[그림 9-3] [Content] '코로나'(2021-08-30) Workfile Tree 데이터셋

❶ Content] '코로나'로 추출한 Workfile Tree 데이터셋을 클릭하여 데이터를 보면, ❷ 트윗 시 사용된 단어/리트윗글 등 총 1,329개의 Words 수를 나타내며, ❸ 230개 트윗에 사용된 단어 간 Words-Tweets Network 노드 2,958개가 존재함을 알 수 있다.

4. 공유 · 확산 네트워크 분석

1) Retweet Network 분석

230개 Tweets에 대하여 Retweet 혹은 Reply 반응을 보인 총 516명의 이용자(user) 중 Retweet 반응을 한 362명의 user 간 Retweet Network를 1-mode 시각화한 결과(Visualize ≫ (1-mode) Spring ≫ 2D, [그림 8-3] 참조)는 [그림 9-4]와 같다.

하지만 좌측 그림에서 보이는 바와 같이, 총 362개의 노드로 구성된 네트워크이기에 다소 복잡해 보이고 직관적으로 판단하기 쉽지 않으며, 서로 연결되지 않은 노드들이 네트워크 중간에 포함되어 있어 가독성도 낮은 상황이다.

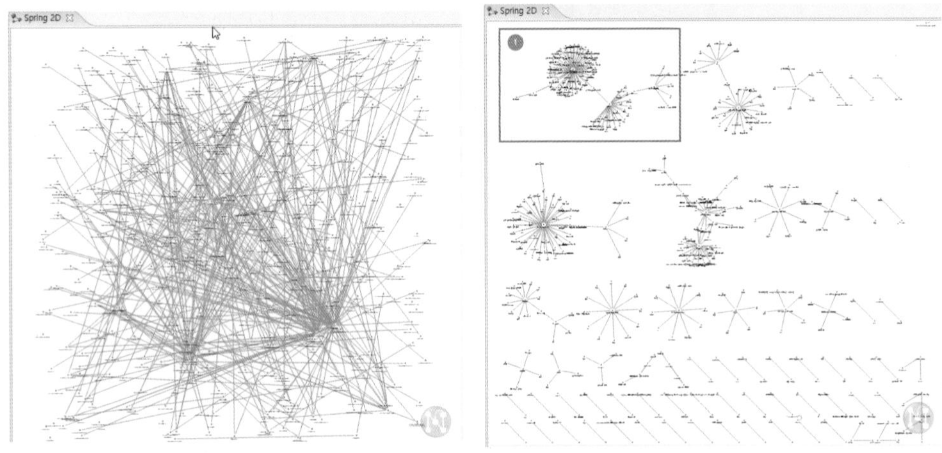

[그림 9-4] Retweet Network 시각화 1

이에 [그림 8-5] 및 [그림 8-7]과 같은 과정을 통하여 우측 그림과 같이 재정리해 준다. 다양한 개별적 네트워크 중 이 책의 예시를 위하여 ❶번의 붉은색 사각형으로 표기된 가장 큰 네트워크를 확대해 보면 [그림 9-5]와 같다.

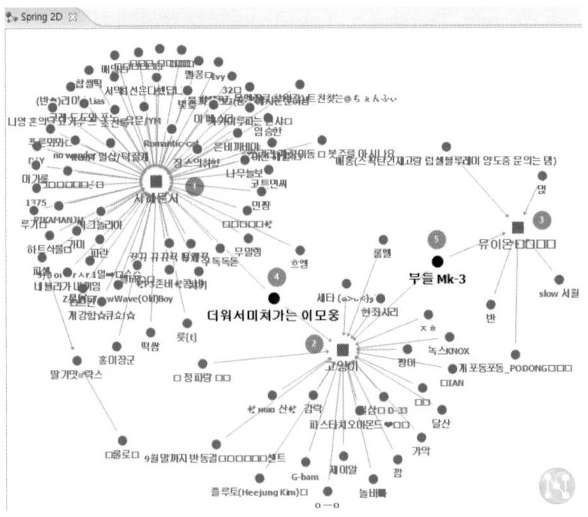

[그림 9-5] Retweet Network 시각화 2

[그림 8-9]와 [그림 8-10]의 과정을 통해 노드들의 스타일을 변환하였다. 파란색 사각형에 파란색 글자로 표기한 '사해문서' '고양이' 그리고 '유이온□□□□'은 Tweet을 작성한 user들이며, 붉은색 원형에 붉은색으로 표기된 user들은 세 트위터 콘텐츠를 Retweet한 user들이다. 세 트윗 작성자 중 '사해문서'의 트위터 내 영향력이 가장 높다고 할 수 있다. 한편, 검은색 원형과 검은색으로 표기한 '더워서미쳐가는 이모웅'은 Retweet user 중 유일하게 '사해문서'와 '고양이' 트위터를 연결하는 매개자 역할을 하고 있으며, '부들 Mk-3'의 경우에도 '고양이'와 '유이온□□□□' 사이의 유일한 매개 user라고 밝혀졌다.

나아가 [그림 8-29] 및 [그림 8-30]과 동일한 방식을 활용하여, '사해문서'라는 트위터 이름을 사용하는 user와 '사해문서'와 '고양이' 트위터를 연결하는 매개자 역할을 하는 '더워서미쳐가는 이모웅' user의 세부적인 속성(Node Property)을 알아본 결과는 [그림 9-6]과 같다.

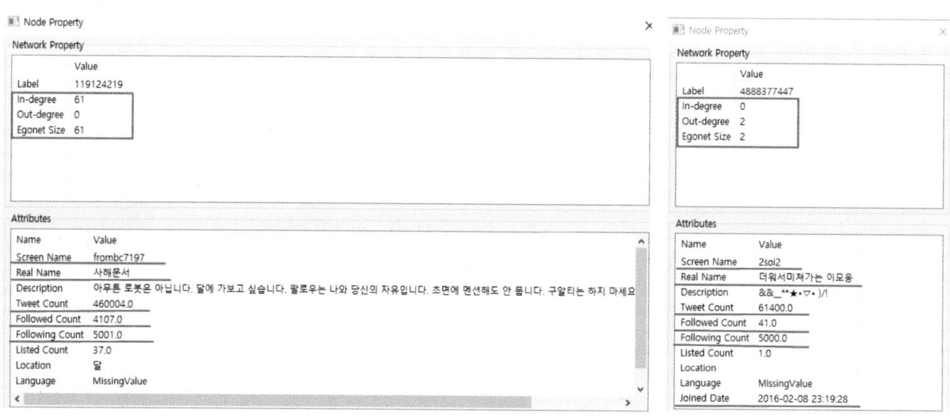

[그림 9-6] Retweet Network 시각화 3

좌측의 '사해문서'는 이 예시 네트워크에서 61명의 Retweet을 받았으며(In-degree=61), 트위터를 시작한 이후로 지금까지 총 460,004회의 Tweet Count, 4,107회의 Followed Count 그리고 5,001회의 Following Count 활동이 있었음을 확인할 수 있다. 한편, 우측 '더워서미쳐가는 이모웅'의 경우 이 예시 네트워크에서는 다른 이의 Tweet을 총 2회에 걸쳐 Retweet했으며(Out-degree=2), 2016년 2월 28일에 트위터를 시작한 이후 지금까지 총 61,400회의 Tweet Count, 41회의 Followed Count 그리고 5,000회의 Following Count 활동을 하였다.

2) Reply Network 분석

이 예시 네트워크에서는 Retweet에 비하여 Reply 활동에 있어 Reply Network 2개만이 존재하는 상대적으로 저조한 공유 · 확산 정도를 1-mode 시각화하면 [그림 9-7]과 같다.

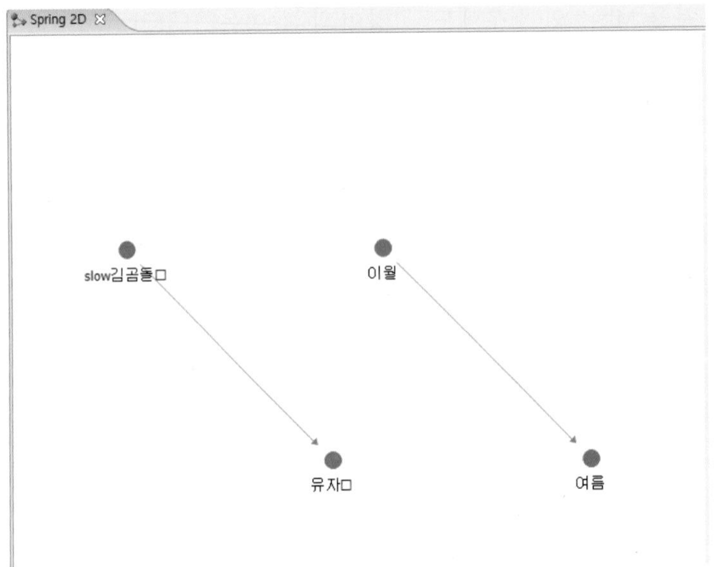

[그림 9-7] 트위터 Reply Network 시각화

Tweet과 Reply 활동에 참여한 user는 4명이었으며, 'slow김곰돌□'은 '유자□'에게로 그리고 '이월'은 '여름'에게로 Reply한 것으로 나타났다.

3) User-Tweet Retweet Network 분석

230개 트윗에 대해 Retweet 반응을 보인 이용자(user) 간 380개의 User-Tweet Retweet Network에 대한 2-mode 시각화 과정(Visualize ≫ Two Mode ≫ Spring, [그림 8-11] 참조) 그리고 [그림 8-5] 및 [그림 8-7]과 같은 편집 과정을 통하여 [그림 9-8]과 같이 재정리해 준다.

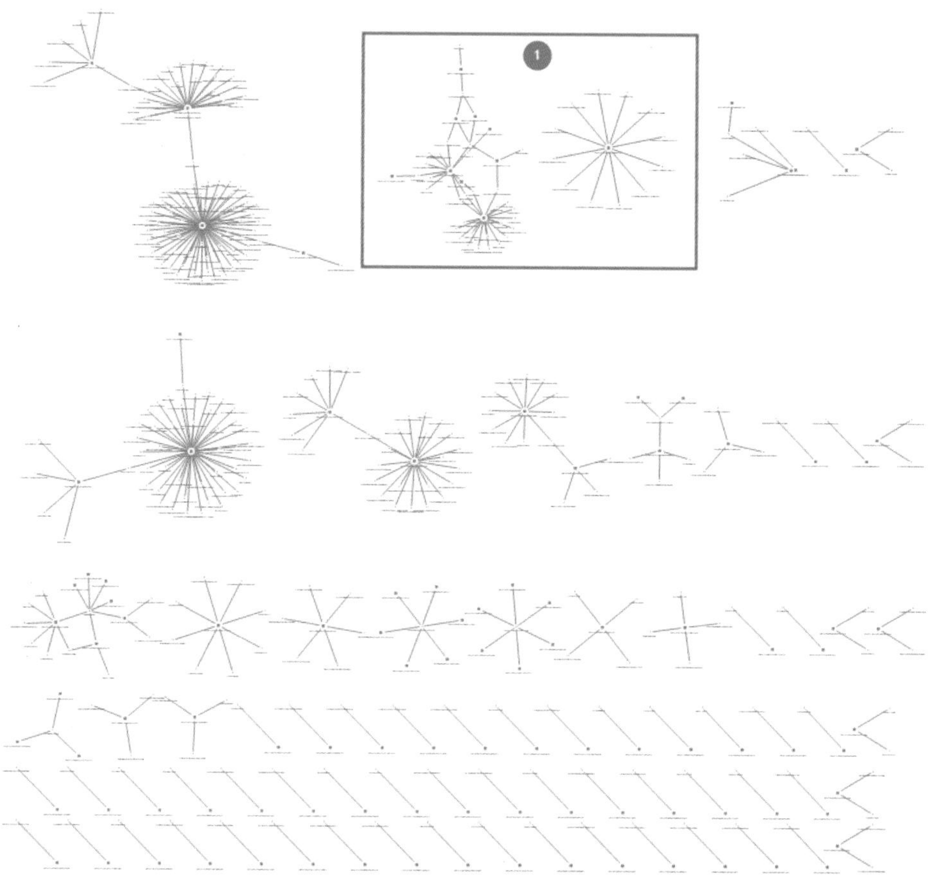

[그림 9-8] 트위터 User-Tweet Retweet Network 시각화 1

다양한 개별적 네트워크 중 이 책의 예시를 위하여 ❶번의 붉은색 사각형으로 표기된 2개의 네트워크를 확대해 보면 [그림 9-9]와 같다.

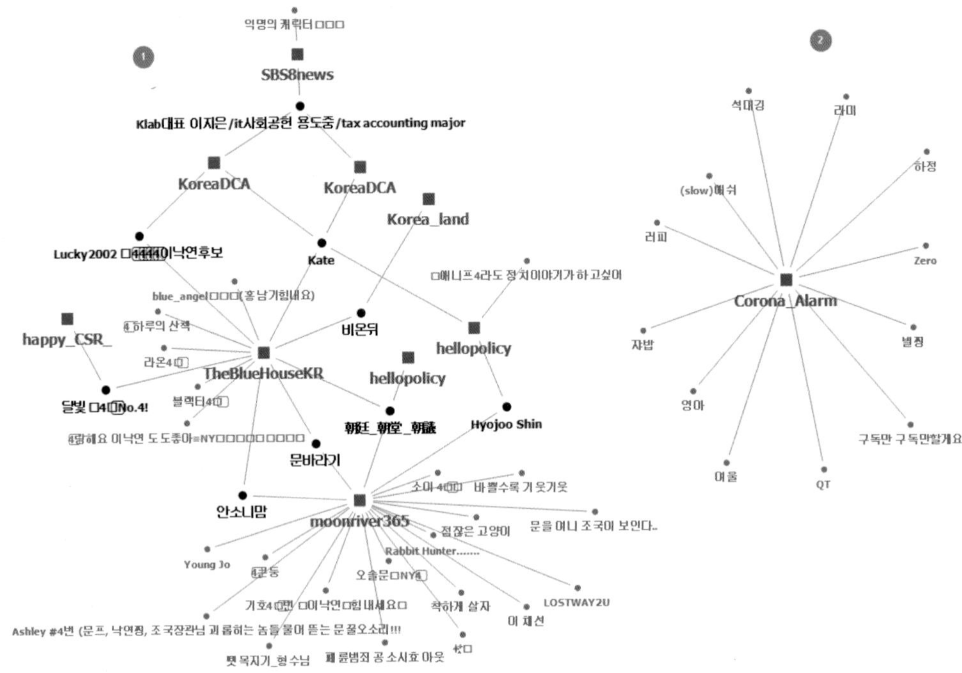

[그림 9-9] 트위터 User-Tweet Retweet Network 시각화 2

좌측과 우측 네트워크의 구조는 다소 차이가 있다. ❶ 좌측의 경우에는 'moonriver365'와 'TheBlueHouseKR'라는 user의 Tweet 콘텐츠를 Retweet하는 user들이 많이 있음을 볼 수 있다. 이러한 이유로 이 두 user는 공유 영향력이 있는 인플루언서라 할 수 있다. 한편, 이 네트워크 시각화 예시에서는 'hellopolicy'와 'KoreaDCA'가 Tweet을 2개 이상 작성한 정보제공 또는 확산자적인 인플루언서라 할 수 있다. 검은색 원형에 검은색 글자로 표기한 user들(가령, '안소니맘' '문바라기' 'Hyojoo Shin' '비온뒤' 'Kate' 등)은 2개 이상의 Tweet 콘텐츠를 Retweet하는 활동을 하며 콘텐츠들을 연결해 주는 매개자 역할(즉, 확산의 의미에서 인플루언서 역할)을 하는 것으로 나타났다.

❷번 네트워크는 ❶번에 비하여 매우 간결한 구조를 가지고 있으며, 'Corona_Alarm' user가 Tweet한 콘텐츠에 대하여 12명의 user가 Retweet 활동을 하였으며, 그런 의미에서 'Corona_Alarm' 역시 이 예시에서 공유 영향력이 있는 인플루언서 중 하나라고 할 수 있다.

4) User-HashTag Network 분석

45개 해시태그에 대한 107개의 User-HashTag Network에 대한 2-mode 시각화 과정(Visualize ≫ Two Mode ≫ Spring, [그림 8-11] 참조) 그리고 [그림 8-5] 및 [그림 8-7]과 같은 편집 과정을 통하여 [그림 9-10]과 같이 재정리하였다.

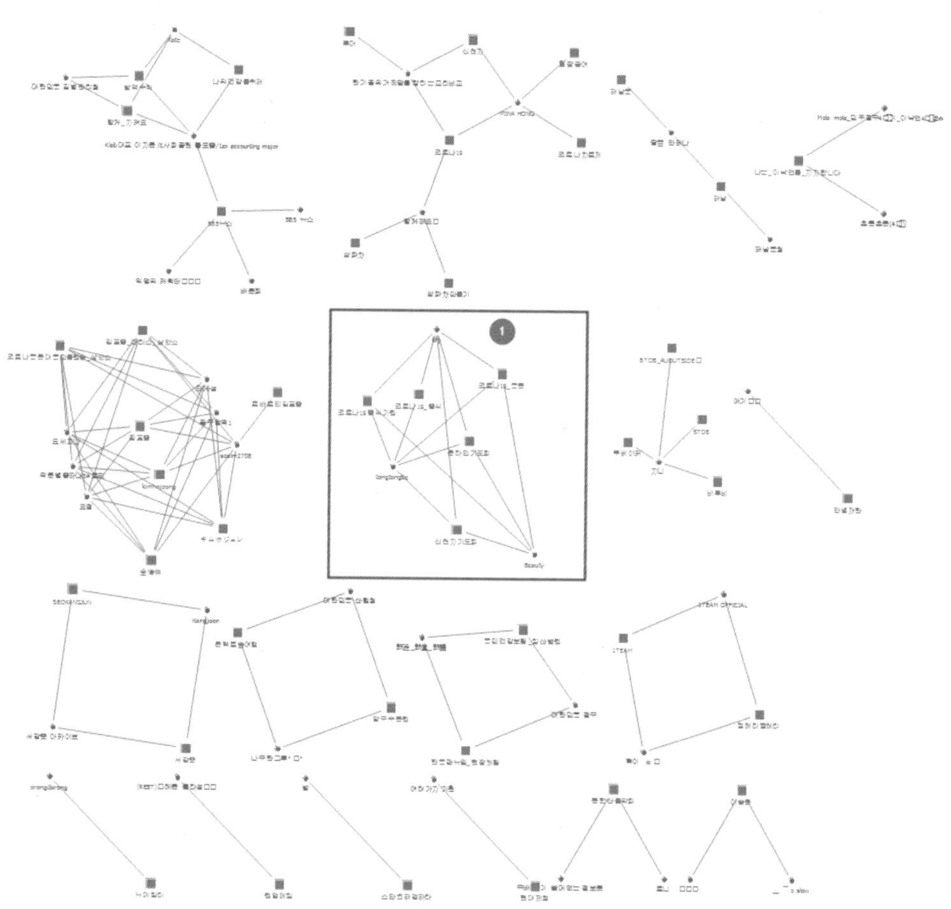

[그림 9-10] 트위터 User-HashTag Network 시각화 1

다양한 개별적 네트워크 중 이 책의 예시를 위하여 ❶번의 붉은색 사각형으로 표기된 1개의 네트워크를 확대해 보면 [그림 9-11]과 같다.

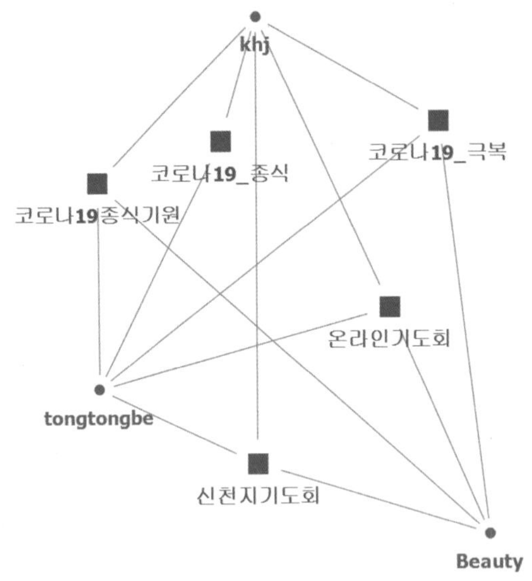

[그림 9-11] 트위터 User-HashTag Network 시각화 2

트위터 user 'Beauty' 'tongtongbe' 그리고 'khj'는 '코로나19 종식 기원' '코로나19_종식' '코로나19_극복' '온라인 기도회' '신천지기도회' 등의 단어로 해시태그를 생성한 것으로 나타났다. 단, 'Beauty'는 '코로나19_종식'이라는 해시태그를 사용하지는 않았다.

5) User-Words Network 분석

Tweet 또는 Retweet 시 사용된 단어 총 1,329개의 Words에 대한 이용자(user)와 모든 Words 간 2,313개의 User-Words Network를 2-mode로 시각화하면 된다. 다만, 많은 노드 네트워크로 인한 복잡한 시각화 결과가 도출되기 때문에 [그림 8-16]과 동일하게 단어와 Weight를 상위 100개만 선별하여 재시각화한 결과는 [그림 9-12]와 같다.

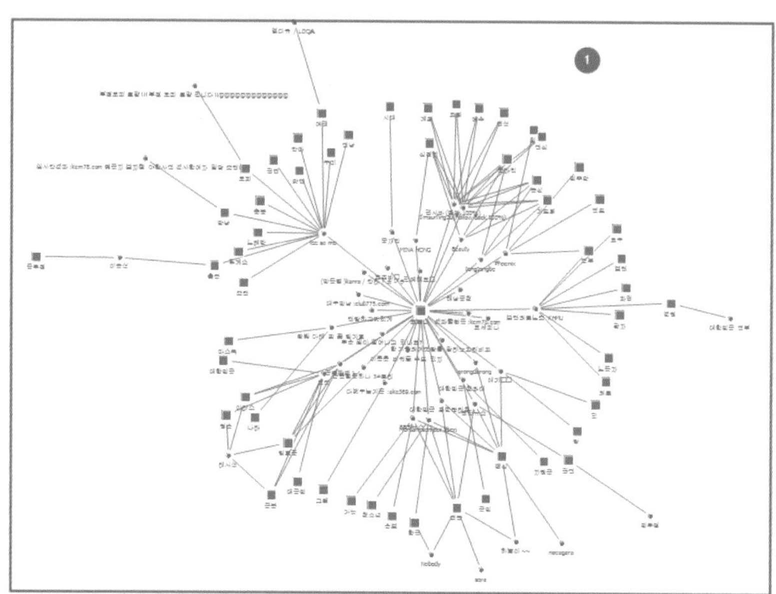

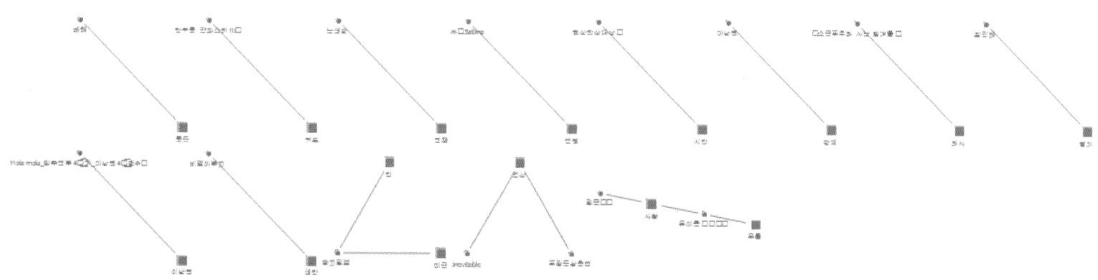

[그림 9-12] 트위터 User-Words Network 시각화 1

다양한 개별적 네트워크 중 이 책의 예시를 위하여 ❶번의 붉은색 사각형으로 표기된 1개의 네트워크를 확대해 보면 [그림 9-13]과 같다.

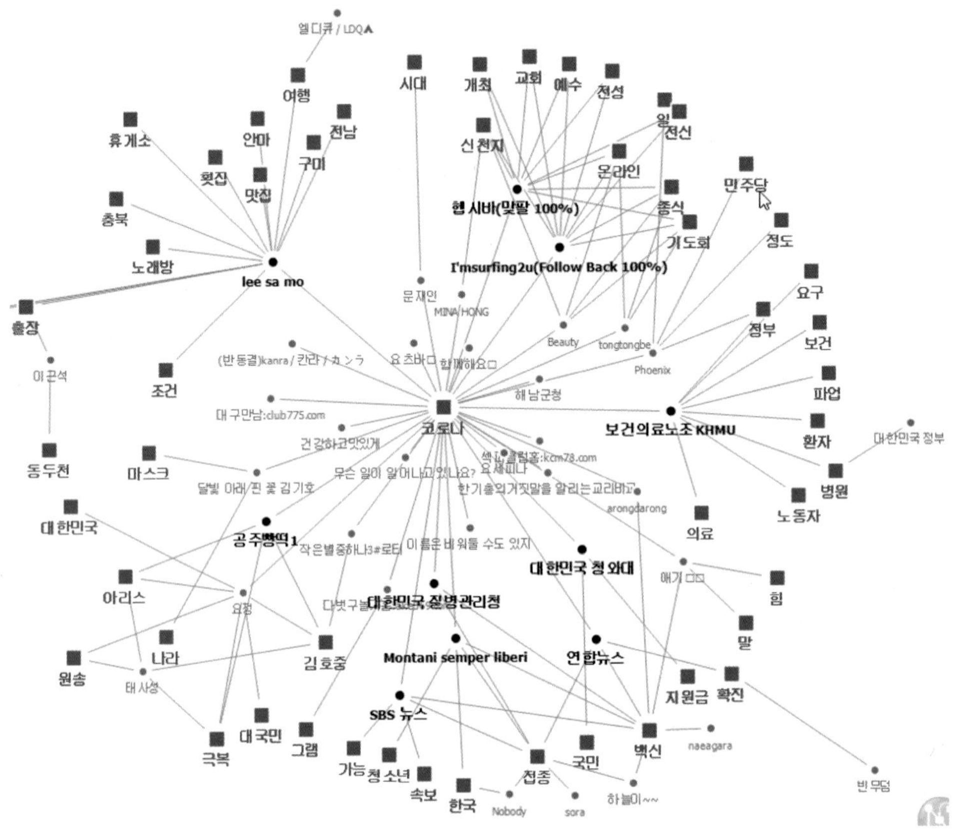

[그림 9-13] 트위터 User-Words Network 시각화 2

붉은색 원형에 붉은색 글자로 표기한 단어는 Tweet user들을 나타내며, 파란색 사각형에 파란색 글자로 표기한 단어는 그 user들이 자주 사용한 100개의 단어이며, 검은색 user는 특정 관심 있는 단어들(예: '보건' '의료' '노동자' '파업' '요구' 등)을 자주 사용한 user(이 예시에서는 '보건의료노조 KHMU')를 나타낸다. 이처럼 특정 뉴스 방송사(이 네트워크상에서는 'SBS 뉴스'나 '연합뉴스')나 정부 조직(이 네트워크상에서는 '대한민국 청와대'나 '대한민국 질병관리청') 간 트위터상 단어 사용의 공통점과 차이점을 비교 분석할 수 있다. 종합하면, 이 네트워크 분석을 통하여 특정 (부정적이거나 잘못된) 단어를 포함한 가짜뉴스 생성 혹은 허위 정보를 유포하는 user를 색출할 수 있다.

6) Words-Tweets Network 분석

[Content] '코로나' Workfile Tree 데이터셋에 존재하는 Words-Tweets Network는 Tweet에 사용된 특정 단어를 분석하기에 적합하다. 따라서 어떠한 user가 특정 단어를 사용했는지를 탐색하는 User-Words Network 분석과는 차이가 있다.

이 예시에서는 총 1,329개의 Words 중 230개 트윗에 사용된 단어 간 2,958개 Words-Tweets Network 분석 결과를 2-mode로 시각화하면 된다. 다만, 앞서 언급한 User-Words Network 분석과 동일하게 단어와 Weight를 상위 100개만 선별하여 재시각화한 결과는 [그림 9-14]와 같다.

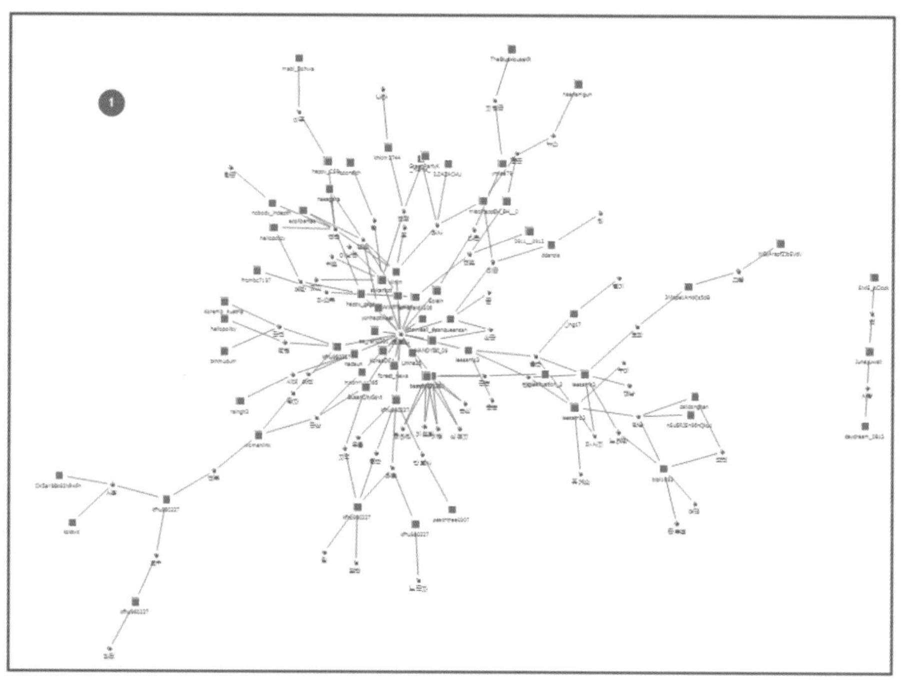

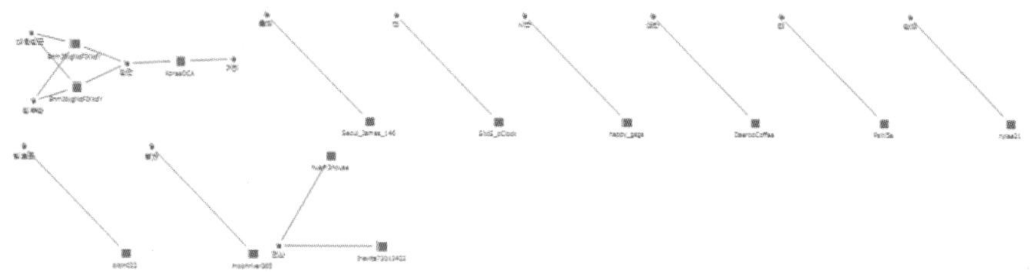

[그림 9-14] 트위터 Words-Tweets Network 시각화 1

다양한 개별적 네트워크 중 이 책의 예시를 위하여 ❶번의 붉은색 사각형으로 표기된 1개의 네트워크를 확대해 보면 [그림 9-15]와 같다.

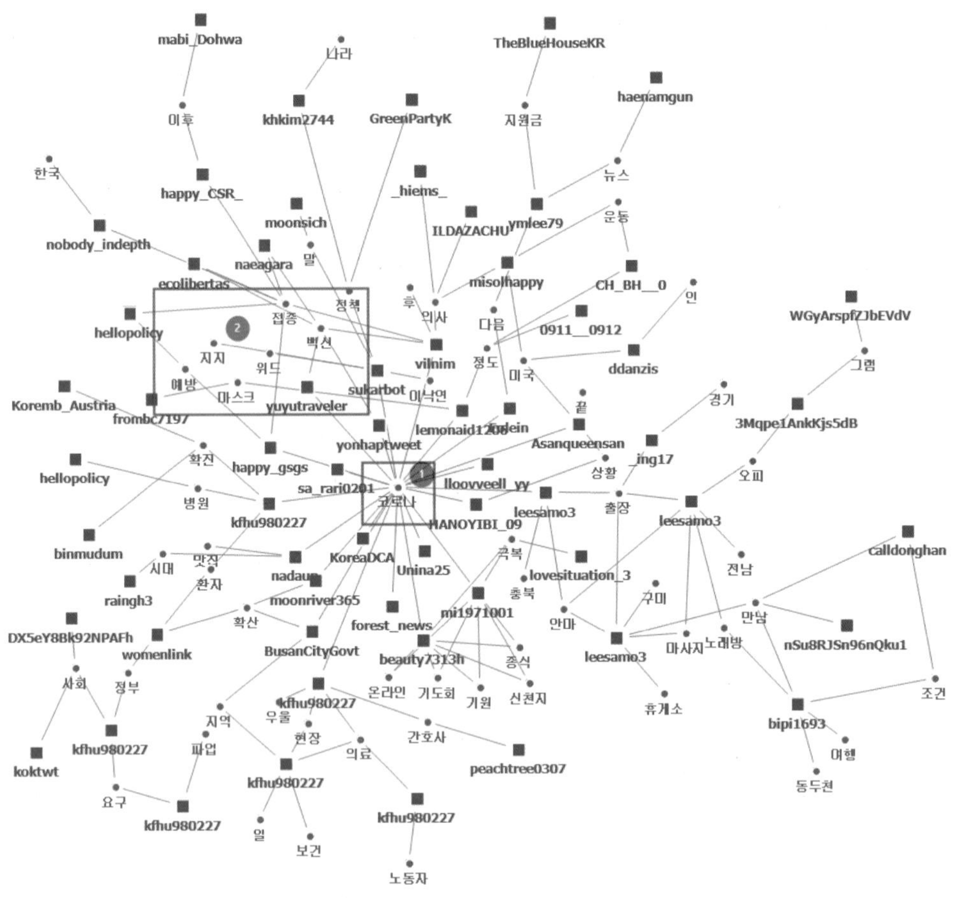

[그림 9-15] 트위터 Words-Tweets Network 시각화 2

파란색 사각형에 파란색 글자로 표기된 단어는 Tweet 콘텐츠(Tweet/콘텐츠 고유 ID/이름)를 나타내며, 붉은색 원형에 붉은색 글자로 표기된 단어는 Tweet 콘텐츠에 포함된 혹은 사용된 단어들이다. 이에 특정 단어인 ❶번의 '코로나'나 ❷번의 '백신' '접종' '예방' '정책' '지지' 등의 단어 조합 혹은 뭉치를 사용한 특정 Tweet을 탐색하는 데 적절한 분석 방법이라 할 수 있다.

제10장

인스타그램 분석

1. 인스타그램 데이터 추출 및 전처리 과정

NetMiner SNS Data collector를 활용하여 인스타그램 데이터를 추출하기 위하여, NetMiner의 주메뉴 표시줄의 Extension ≫ Instagram Collector를 [그림 10-1]과 같이 선택하면 된다.

[그림 10-1] Instagram Collector 선택 화면

Instagram Collector를 선택하여 클릭하면 [그림 10-2]와 같은 팝업창이 생성되고 순서에 따라 설정해 준다.

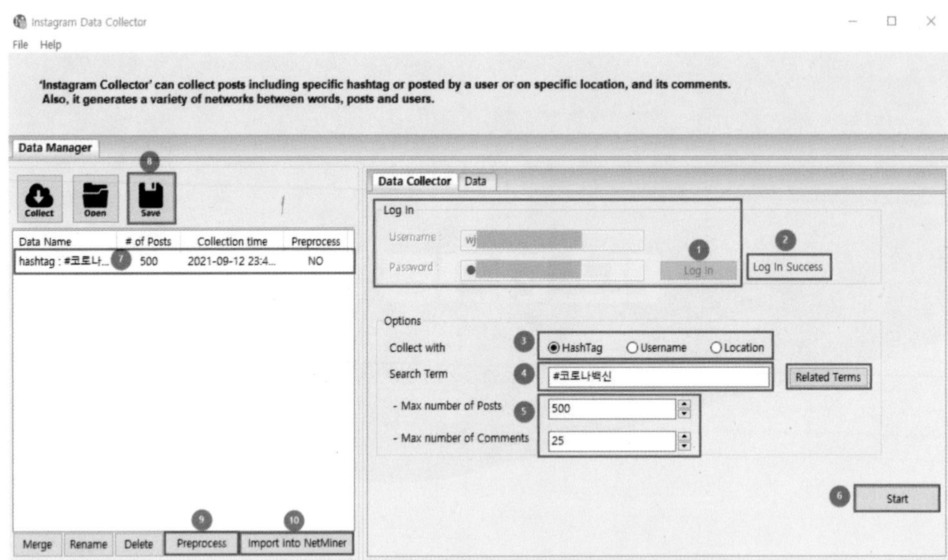

[그림 10-2] **인스타그램 데이터 추출부터 저장까지의 단계**

❶ 'Data Collector' 탭 내 인스타그램 데이터 추출을 위한 허가(Authorization)를 얻어야 한다. 따라서 'Log in' box 내 인스타그램 Username과 Password를 입력하여 'Log in'을 클릭하면 된다.

이 허가는 NetMiner의 SNS Data collector의 이용자가 개인 이메일로 생성한 개인 인스타그램 계정의 user ID/name과 password를 기입하면 취득할 수 있다. 따라서 이용자는 인스타그램 데이터 수집 전에 개인 인스타그램 계정을 반드시 가지고 있어야 한다.

❷ Log in에 성공했다면, 'Log in Success'라는 알림이 보인다.

❸ 세 가지의 소통 및 분석 요소(HashTag, Username, Location)를 가진 인스타그램 특성상 데이터를 추출하기 위해서는 추출할 대상('Collect with')을 선정해 주어야 한다. 이 예시에서는 인스타그램상의 텍스트 데이터 중 해시태그에 달린 텍스트만 선별하여 추출하기로 하였다.

❹ 해시태그에 달린 특정 키워드를 활용하여 인스타그램 텍스트 데이터를 추출하고자 'Search Term'에 그 키워드를 기입한다. 이 예시에서는 '코로나'를 기입하였다. 다만, '코로나'와 연관되거나 유사한 단어(조합)가 존재할 수 있기 때문에 우측의 'Related Terms'를 클릭한다. 이것을 클릭하면 [그림 10-3]과 같이 '코로나'와

연관된 키워드를 볼 수 있으며, 이 예시에서는 그중에서도 '코로나 백신'으로 코로나와 연관된 'Search Term'의 범위를 좁혀, 데이터를 추출하였다. 그 결과 'Search Term'의 공간에 '#코로나백신'이 기재되어 있음을 확인할 수 있다.

❺ 인스타그램 콘텐츠 최대량(Max number of Posts)과 콘텐츠당 달린 최대 코멘트(Max number of Comments)를 임의로 지정할 수 있다. 이 예시에서는 '#코로나백신' 해시태그를 가진 콘텐츠 500개 그리고 콘텐츠당 달린 코멘트 25개를 추출하는 것으로 지정하였다.

❻ 설정 후 'Start'를 클릭한다.

❼ 지정한 데이터가 추출되며, 완료 시 'Process is completed'라는 화면이 나타나고 'OK'를 클릭하면 된다. 이후 'Data Manager' 패널에 Data Name(이 예시에서는 'HashTag: #코로나백신'), # of Posts(이 예시에서는 총 '500개'의 인스타그램 콘텐츠), Collection time, Preprocess(이 예시에서는 'NO'로 표기)가 자동적으로 표시된다.

❽ 추출된 데이터를 저장한다.

❾ 'Preprocess'를 클릭하여 [그림 10-4]의 인스타그램 텍스트 데이터 전처리 혹은 클리닝 과정을 실시한다.

❿ 모든 과정이 끝난 후 'Import into NetMiner' 기능을 활용하여 전처리한 데이터를 NetMiner로 보낸다.

이 예시에서 관심 있는 '코로나'라는 키워드의 연관 범위가 매우 넓기 때문에 인스타그램의 해시태그상 '코로나'와 연관된 단어 목록을 [그림 10-3]과 같이 볼 수 있으며, 1개 이상의 연관어를 클릭하여 지정할 수 있다. 이 예시에서는 '#코로나백신'의 연관어만 선택하였다.

Recommend Term

Terms	Desc
#코로나	게시물2,663,779</span>...
#코로나백신	게시물99,254</span> po...
#코로나19	게시물1,445,805</span>...
#코로나19물러가라	게시물581,310</span> p...
#코로나검사	게시물35,922</span> po...
#코로나조심	게시물486,430</span> p...
#코로나꺼져	게시물409,326</span> p...
#코로나예방	게시물135,224</span> p...
#코로나꺼져	게시물136,897</span> p...
#코로나물러가라	게시물117,072</span> p...
#코로나극복	게시물140,166</span> p...
#코로나모자	게시물13,971</span> po...

[그림 10-3] **인스타그램 텍스트 데이터 추출 시 연관 키워드 선택**

[그림 10-2]의 ❾번 'Preprocess'를 클릭하면 [그림 10-4]와 같은 창이 생성되고, 이용자의 분석 목적에 맞게 인스타그램 텍스트 데이터 전처리 과정을 실행한다.

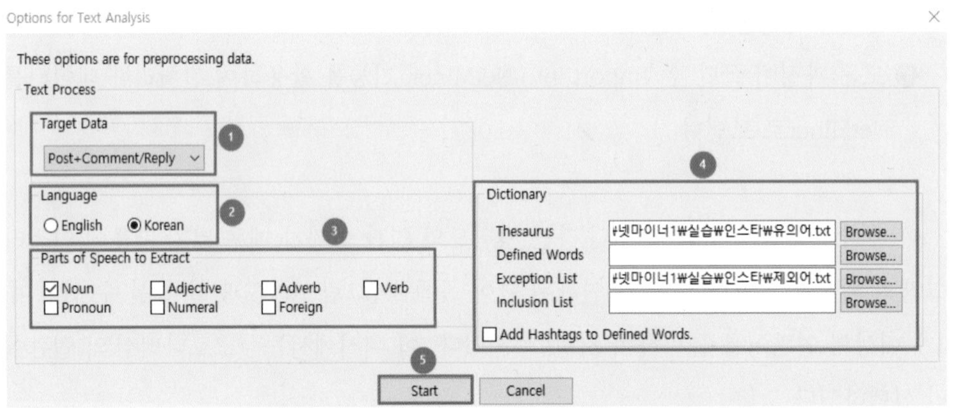

[그림 10-4] **인스타그램 텍스트 데이터 전처리 과정 1**

❶ 데이터 분석 타깃('Target Data')이 인스타그램 콘텐츠(Post)인지, 인스타그램 콘텐츠에 달린 댓글(Comment) 혹은 답글(Reply)인지, 2개의 텍스트 데이터의 합(Post+Comment/Reply)인지 결정하여 선택한다. 이 예시에서는 'Post+Comment/Reply'를 선택하였다.

❷ 분석하고자 하는 텍스트가 한글인지 영어인지에 따라 'Language'의 옵션 중 한

언어를 선택하면 된다. 이 예시에서는 한글로 설정하였다.

❸ 분석 텍스트의 단위 혹은 품사를 결정한다. 명사(Noun), 형용사(Adjective), 부사(Adverb), 동사(Verb) 중 하나를 선택하거나 다수의 품사를 복수로 선택할 수 있다. 이 예시에서는 '명사'만 추출하고자 하였다.

❹ 미리 준비한 유의어(Thesaurus), 지정어(Defined Words), 제외어(Exception List), 포함어(Inclusion List) 사전을 제시하여 전처리를 진행한다. 이 예시에서는 [그림 10-4]의 유의어와 제외어 사전만을 전처리 과정에 포함하였다.

❺ 모든 전처리 과정이 완료되면 'Start'를 클릭하여 진행한다.

이 예시 분석에서 사용한 유의어와 제외어 사전 내용은 [그림 10-5]와 같다.

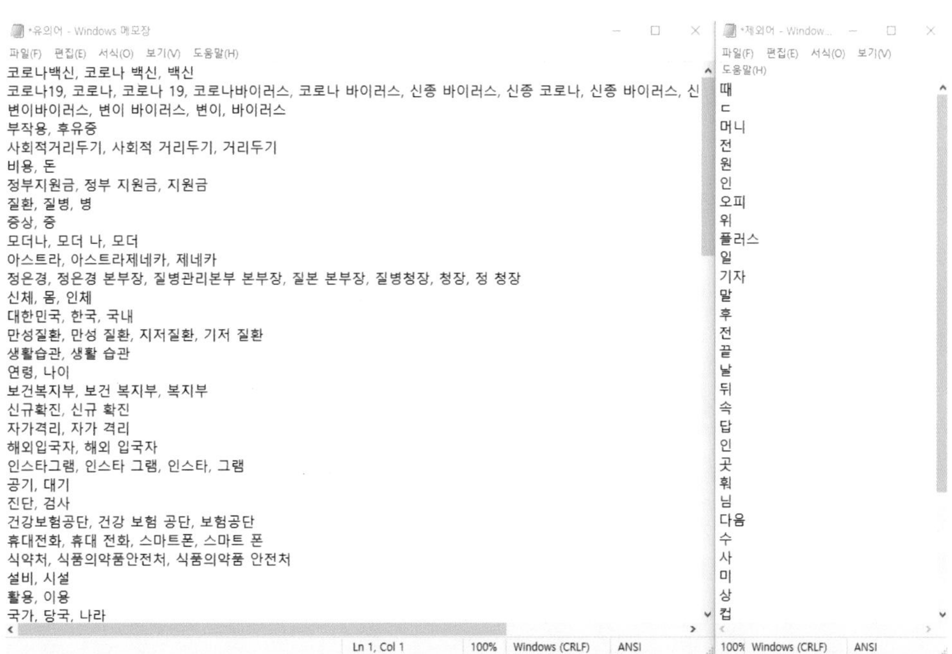

*유의어 - Windows 메모장

파일(F) 편집(E) 서식(O) 보기(V) 도움말(H)

코로나백신, 코로나 백신, 백신
코로나19, 코로나, 코로나 19, 코로나바이러스, 코로나 바이러스, 신종 바이러스, 신종 코로나, 신종 바이러스, 신
변이바이러스, 변이 바이러스, 변이, 바이러스
부작용, 후유증
사회적거리두기, 사회적 거리두기, 거리두기
비용, 돈
정부지원금, 정부 지원금, 지원금
질환, 질병, 병
증상, 증
모더나, 모더 나, 모더
아스트라, 아스트라제네카, 제네카
정은경, 정은경 본부장, 질병관리본부 본부장, 질본 본부장, 질병청장, 청장, 정 청장
신체, 몸, 인체
대한민국, 한국, 국내
만성질환, 만성 질환, 지저질환, 기저 질환
생활습관, 생활 습관
연령, 나이
보건복지부, 보건 복지부, 복지부
신규확진, 신규 확진
자가격리, 자가 격리
해외입국자, 해외 입국자
인스타그램, 인스타 그램, 인스타, 그램
공기, 대기
진단, 검사
건강보험공단, 건강 보험 공단, 보험공단
휴대전화, 휴대 전화, 스마트폰, 스마트 폰
식약처, 식품의약품안전처, 식품의약품 안전처
설비, 시설
활용, 이용
국가, 당국, 나라

Ln 1, Col 1 100% Windows (CRLF) ANSI

*제외어 - Window...

파일(F) 편집(E) 서식(O) 보기(V) 도움말(H)

때
ㄷ
머니
전
원
인
오피
위
플러스
일
기자
말
후
전
끝
날
뒤
속
답
인
곳
휘
님
다음
수
사
미
상
컵

100% Windows (CRLF) ANSI

[그림 10-5] 인스타그램 텍스트 데이터 전처리 과정 2

2. 반응 분석

인스타그램상에서 소셜데이터를 분석하기에 앞서, [그림 10-2]의 ⑩번 'Import into NetMiner' 기능을 활용하여 전처리한 데이터를 NetMiner로 보내면 [그림 10-6]과 같이 데이터셋이 생성된다(파일명은 '인스타_코로나백신_네트워크'로 저장).

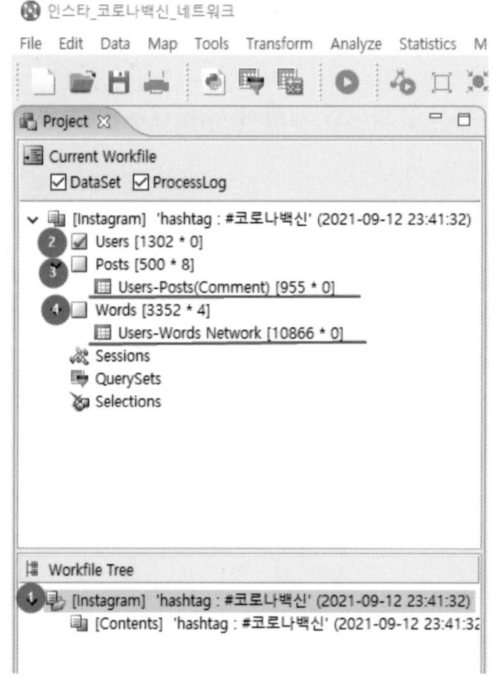

[그림 10-6] **인스타그램 Workfile Tree 데이터셋**

❶ [Instagram] 'hashtag: #코로나백신'(2021-09-12)으로 추출한 Workfile Tree 데이터셋을 클릭하여 데이터를 보면,

❷ 인스타그램상에서 '코로나백신'을 해시태그한 500개의 인스타그램 콘텐츠 중 500개의 콘텐츠를 생성하여 업로드한 사용자 500명을 포함하여 댓글 등의 반응을 보인 총 1,302명의 user(즉, 인스타그램 이용자 및 노드)를 보여 준다.

❸ 500개의 인스타그램 Post에 대해 댓글 반응을 보인 이용자(user) 간 Users-Posts(Comment) Network 노드 955개가 생성되었음을 알 수 있다.

❹ Post 시 사용된 단어/댓글/답글 등 총 3,352개의 Words에 대한 이용자(user)와 모든 Words 간 Users-Words Network 노드 10,866개가 생성되었음을 알 수 있다.

기초적인 반응 분석의 예시로 [그림 10-6]의 ❸번에서 보는 바와 같이 추출된 500개의 인스타그램 Post에 대한 'Like'와 'Comment' Count 순위를 [그림 7-2]에서 [그림 7-7]까지의 과정을 통하여 〈표 10-1〉 〈표 10-2〉와 같이 도출할 수 있다.

〈표 10-1〉 **인스타그램 'Like' TOP 10 콘텐츠**

순위	콘텐츠 Title	Writer(ID)	Like Count	시간
1	팔이 안올라가요...	nj_77777	3,439	2021-08-31 16:15
2	영유아 및 어린이 · 임신부 · 어르신 약 1460만 명 대상...	wikitree	541	2021-09-12 09:30
3	#첫줄 백신맞고 꼼짝을 못하겠다...	sacheon_ara_angler_fishing	448	2021-09-12 14:57
4	살려주세여...	loveyoni_	392	2021-09-07 16:35
4	21.09.07 코로나 백신 1차접종 오늘은 화이자 백신 1차 접종완료...	dal_chilbong_papa	392	2021-09-07 16:43
6	#호이안#송정맛집 어제 저녁은 대만음식 ...	lovely_ssamonim1	377	2021-09-12 18:59
7	오늘 덥지 않았어요?! 저희집은 선풍기 틀었어요...	gamsung.home	362	2021-09-12 20:36
8	백신 맞고 왔습니다 현재까지 괜찮음요ㅎ...	_mullbada_	299	2021-09-08 17:38
9	백신접종 인증샷 예약일보다 조금 일찍 맞으려고...	minjoo._.0415	289	2021-09-07 19:11
10	방콕 . . . . . . #코로나 #코로나백신	01__hong	277	2021-09-12 20:57

또한 추출된 500개의 인스타그램 콘텐츠 중 'Comment'를 많이 받은 순위대로 정리하면 〈표 10-2〉와 같다.

〈표 10-2〉 **인스타그램 'Comment' TOP 10 콘텐츠**

순위	콘텐츠 Title	Writer(ID)	Comment Count	시간
1	팔이 안올라가요...	nj_77777	1,587	2021-08-31 16:15
2	#오늘의TMI 허리가 아파서 간단히 물리치료 받으려고 병원을 갔는데	ddome__me	52	2021-09-11 20:52
3	#낼은할미백신맞는날	parksy0617	43	2021-09-11 22:45
4	코로나 백신 접종 2차 고열과 맞바꾼 접종	su______uu	36	2021-09-12 16:25
4	#코로나백신 #2차접종완료 #2차후기 #백신부작용 #이상반응신고...	jackie_yes	36	2021-09-12 17:43
6	백신 맞고 왔습니다 현재까지 괜찮음요ㅎ...	_mullbada_	32	2021-09-08 17:38
7	살려주세여...	loveyoni_	29	2021-09-07 16:35
8	#호이안#송정맛집 어제 저녁은 대만음식 ...	lovely_ssamonim1	28	2021-09-12 18:59
8	Raon mom . . . 화이자 1차 접종 완료...	jee_hye_24	28	2021-09-12 09:22
10	무증상이라고 좋아하다가 3일째부터 죽겄네...	lovelykim0126	24	2021-09-12 19:37

추가적인 반응 분석의 예시로 [그림 10-6]의 ❹에 해당하는 10,866개의 Users-Words Network를 클릭해 보면 [그림 10-7]의 좌측과 같은 데이터가 나타난다.

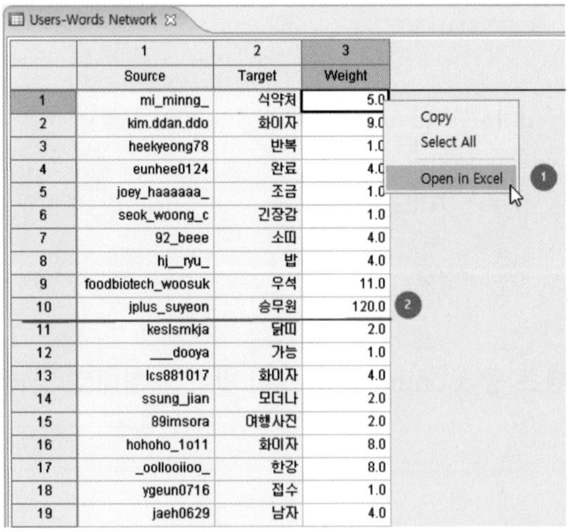

Users-Words Network

	1 Source	2 Target	3 Weight
1	mi_minng_	식약처	5.0
2	kim.ddan.ddo	화이자	9.0
3	heekyeong78	반복	1.0
4	eunhee0124	완료	4.0
5	joey_haaaaaa_	조금	1.0
6	seok_woong_c	긴장감	1.0
7	92_beee	소띠	4.0
8	hj__ryu_	밥	4.0
9	foodbiotech_woosuk	우석	11.0
10	jplus_suyeon	승무원	120.0
11	keslsmkja	닭띠	2.0
12	___dooya	가능	1.0
13	lcs881017	화이자	4.0
14	ssung_jian	모더나	2.0
15	89imsora	여행사진	2.0
16	hohoho_1o11	화이자	8.0
17	_oollooiioo_	한강	8.0
18	ygeun0716	접수	1.0
19	jaeh0629	남자	4.0

Copy
Select All
Open in Excel ❶
❷

	A ❶	B ❷	C ❸	D ❹
1		Source	Target	Weight
2	10	jplus_suyeon	승무원	120
3	844	jplus_suyeon	항공	90
4	22	jplus_suyeon	학원	80
5	291	jplus_suyeon	호텔	80
6	690	jaeh0629	인스타그램	51
7	28	jplus_suyeon	서비스	50
8	137	yeon____1	인스타그램	48
9	606	jplus_suyeon	대학교	43
10	87	always_with_you0.0	인스타그램	42
11	41	jplus_suyeon	코로나백신	40
12	42	jplus_suyeon	줄	40
13	59	jplus_suyeon	인천시	40
14	143	jplus_suyeon	정예	40
15	162	jplus_suyeon	예승	40
16	248	jplus_suyeon	과외	40
17	332	jplus_suyeon	호준	40
18	350	jplus_suyeon	팔로우	40
19	389	jplus_suyeon	일상	40
20	650	jplus_suyeon	셀카	40
21	1192	jplus_suyeon	준비	40
22	2145	jplus_suyeon	소수	40
23	901	seoab_	코로나백신	37

[그림 10-7] **인스타그램 Users-Words Network 내 반응 분석 결과**

❶ 좌측 그림의 Weight 위에 커서를 놓고 우클릭을 하면 새로운 기능창이 나타나는데, 이때 'Open in Excel'을 선택하고 클릭하면 새로운 엑셀 파일이 생성된다.

❷ 예시로 좌측에 보이는 데이터 중 10번째 열에 존재하는 'jplus_suyeon'이라는 Source(즉, 특정 단어를 사용한 user 이름 또는 노드)가 Target(즉, 그 특정 단어)인 '승무원'을 120회나 댓글에서 사용했음을 나타낸다.

새로 생성된 엑셀 문서에서 'Weight'를 기준으로 내림차순 하면 [그림 10-7]의 우측 그림과 같이 정렬된다.

❶ A행은 좌측 그림인 Users-Words Network상 고유 번호, 즉 이 예시에서는 '10'을 나타내며, ❷ Source인 'jplus_suyeon'과 ❸ Target인 '승무원' 그리고 ❹ 사용 빈도(Weight)는 120회부터 순차적으로 정리되었음을 알 수 있다.

[Contents] 'hashtag: #코로나백신' Workfile Tree 데이터셋은 [그림 10-8]과 같다.

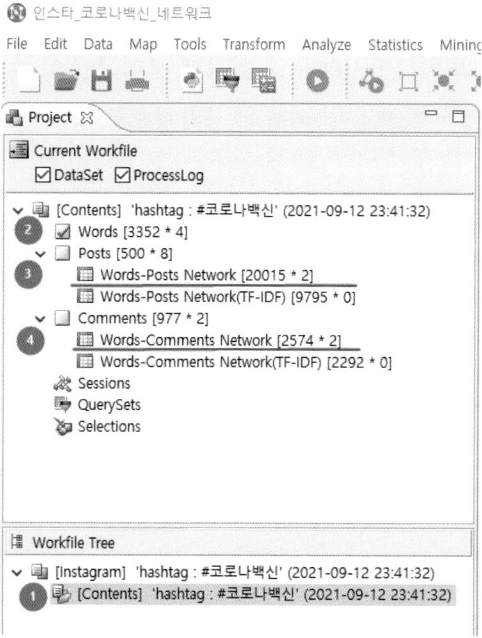

[그림 10-8] [Contents] Workfile Tree 데이터셋

❶ [Contents] 'hashtag: #코로나백신'(2021-09-12)으로 추출한 Workfile Tree 데이터셋을 클릭하여 데이터를 보면,

❷ Post 시 사용된 단어/댓글/답글 등 총 3,352개의 Words 수를 나타내며,

❸ 500개의 인스타그램 Post와 사용된 단어 간 [Words-Posts Network] 노드 20,015개가 존재함을 알 수 있다.

❹ 500개의 인스타그램 Post에 생성된 댓글 977개 안에 사용된 단어-댓글 간 네트워크 [Words-Comments Network] 노드 2,574개가 존재함을 알 수 있다.

3. 공유 · 확산 네트워크 분석

1) Users-Posts(Comment) Network 분석

500개의 인스타그램 Post에 대한 댓글 반응을 보인 이용자(user)간 Users-Posts (Comment) Network에 대한 2-mode 시각화 결과(Visualize ≫ Two Mode ≫ Spring, [그림 8-11] 참조)는 [그림 10-9]와 같다. 하지만 좌측 그림에서 보이는 바와 같이, 총 955개의 노드로 구성된 네트워크이기에 다소 복잡해 보이고 직관적으로 판단하기 쉽지 않으며, 서로 연결되지 않은 노드들이 외곽에 사각형으로 둘러싸고 있기에 가독성도 낮은 상황이다.

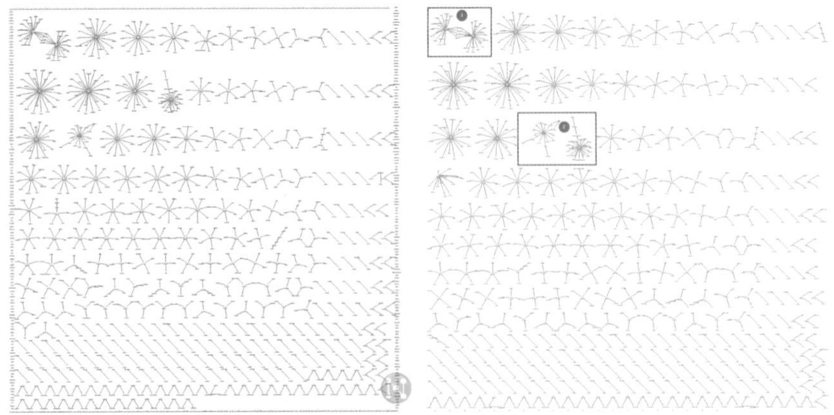

[그림 10-9] 인스타그램 Users-Posts(Comment) Network 시각화 1

[그림 8-5]의 과정에 의하여 좌측의 식별하기 어려웠던 시각화 결과가 우측과 같이 재정리되었음을 알 수 있다. 또한 각 노드가 인스타그램 고유 ID 혹은 Label로 표기가 되었기에 직관적으로 노드를 파악하기 쉽지 않다. 이에 [그림 8-7]과 같이 프로세스 관리 영역에서 간단한 실행으로 재정리한 결과는 [그림 10-9]의 우측과 같다.

이 예시에서 Users-Posts(Comment) Network는 노드들이 서로 뭉쳐 있어 거대한 네트워크를 형성하기보다는 작은 크기로 분산되어 있는 모습이다. 그중에서도 소규모의 네트워크 간에 연결이 되어 있는 ❶번과 다른 네트워크에 비하여 특이한 형태를 가진 ❷번 사각형 안의 네트워크 구조를 확대하여 보기로 하자.

❶번 네트워크를 확대하면 [그림 10-10]과 같다. 'parksy0617'이라는 한 user(이 예시에서는 이 user가 인플루언서라 판단 가능)가 Post한 2개의 인스타그램 콘텐츠에 다수의 다른 user가 댓글 반응을 보였으며, ❶번 사각형 안에 표기한 4명의 user('olivebit_home' 'jhsa8538' 'yunjiyoung_f' 'aekyoung_0201')는 'parksy0617'이 Post한 2개의 콘텐츠에 댓글을 단 충성도 높은 팬/친구/지인이라 판단할 수 있다.

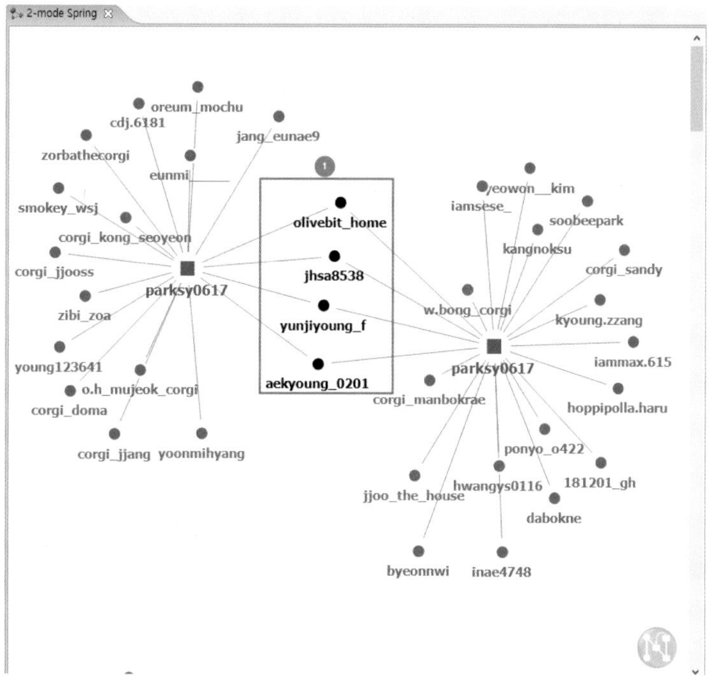

[그림 10-10] 인스타그램 Users-Posts(Comment) Network 시각화 2

'parksy0617'이 Post한 2개의 콘텐츠를 보기 위해서 [그림 8-29] 및 [그림 8-30]과 동일한 방식을 활용하면 되며 그 결과는 [그림 10-11]과 같다.

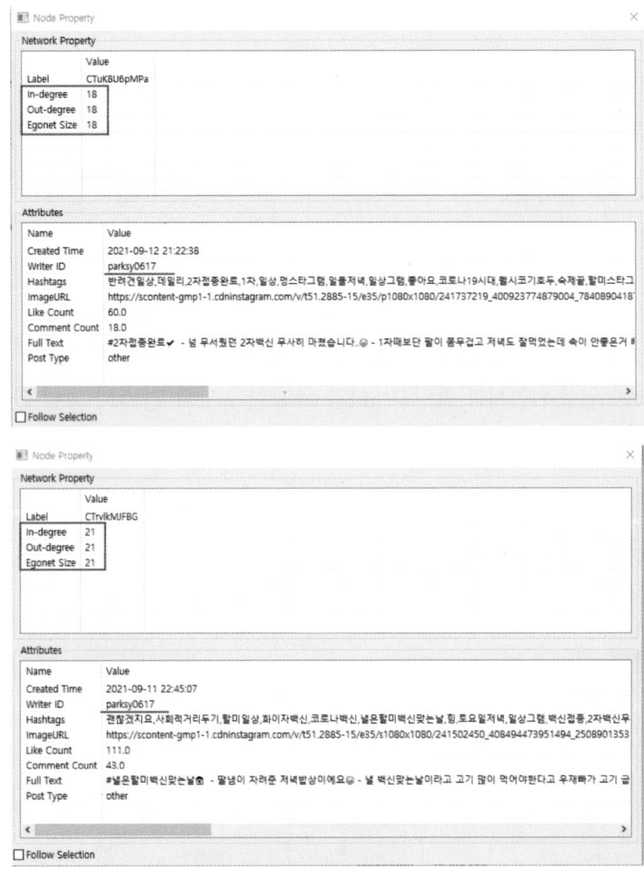

[그림 10-11] **인스타그램 Users-Posts(Comment) Network 시각화 3**

위쪽의 Post 콘텐츠는 'parksy0617'이 2021년 9월 12일에 업로드했고, '#2차접종완료-넘 무서웠던 2차 백신 무사히 마쳤습니다...'라는 Full Text를 확인할 수 있으며, 붉은색 사각형으로 표기한 바와 같이 총 18명의 user가 이 Post에 대하여 댓글을 남겼다.

반면에 아래쪽의 Post 콘텐츠는 2021년 9월 11일에 업로드했고, '#낼은할미백신맞는날-딸냄이 차려준 저녁밥상이예요...'라는 Full Text를 확인할 수 있으며, 총 21명의 user가 이 Post에 대하여 댓글을 남겼음을 확인할 수 있다.

한편, [그림 10-9]의 ❷번 네트워크를 확대하면 [그림 10-12]와 같다.

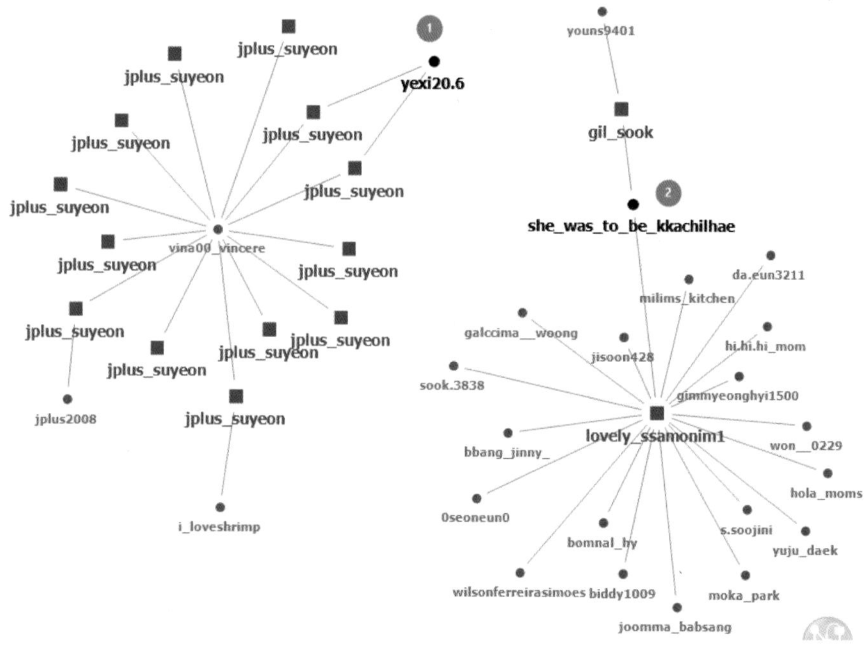

[그림 10-12] 인스타그램 Users-Posts(Comment) Network 시각화 4

좌측과 우측 네트워크의 구조는 다른 모양새이다. 좌측의 경우에는 'jplus_suyeon' 이라는 ID의 user(이 user 역시 많은 콘텐츠를 Post하는 인플루언서라 할 수 있음)가 Post한 총 13개의 콘텐츠에 대하여 4명의 다른 user가 댓글 반응을 보였음을 알 수 있다. 그중 'jplus2008'과 'i_loveshrimp'는 'jplus_suyeon'이 Post한 서로 다른 2개의 콘텐츠에 댓글을 하나씩 올렸으며, ❶ 'yexi20.6'은 2개의 콘텐츠에 댓글 반응을 그리고 'vina00_vincere'는 모든 콘텐츠에 댓글 반응을 한 충성도가 매우 높은 user라 할 수 있다.

반면에 우측 네트워크 경우는 좌측과 상이하게 'lovely_ssamonim1'이 업로드한 콘텐츠에 다수의 user가 댓글 반응을 보였으며, ❷번 'she_was_to_be_kkachilhae' user의 경우에는 'gil_sook'이 Post한 콘텐츠에도 댓글 반응을 보여 'gil_sook'과 'lovely_ssamonim1'을 연결해 주는 매개자 역할을 하는 것으로 나타났다.

2) Users-Words Network 분석

User와 모든 Words(Post 시 사용된 단어/댓글/답글) 간 10,866개에 대한 Users-Words Network를 2-mode로 시각화하였다. 다만, 10,000개가 넘는 노드로 인해 복잡한 시각화 결과가 도출되기에, [그림 8-16]과 동일하게 단어와 Weight를 상위 100개만 선별하여 재시각화한 결과는 [그림 10-13]과 같다.

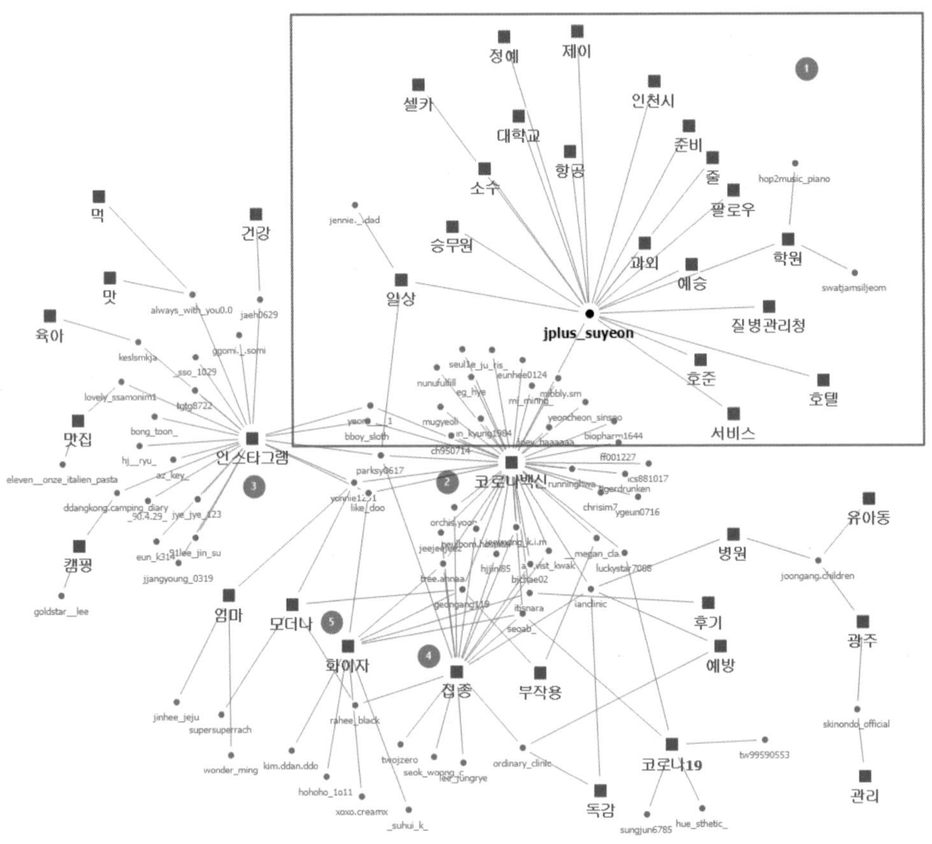

[그림 10-13] 인스타그램 Users-Words Network 시각화 1

❶번 사각형 안의 경우 user 'jplus_suyeon'은 총 20개의 다양한 단어(예: 일상, 승무원, 소수, 대학교 등)로 인스타그램 콘텐츠를 생성하여 Post하였음을 알 수 있다. 단어 기준으로 보자면 ❷번 '코로나백신', ❸번 '인스타그램', ❹번 '접종' 그리고 ❺번 '화이자' 등의 단어를 많은 user가 동시에 사용했음을 알 수 있다.

[그림 8-29] 및 [그림 8-30]과 동일한 방식을 활용하여 주요 user나 단어의 속성(Node Property)을 보면 [그림 10-14]와 같다.

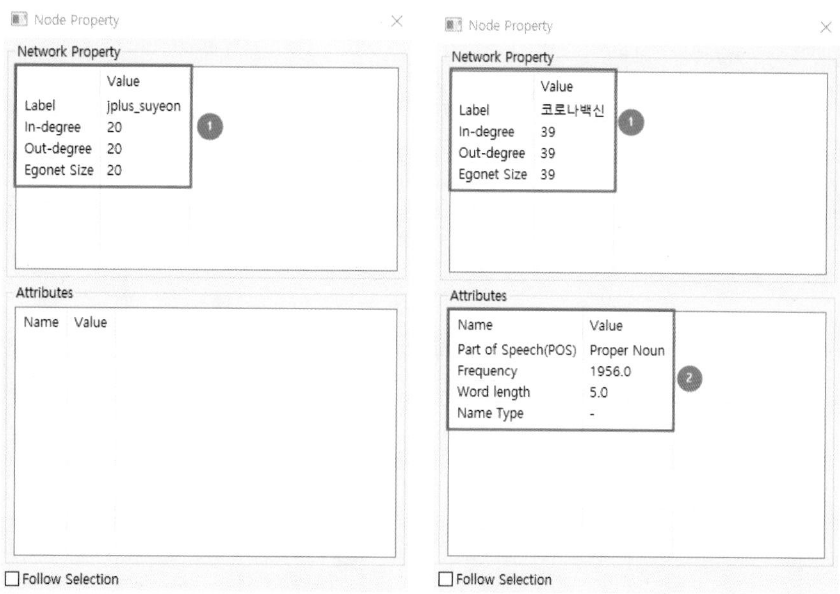

[그림 10-14] **인스타그램 Users-Words Network 시각화 2**

좌측의 속성 결과는 ❶ Users-Words Network에서 가장 많은 단어를 사용한 user 'jplus_suyeon'의 단어 사용수(In-degree 20개)를 보여 준다. 우측 결과는 동일 네트워크에서 가장 많이 사용된 단어인 '코로나백신'에 대한 속성을 보여 주며, ❶ 39명의 user(In-degree 39개)가 이 단어를 공통적으로 사용하였으며, ❷ 전체 네트워크에서 1,956회 사용되었음을 나타낸다.

[Contents] 'hashtag: #코로나백신'(2021-09-12) Workfile Tree 데이터셋상의 네트워크를 분석하고자 한다.

3) Words-Posts Network 분석

Post된 인스타그램 콘텐츠에는 어떠한 단어들의 네트워크 조합이 존재하는지 분석할 때 유용한 Words-Posts Network를 2-mode로 시각화하고자 하였다. [그림 10-13]과 동일하게 많은 단어의 수로 인하여 시각화 결과가 복잡하기에 단어와 Weight를 상위 100개만 선별하여 재시각화한 결과는 [그림 10-15]와 같다.

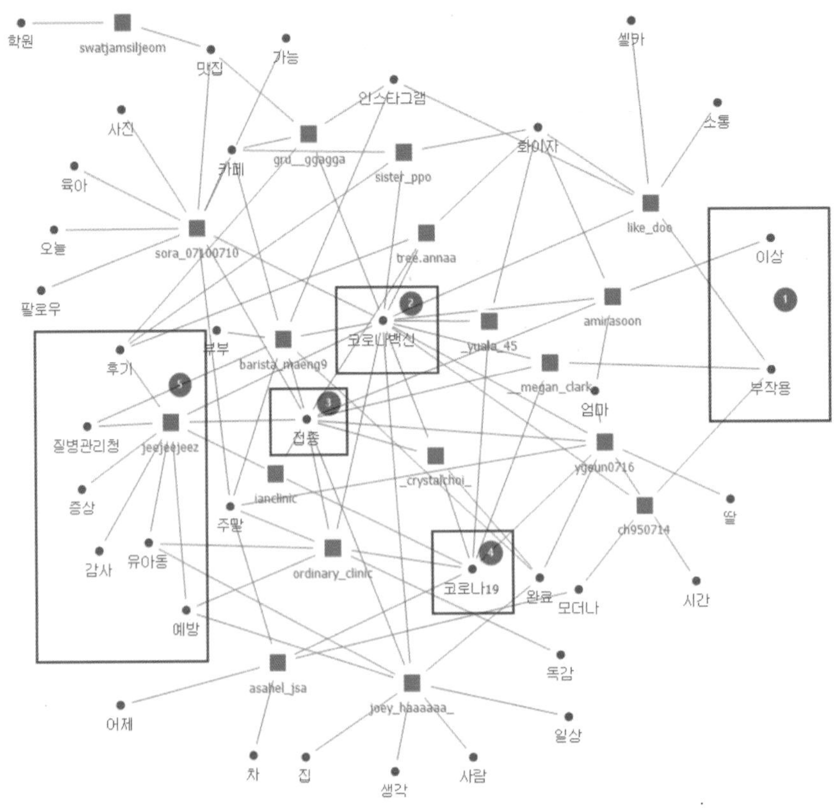

[그림 10-15] 인스타그램 Words-Posts Network 시각화

단어 기준으로 보면, ❶번 '(백신 접종 후) 이상(증세)'과 '부작용', ❷번 '코로나백신', ❸번 '접종' ❹번 '코로나19'와 같은 단어들이 주요 단어로 사용되었음을 볼 수 있다. ❺번의 경우에는 'jeejeejeez'라는 ID를 가진 user의 콘텐츠에는 '유아/아동' '코로나백신' '예방' '접종' '증상' '후기'와 '질병관리청' '감사' 등의 단어가 존재함을 알 수 있다. 이는 코로나 백신과 연관된 500개의 인스타그램 콘텐츠 중에서 긍정적 의미를 담고 있는 콘텐츠 중 하나로 해석할 수 있다.

4) Words-Comments Network 분석

인스타그램 콘텐츠에 달린 댓글이 어떠한 단어들로 생성되었는지 파악하기에 용이한 Words-Comments Network를 단어와 Weight를 상위 100개만 선별하여 2-mode로 시각화한 결과는 [그림 10-16]과 같다.

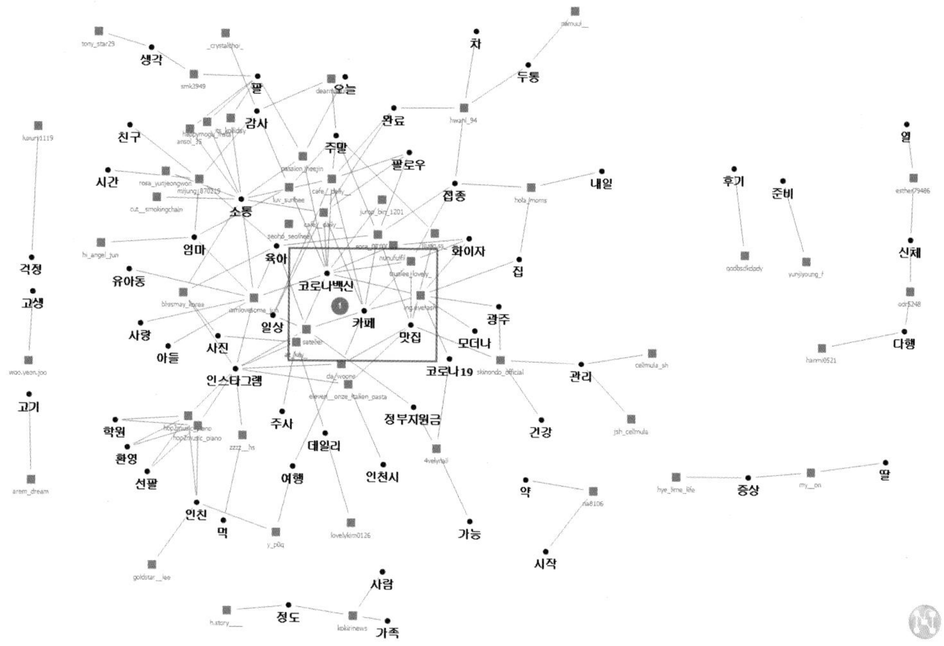

[그림 10-16] 인스타그램 Words-Comments Network 시각화

❶번 사각형 안의 단어들('코로나백신' '카페' '맛집')과 같은 단어들이 댓글에서 자주 사용되었음을 확인할 수 있다.

제11장

페이스북 분석

1. 페이스북 데이터 추출 및 전처리 과정

제6장에서 소개한 NetMiner의 SNS Data collector를 활용하여 페이스북상에 존재하는 소셜미디어 데이터를 수집한다. 다만, 앞서 소개한 유튜브, 트위터 그리고 인스타그램과 달리, 현재 페이스북은 자체적인 데이터 공유 정책상 데이터를 개방하고 있지 않다. 이에 Data collector에서 자동적인 데이터 수집은 쉽지 않은 상황이다. 단, 조직의 디지털 커뮤니케이션 담당자로서 페이스북을 운영 · 관리하는 업무를 하며 그 기관의 페이스북 ID와 패스워드 등 관리자 계정을 가지고 있다면 NetMiner에서 데이터 수집이 가능하다.

이 페이스북 분석 사례는 기관의 페이스북 관리자 혹은 (한 기관의 페이스북 ID와 패스워드를 잠시 사용할 수 있는) 연구 수행자의 입장에서 진행하고자 한다. 이 사례에서는 2018~2019년 동안 국립중앙박물관이 운영하는 공식 페이스북의 팬페이지('@NationalMuseumofKorea')에서 생성하고 업로드한 콘텐츠에 대한 반응 분석과 공유 · 확산 네트워크 분석을 실습하고자 한다('페이스북_국립중앙박물관_네트워크' 파일 참조).

1) 데이터 추출 및 전처리

분석하고자 하는 기관의 페이스북 팬페이지 ID를 확인하기 위해서는 그 기관의 페이스북 페이지에 방문해야 한다. 이 분석 예시인 국립중앙박물관의 공식 페이스북 페이지는 [그림 11-1]과 같으며, ❶번에 표기된 바와 같이 공식 팬페이지 ID('@NationalMuseumofKorea')를 인지해야 한다.

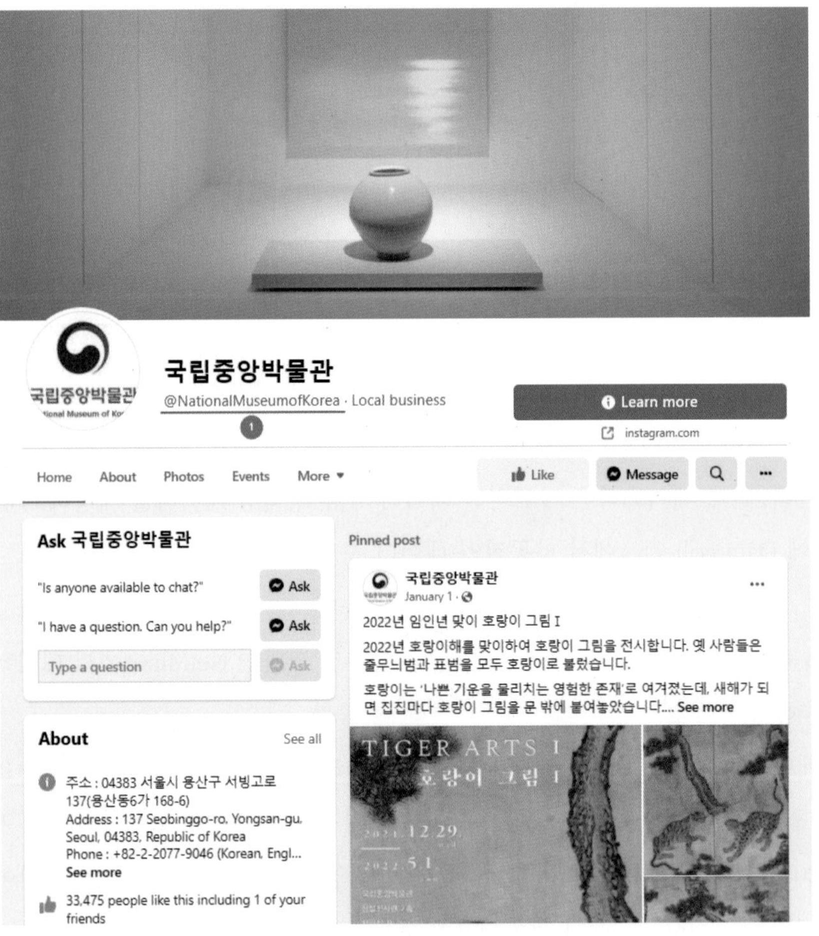

[그림 11-1] 국립중앙박물관 페이스북 팬페이지

NetMiner SNS Data collector를 활용하여 페이스북 데이터를 추출하기 위해서는 NetMiner의 주메뉴 표시줄의 Extension ≫ Facebook Collector를 [그림 11-2]와 같이 선택하면 된다.

[그림 11-2] Facebook Collector 선택 화면

Facebook Collector를 선택하여 클릭하면 [그림 11-3]과 같은 팝업창이 생성되고 순서에 따라 설정해 준다([그림 6-2]와 [그림 6-3] 참조).

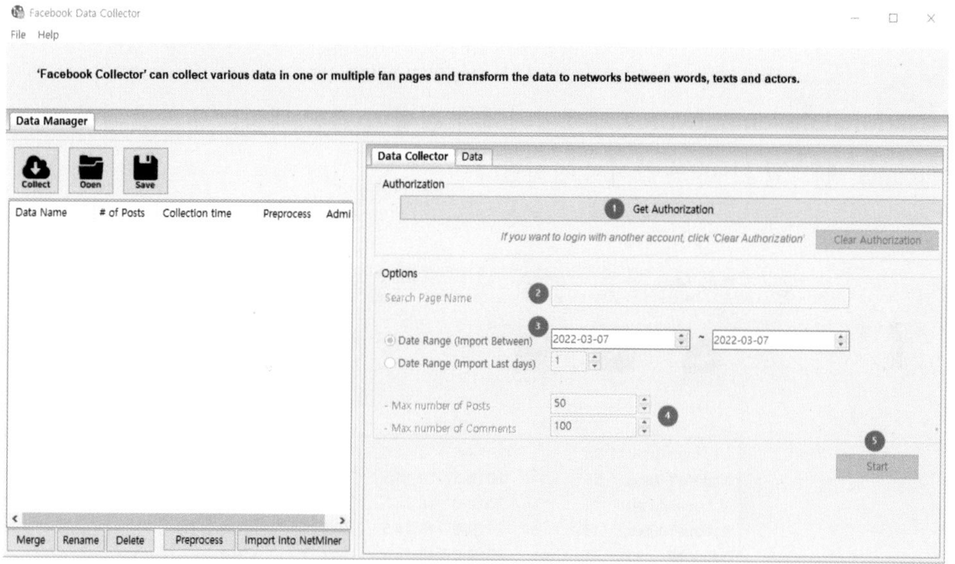

[그림 11-3] 페이스북 데이터 추출 단계

❶ 데이터 추출을 위한 허가(Authorization)를 얻어야 한다. 따라서 'Get Authorization'을 클릭하여 페이스북 user ID와 password를 입력하면 된다. 이때 중요한 점은 분석하고자 하는 기관의 페이스북 user ID와 password를 입력해야만 정상적인 데이터 추출이 가능하다는 것이다.

❷ 'Search Page Name'의 공란에 국립중앙박물관의 팬페이지 ID인 @NationalMuseumofKorea를 입력하면 된다.

❸ 추출하고자 하는 데이터 목표에 맞게 콘텐츠가 업로드된 기간을 설정해 주면 된다. 예시에 2022년 3월 7일이라고 기간 설정이 되어 있지만, 이 사례에서는 2018년 1월 1일부터 2019년 7월 18일까지의 기간 동안 생성되고 Post된 페이스북 콘텐츠만 선별하여 데이터를 추출하기로 하였다.

❹ 앞서 설정한 데이터 추출 기간 동안 생성된 페이스북 콘텐츠 최대량(Max number of Posts) 그리고 콘텐츠당 달린 최대 코멘트(Max number of Comments)를 임의로 지정할 수 있다. 예시로 페이스북 콘텐츠 50개와 코멘트 100개가 지정되어 있지만, 이 사례에서는 월별 콘텐츠 100개를 추출하였다.

❺의 'Start' 버튼을 클릭하면 지정한 데이터가 추출되며, 완료 시 'Process is completed'라는 화면이 나타나고 'OK'를 클릭하면 좌측의 'Data Manager' 공란에 데이터가 수집된다.

NationalMuseumofKorea 팬페이지에서 월별 수집한 데이터가 추출되어 'Data Manager'에 [그림 11-4]와 같이 수집되었다.

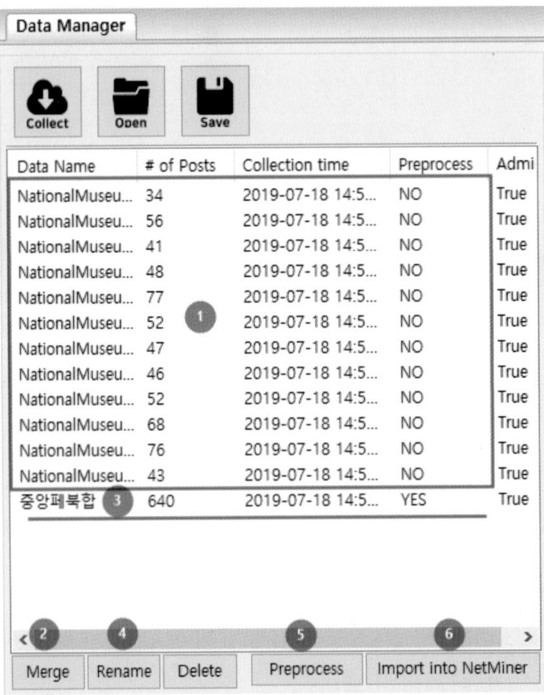

[그림 11-4] 페이스북 데이터 저장 및 전처리 단계

❶ 팬페이지에서 월별 수집한 # of Posts 수가 보이며, Collection time(이 예시에서는 2019년 7월 8일 15시경), Preprocess(이 예시에서는 'NO'로 표기)가 자동적으로 표시된다. 개별적으로 추출된 데이터들은 ❷번의 'Merge' 기능을 클릭함으로써 ❸번과 같이 하나의 데이터로 합쳐진다. 이 예시에서는 그 합의 데이터를 '중앙페북합'이라는 이름으로 명명하였다. 다른 데이터 이름을 명명하고자 할 때는 ❹번의 'Rename' 기능을 사용한다. 지금까지는 ❺번의 'Preprocess'를 진행하지 않았지만, [그림 6-5]와 [그림 6-6]의 전처리 과정을 거치면, Preprocess가 'NO'에서 'YES'로 변환된다. 이후 ❻ 'Import into NetMiner'를 클릭하여 '중앙페북합' 데이터가 새로운 NetMiner 파일에 입력되고 생성된다.

[그림 11-4]의 ❻번 'Import into NetMiner' 기능을 활용하여 전처리한 데이터를 NetMiner로 보내면 [그림 11-5]와 같이 데이터셋이 생성된다(파일명은 '페이스북_국립중앙박물관_네트워크'로 저장).

2) 페이스북 Workfile 구성

페이스북 Workfile 구성은 2개의 Workfile만 존재하는 유튜브, 트위터 그리고 인스타그램과 상이하다.

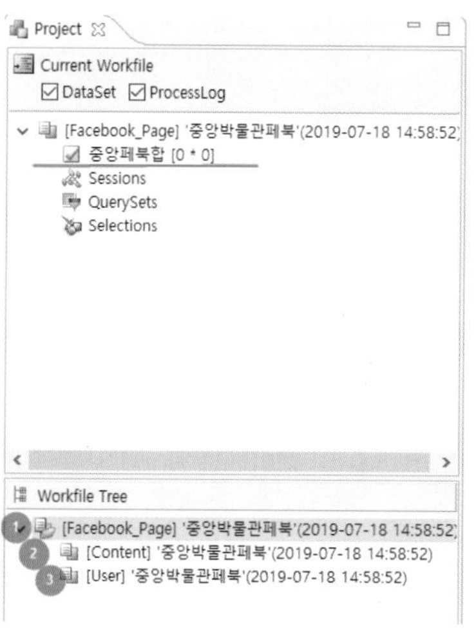

[그림 11-5] 페이스북 Workfile 분류 1

페이스북에서는 ❶ [Facebook_Page], ❷ [Content] 그리고 ❸ [User]라는 세 종류의 Workfile이 생성된다. 하지만 [그림 11-5]에서 밑줄로 표기한 바와 같이, ❶ [Facebook_Page] Workfile의 '중앙페북합 [0*0]'에는 수집된 데이터가 없다. 이는 국립중앙박물관 관리자 계정으로 페이스북 데이터를 추출하고자 하는 경우에 실질적으로 제공받는 혹은 추출된 데이터가 없다는 의미이다. 하지만 이 예시에서는 국립중앙박물관으로부터 임시적으로 관리자 계정을 부여받아 데이터를 추출하였으며, ❸ [User] Workfile에 데이터가 수집된 상황이다. 환언하면, 만약 관리자 계정 없이 특정 기관의 페이스북 데이터를 수집할 경우 ❶번처럼 빈 데이터를 수집하게 되거나 ❸번처럼 [User] Workfile이 생성되지 않아 결국 데이터 분석이 불가능해진다.

[Content] Workfile Tree의 데이터셋은 [그림 11-6]과 같다. ❶ Workfile Tree의 [Content]에서 Current Workfile 내에 크게 세 가지 데이터셋이 존재함을 알 수 있다. ❷ 첫 번째는 Words 데이터셋이며, ❸ 두 번째는 Posts 그리고 ❹ 마지막은 Comments 데이터셋이다.

[그림 11-6] **페이스북 Workfile 분류 2**

❷ Words 데이터셋은 텍스트 네트워크 분석을 하기 위함이며, 국립중앙박물관이 Post한 총 640개의 페이스북 콘텐츠 내에 존재하는 아젠다와 프레임을 텍스트로

파악할 수 있다.

❸ Posts 데이터셋에는 Words-Posts Network라는 하나의 네트워크 데이터셋이 존재한다. 이는 페이스북 Post/콘텐츠당 포함되어 있는 Words와의 관계를 보인 총 30,930개의 노드로 구성된 네트워크 구조를 보여 준다. 이 네트워크 분석을 통해 하나의 페이스북 Post 콘텐츠에 어떠한 Words가 포함되어 있는지 혹은 어떠한 Words로 구성되어 네트워크를 형성하는지 파악할 수 있다.

❹ Comments 데이터셋에는 Words-Comments Network가 존재한다. 이는 개별 Comment당 포함되어 있는 Words와의 관계를 보인 총 20,565개의 노드로 구성된 네트워크 구조를 보여 준다. 이 네트워크 분석을 통해 하나의 Comment에 어떠한 Words가 포함되어 있는지 혹은 어떠한 Words로 구성되어 네트워크를 형성하는지 파악할 수 있다.

[User] Workfile Tree의 데이터셋은 [그림 11-7]과 같다. ❶ Workfile Tree의 [User]에는 Current Workfile 내에 크게 세 가지 데이터셋이 존재함을 알 수 있다. ❷ 첫 번째는 Users 데이터셋이며, ❸ 두 번째는 Posts 그리고 ❹ 마지막은 Words 데이터셋이다.

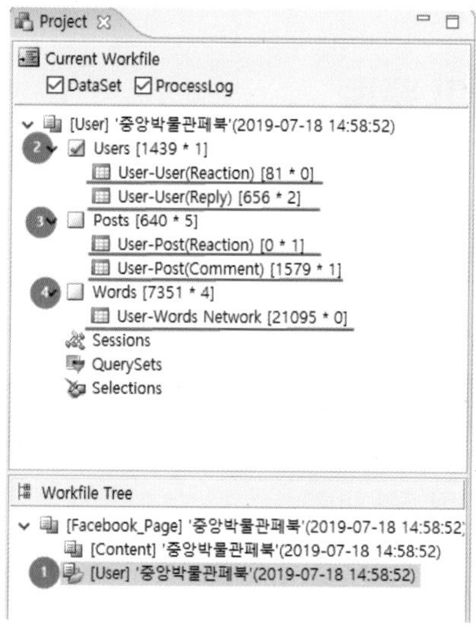

[그림 11-7] 페이스북 Workfile 분류 3

❷ 국립중앙박물관이 Post한 총 640개의 페이스북 콘텐츠에 대하여 좋아요, 댓글, 답글 등 반응을 보인 총 1,439명의 user(즉, 페이스북 이용자 및 노드)를 보여 준다. 또한 1,439명의 user 중 Reaction 반응을 한 user 간 User-User(Reaction) Network 노드 81개와 답글(Reply)에 참여한 User-User(Reply) Network 노드 656개가 존재함을 확인할 수 있다.

❸ 640개의 페이스북 Post에 대하여 반응을 보인 이용자(user) 간 User-Post(Reaction) Network 노드 0개와 댓글 반응을 보인 이용자(user) 간 User-Post(Comment) Network 노드 1,579개가 생성되었음을 알 수 있다. 이 예시에서는 국립중앙박물관 페이스북 팬페이지 데이터를 추출했기 때문에 User-Post(Reaction) Network에 참여한 user는 국립중앙박물관뿐이며, 이에 이 예시에서 이 네트워크 분석은 의미가 없다. 다만, 특정 기관의 개방형 페이스북 데이터를 추출하고 분석할 때는 이 분석이 가능하며 의미 있는 결과를 제공할 수 있다.

❹ 페이스북 콘텐츠 Post 시 사용된 단어와 이에 대한 댓글/답글 등 총 7,351개 Words에 대한 이용자(user)와 모든 Words 간 User-Words Network 노드 21,095개가 생성되었음을 보여 준다.

2. 페이스북 분석의 종류

페이스북에서 가능한 소셜미디어 분석의 종류를 정리하면 〈표 11-1〉과 같다.

〈표 11-1〉 **페이스북상 소셜미디어 분석의 종류**

분석 구분	연구 문제	활용 데이터
마케팅 메시지 비교	동일 분야 내 경쟁사들의 마케팅 메시지 내용 비교: 주요 단어 비교, 토픽 비교	게시물(Post)
	동일 분야에서 고급 브랜드와 저가 브랜드의 마케팅 메시지 내용 비교	게시물(Post)
	좋아요(Like) 수가 높은 메시지 내용 분석을 통해 호응도가 높은 콘텐츠의 특징 파악	게시물(Post)/좋아요/댓글(Comment)/공유(Share) 수

이용자 반응 분석	특정 브랜드/기관에 대한 팬들의 메시지 내용 분석	댓글/답글(Reply) 수
SNS 운영 현황/성과 분석	관리자 활동도(게시물 수), 팬 활동도(댓글/답글 수)	게시물(Post) 수, 댓글 수
	확산도(게시물 수 대비 공유 수), 호응도(게시물 수 대비 좋아요, 댓글/답글 수)	좋아요/댓글/공유 수
내 팬페이지의 팬 파악	내 팬페이지에서 가장 많은 댓글 혹은 좋아요 반응을 보인 이용자가 누구인지 확인	내 페이지에서 활동한 이용자 정보(ID)
	이용자 간 상호 관계(댓글, 좋아요)에서 핵심적인 위치에 있는 이용자를 파악	내 페이지에서 활동한 이용자 정보(ID), 이용자 간 상호 관계 데이터
	같은 글에 관심을 가졌거나, 비슷한 단어를 자주 사용하는 이용자 그룹 파악	이용자가 사용한 단어, 이용자가 좋아요/댓글 단 게시물 정보

출처: 사이람-소셜미디어 데이터의 수집과 분석.

다음에서는 페이스북 내의 반응이나 행동을 측정하기 위한 반응 분석과 공유 · 확산 네트워크에 대하여 추출한 실제 데이터를 활용하여 중점적으로 설명하도록 하겠다.

3. 반응 분석

기초적인 반응 분석의 예시로 추출된 페이스북 Post에 대한 'Like(좋아요)' 'Comment(댓글)' 그리고 'Share(공유)' Count 순위를 [그림 7-2]에서 [그림 7-7]까지의 과정을 통하여 다음과 같이 도출할 수 있다.

1) 국립중앙박물관 페이스북 콘텐츠 반응

국립중앙박물관이 페이스북 내에 Post한 총 640개의 콘텐츠에 대하여 'Like' 반응을 많이 보인 TOP 5를 내림차순으로 정리하면 〈표 11-2〉와 같다.

〈표 11-2〉 국립중앙박물관 페이스북 내 'Like' 반응 TOP 5 콘텐츠

순위	콘텐츠 Title	콘텐츠	Like Count	시간
1	국중박 특별전 개막 영월 창령사 터 오백나한 당신의 마음을 닮은 얼굴 지금 바로 예매하세요		2,538	2019-05-03 15:50
2	중박 : 저기 선생님 열린마당에 누워계시면 안됩니다... 댁이 어디세요? 석상 : 산 아우구스틴 중박 : 네? 뭔 틴...?	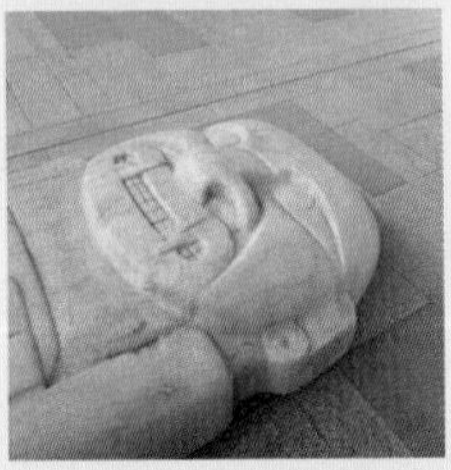	1,252	2018-07-04 18:45
3	[이벤트] 기대평 쓰고 예매권 받자! 당첨자 발표완료(개별 메시지를 확인하세요!) 2019년 기해년은 3.1운동 및 임시정부수립 100주년입니다!		409	2019-02-11 13:34
4	국내 최초 대규모 지도 특별전 특별전 〈지도예찬〉 8월 14일 개막		380	2018-07-04 15:51
5	특별전〈근대 서화〉 홍보영상 30초		375	2019-04-03 10:49

한편, 국립중앙박물관이 페이스북 내에 Post한 콘텐츠에 대하여 '댓글' 반응을 많이 보인 TOP 5를 내림차순으로 정리하면 〈표 11-3〉과 같다.

〈표 11-3〉 **국립중앙박물관 페이스북 내 '댓글' 반응 TOP 5 콘텐츠**

순위	콘텐츠 Title	콘텐츠	Comment Count	업로드 시간
1	예매권 받자! 당첨자 발표완료(개별 메시지를 확인하세요!) 2019년 기해년은 3.1운동 및 임시정부수립 100주년입니다!		345	2019-02-11 13:34
2	[이벤트] 국중박 홍보대사 정일우의 포스팅 공유하고 티켓받자!		168	2019-01-18 11:38
3	우가우가! 지금 국립중앙박물관은 주먹도끼 고고학 체험 행사중~		155	2018-10-24 17:06
4	중박 : 저기 선생님 열린마당에 누워계시면 안됩니다... 댁이 어디세요? 석상 : 산 아우구스틴 중박 : 네? 뭔 틴...?		149	2018-07-04 18:45

5	[이벤트] 테마전 〈황제의 나라에서 국민의 나라로〉 기대평 쓰고 독립기념 신상 굿즈 받자~		39	2019-02-22 11:23

마지막으로, 국립중앙박물관이 페이스북 내에 Post한 콘텐츠에 대하여 '공유/Share' 반응을 많이 보인 TOP 5를 내림차순으로 정리하면 〈표 11-4〉와 같다.

〈표 11-4〉 **국립중앙박물관 페이스북 내 '공유' 반응 TOP 5 콘텐츠**

순위	콘텐츠 Title	콘텐츠	Share Count	업로드 시간
1	예매권 받자! 당첨자 발표완료(개별 메시지를 확인하세요!) 2019년 기해년은 3.1운동 및 임시정부수립 100주년입니다!		271	2019-02-11 13:34
2	국내 최초 대규모 지도 특별전 〈지도예찬〉 8월 14일 개막		199	2018-07-04 15:51
3	국중박 특별전 개막 영월 창령사 오백나한 당신의 마음을 닮은 얼굴		99	2019-05-03 15:50

4	[이벤트] 국중박 홍보대사 정일우의 포스팅 공유하고 티켓받자!		96	2019-01-18 11:38
5	특별전〈근대 서화〉 홍보영상 30초		59	2019-04-03 10:49

2) 국립중앙박물관 페이스북 내 네트워크 반응

추가적인 반응 분석의 예시로 [그림 11-7]의 ❹에 해당하는 21,095개의 User-Words Network 내 Weight를 기준으로 내림차순으로 정리하면 [그림 11-8]과 같다([그림 9-2]와 [그림 10-7] 참조).

	A	B	C	D
1		Source	Target	Weight
2	16492	1.42738E+14	국립중앙박물관	1596
3	9448	1.42738E+14	특별전	635
4	11626	1.42738E+14	전시회	536
5	17906	1.42738E+14	고려	350
6	19478	1.42738E+14	장소	315
7	20133	1.42738E+14	근대서화	277
8	9640	1.42738E+14	전시실	259
9	2550	1.42738E+14	문화	252
10	7372	1.42738E+14	기간	252
11	13145	1.42738E+14	청년기자단	237
12	2832	1.42738E+14	문화유산	212
13	9168	1.42738E+14	함께	212
14	9641	1.42738E+14	기획	188
15	16481	1.42738E+14	행사	184
16	4834	1.42738E+14	개막	173
17	49	1.42738E+14	카자흐스탄	167
18	20130	1.42738E+14	나한상	153
19	18164	1.42738E+14	이벤트	149
20	4149	1.42738E+14	공연	148
21	3234	1.42738E+14	대한민국	147

[그림 11-8] 페이스북 User-Words Network 내 반응 분석 결과

4. 공유 · 확산 네트워크 분석

1) User-User(Reaction) Network 분석

국립중앙박물관이 Post한 총 640개의 페이스북 콘텐츠에 대하여 좋아요, 댓글, 답글 등의 반응을 보인 총 1,439명의 페이스북 user 간 User-User(Reaction) Network를 1-mode 시각화한 결과(Visualize ≫ (1−mode) Spring ≫ 2D, [그림 8−3] 참조)는 [그림 11−9]와 같다.

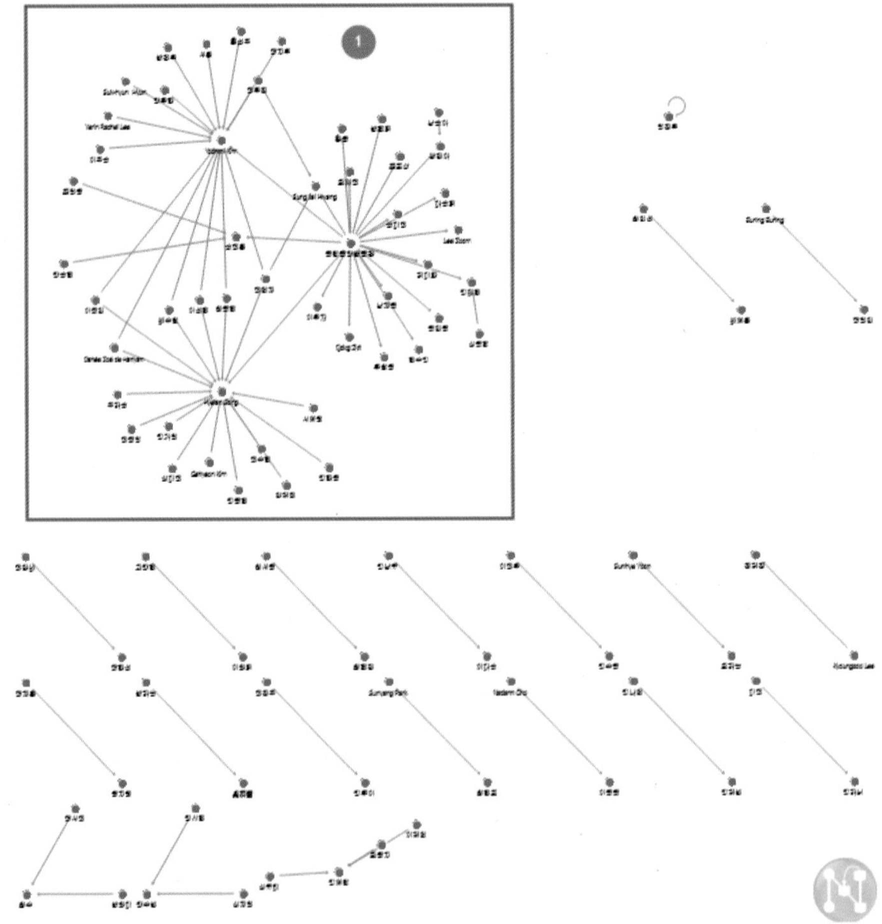

[그림 11−9] 페이스북 User−User(Reaction) Network 시각화 1

다양한 개별적 네트워크 중 이 책의 예시를 위하여 ❶번의 붉은색 사각형으로 표기된 가장 큰 네트워크를 [그림 8-9]와 [그림 8-10]의 과정을 통해 노드들의 스타일을 변환한 후 확대해 보면 [그림 11-10]과 같다.

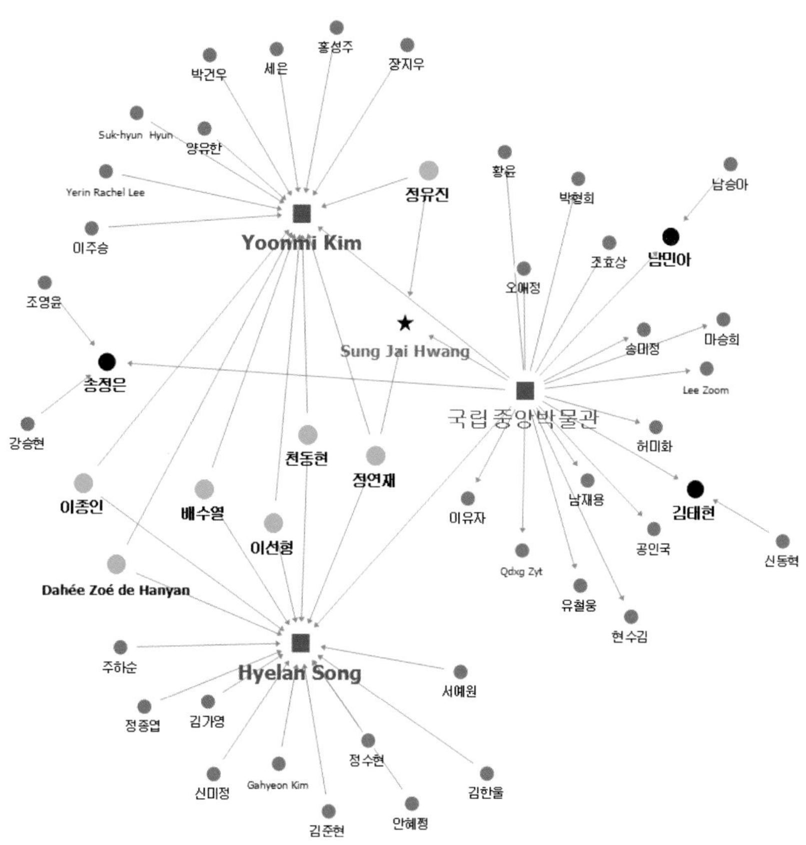

[그림 11-10] 페이스북 User-User(Reaction) Network 시각화 2

파란색 사각형에 파란색 글자로 표기한 'Yoonmi Kim' '국립중앙박물관' 그리고 'Hyelan Song'은 Reaction 반응에 적극적으로 참여한 user, 즉 이 네트워크에서 영향력을 가지는 인플루언서라 할 수 있으며, 붉은색 원형에 검은색 글자로 표기된 user들은 인플루언서들에게 반응하는 user들을 의미한다. 또한 검은색 원형과 검은색 글자로 표기된 '송정은' '남민아' 그리고 '김태현'은 다른 user들을 연결하는 매개자 역할을 하고 있다. 가령, user '조영윤'과 '강승현'은 '송정은'을 매개로 '국립중앙박물관'과 연결됨을 알 수 있다.

한편, 초록색 원형과 검은색 글자로 표기된 '정유진' '이종인' '배수열' '정연재' 등은 앞서 언급한 3명의 인플루언서를 연결하는 매개자 역할을 하고 있다. 가령, '배수열'은 'Yoonmi Kim'과 'Hyelan Song'을 연결해 주는 역할을 하며, 검은색 별표형과 붉은색 글자로 표기된 'Sung Jai Hwang'은 '국립중앙박물관'에게는 직접적인 반응을 보임과 동시에 '정유진'과 '정연재'를 매개로 'Yoonmi Kim'과 'Hyelan Song'을 연결시키는 확산자로서의 역할을 하는 중요한 user라 할 수 있다.

2) User-User(Reply) Network 분석

Reply 반응을 보인 총 656명의 user 간 User-User(Reply) Network를 1-mode 시각화한 결과는 [그림 11-11]과 같다.

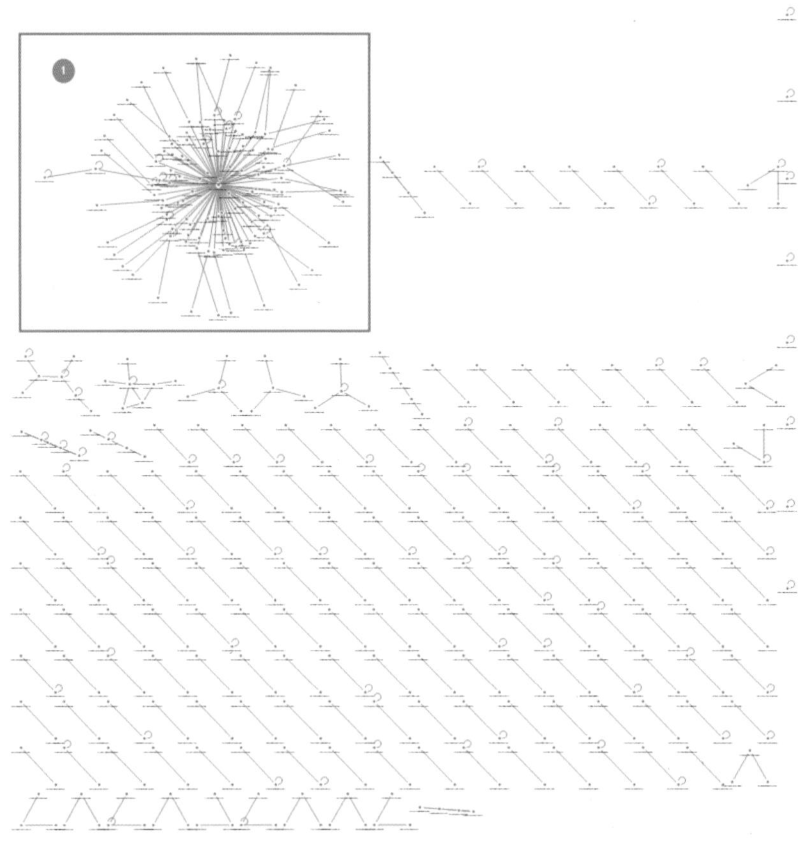

[그림 11-11] 페이스북 User-User(Reply) Network 시각화 1

❶번의 붉은색 사각형으로 표기된 가장 큰 네트워크를 [그림 8-9]와 [그림 8-10]의 과정을 통해 노드들의 스타일을 변환한 후 확대해 보면 [그림 11-12]와 같다.

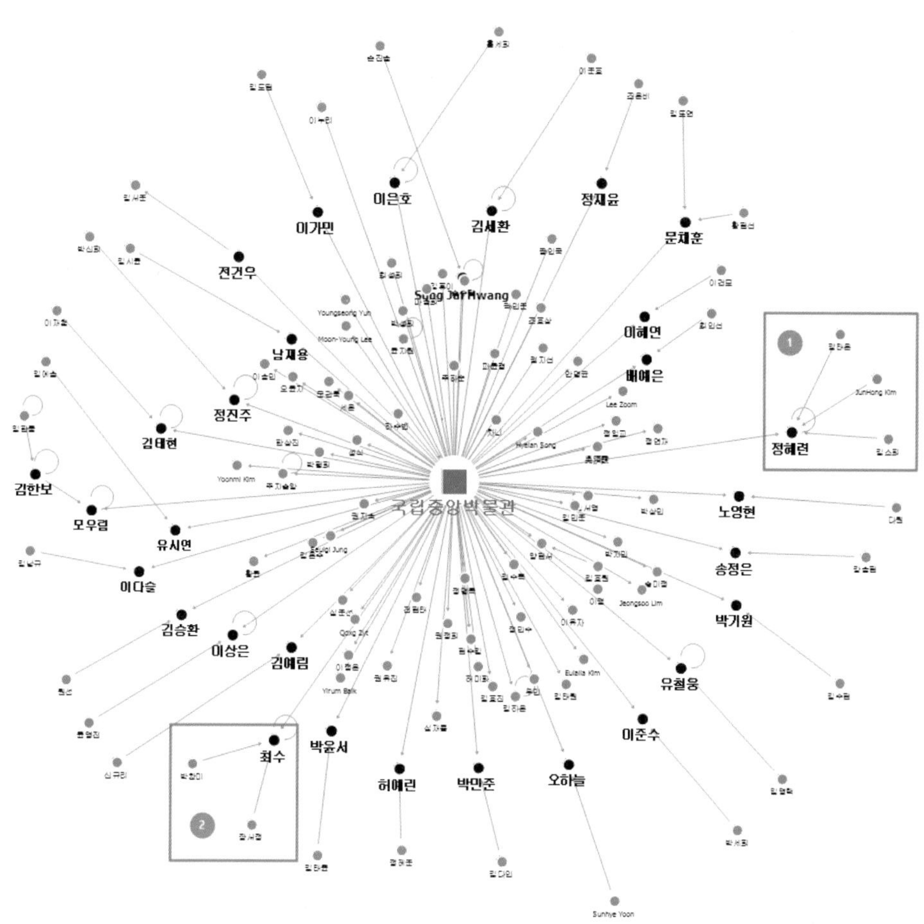

[그림 11-12] 페이스북 User-User(Reply) Network 시각화 2

국립중앙박물관 user를 기준으로 많은 user가 Reply 반응을 보였으며, 검은색 원형과 검은색 글자로 표기된 user들은 라자스펠드, 베렐슨과 고뎃(Lazarsfeld, Berelson, & Gaudet, 1948)이 2단계 유통 모델(two-step flow model)에서 주장한 바와 같이 다른 user들(붉은색 원형과 검은색 글자로 표기)을 연결하는 매개 인플루언서라 할 수 있다. 예를 들어, ❶ '정혜련'은 '김태은' 'JunHong Kim' 그리고 '김소희'를 국립중앙박물관과 연결해 주는 역할을 하며, ❷ '박찬미'와 '장서정'는 '최수'를 매개로 국립중앙박물관과 연결되었음을 알 수 있다.

3) User-Post(Comment) Network 분석

640개의 페이스북 Post에 대하여 댓글 반응을 보인 user 간 User-Post(Comment) Network를 2-mode로 시각화([그림 8-11] 참조)한 결과는 [그림 11-13]과 같다.

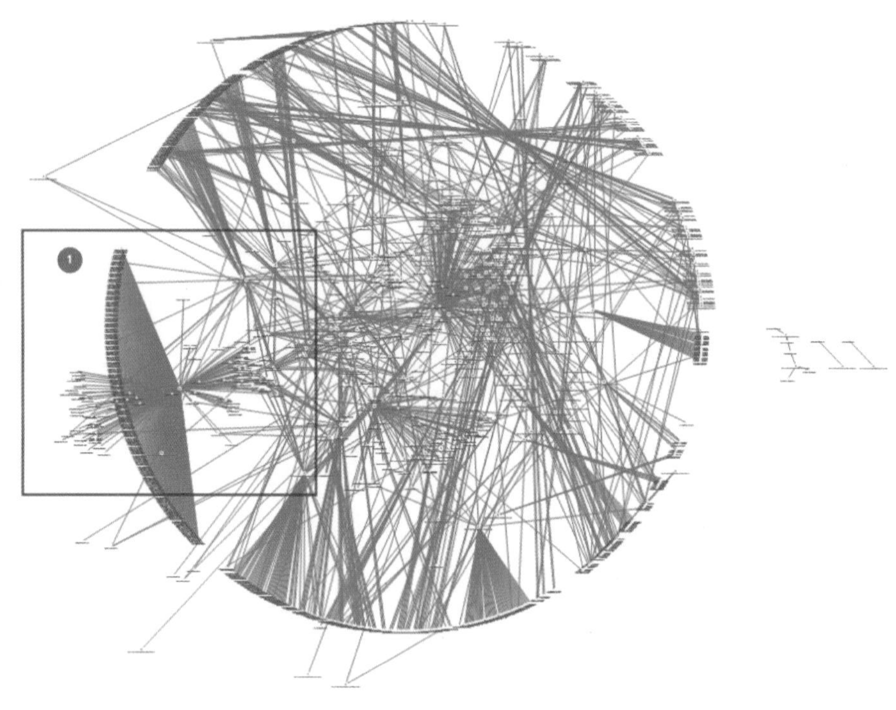

[그림 11-13] 페이스북 User-Post(Comment) Network 시각화 1

다소 복잡해 보이고 직관적으로 판단하기 쉽지 않은 시각화 결과이기에, ❶번의 붉은색 사각형으로 표기된 네트워크를 [그림 8-9]와 [그림 8-10]의 과정을 통해 노드들의 스타일을 변환한 후 [그림 9-6]처럼 주요 Post 콘텐츠 사진을 첨부하여 확대해 보면 [그림 11-14]와 같다.

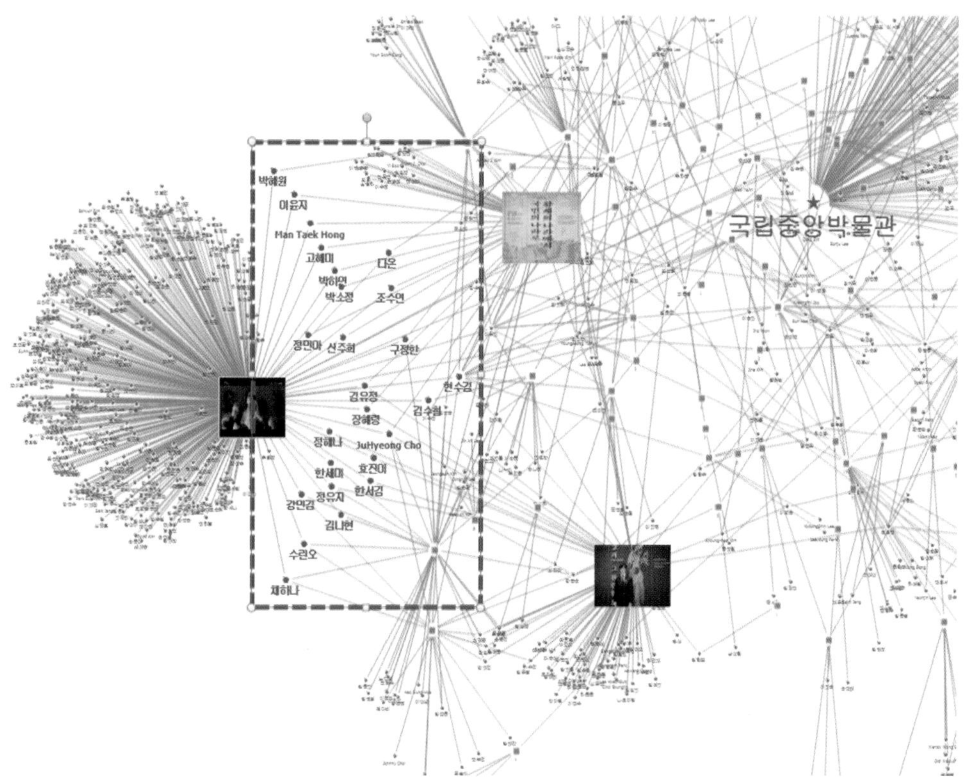

[그림 11-14] 페이스북 User-Post(Comment) Network 시각화 2

〈표 11-3〉의 국립중앙박물관 페이스북 내 '댓글' 반응 TOP 5 콘텐츠에서 1위 [2019-02-11에 Post된 '예매권 받자! 당첨자 발표완료(개별 메시지를 확인하세요!) 2019년 기해년은 3.1운동 및 임시정부수립 100주년입니다!'], 2위(2019-01-18에 Post된 '[이벤트] 국중박 홍보대사 정일우의 포스팅 공유하고 티켓받자!') 그리고 5위(2019-02-22에 Post된 '[이벤트] 테마전 〈황제의 나라에서 국민의 나라로〉 기대평 쓰고 독립기념 신상 굿즈 받자~') 콘텐츠에 많은 댓글이 존재함을 알 수 있다. 또한 붉은색 사각형에 표기된 바와 같이 이 세 콘텐츠에 공통적으로 댓글을 작성한 충성도 높은 user들(붉은색 원형과 붉은색 글자로 표기)도 다수 존재함을 알 수 있다.

한편, [그림 7-18]~[그림 7-20]까지의 과정을 실행하여 '댓글' 반응 1위 콘텐츠에 대한 댓글을 작성한 user들만 추출할 수 있다. 그 결과는 [그림 11-15]와 같다.

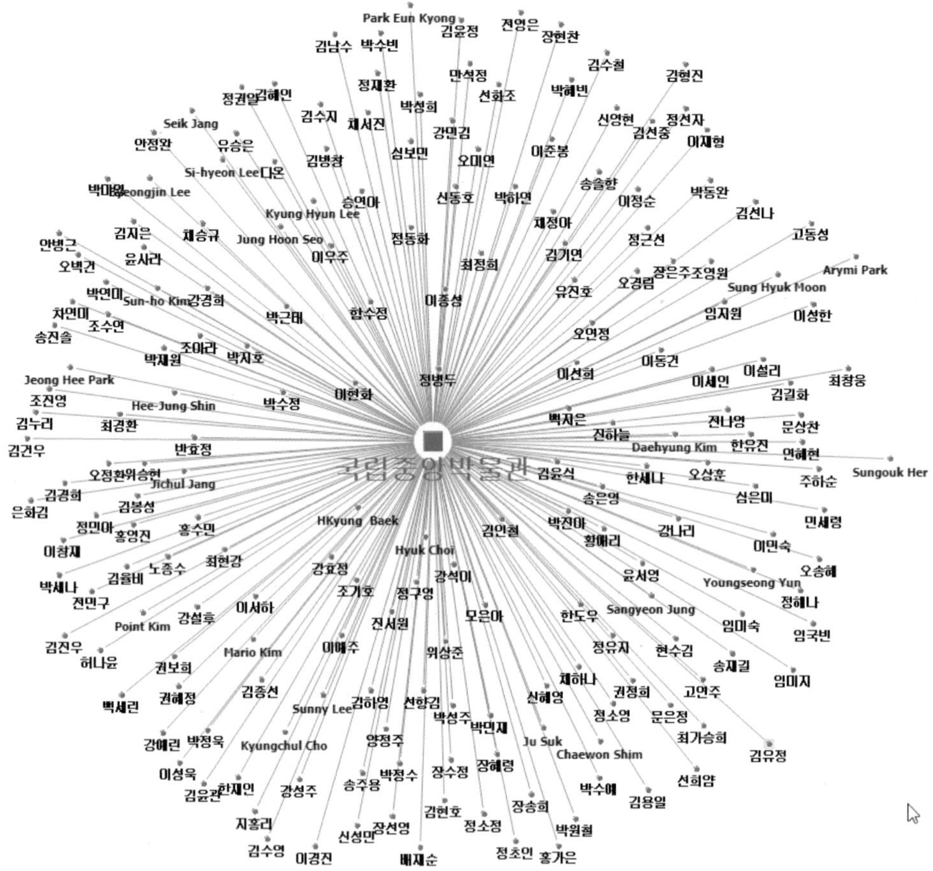

[그림 11-15] 페이스북 User-Post(Comment) Network 시각화 3

4) User-Words Network 분석

User와 모든 Words 간의 User-Words Network를 [그림 8-16]과 동일하게 단어와 Weight를 상위 100개만 선별하여 2-mode로 시각화한 결과는 [그림 11-16]과 같다.

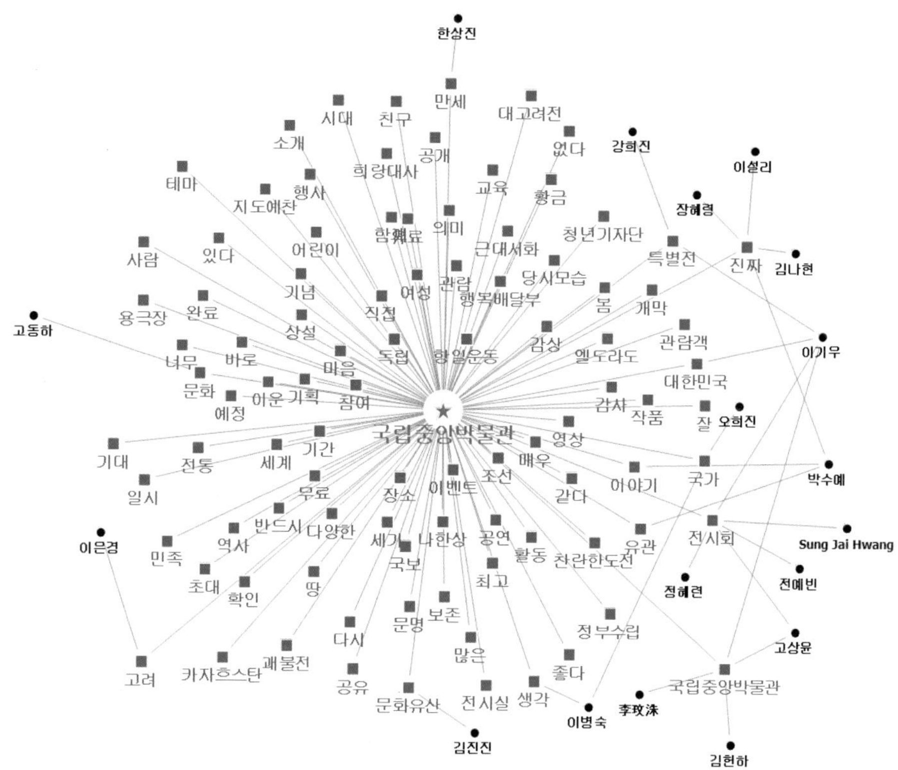

[그림 11-16] 페이스북 User-Words Network 시각화 1

국립중앙박물관 user(붉은색 별표형과 붉은색 글자로 표기)가 사용한 주요 단어들(파란색 사각형과 파란색 글자로 표기)을 볼 수 있으며, 검은색 원형과 검은색 글자로 표기한 user들이 댓글 혹은 답글에서 사용한 단어들을 확인할 수 있다.

5) Words-Posts Network 분석

페이스북 Post/콘텐츠당 포함되어 있는 Words와의 관계와 Words-Posts Network에서 단어와 Weight를 상위 100개만 선별하여 2-mode 시각화한 결과는 [그림 11-17]과 같다.

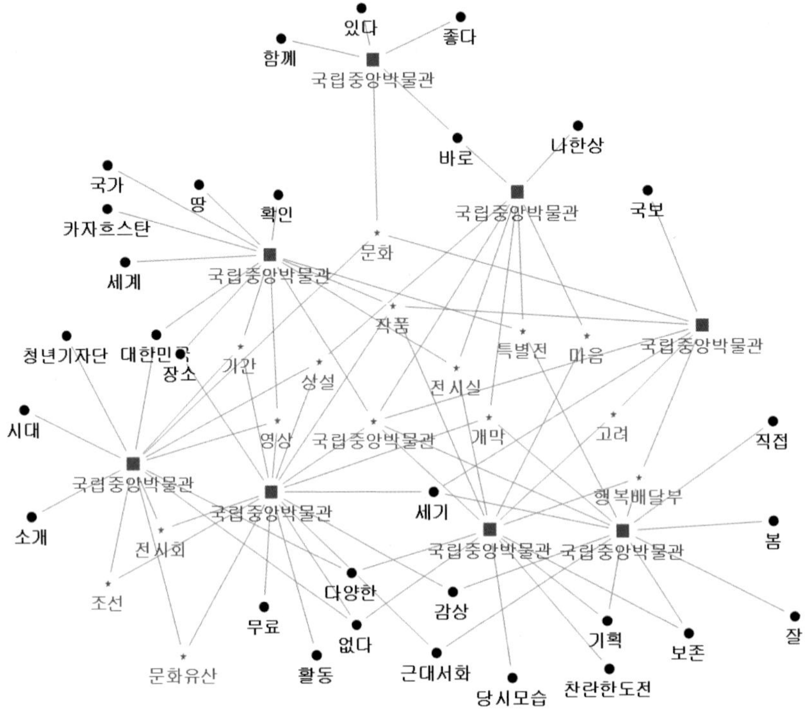

[그림 11-17] 페이스북 Words-Posts Network 시각화 1

국립중앙박물관 user(파란색 사각형과 파란색 글자로 표기)가 Post한 다수의 페이스북 콘텐츠에서 사용한 주요 단어들(검은색 원형과 검은색 글자로 표기)을 볼 수 있으며, 높은 빈도로 자주 사용한 단어들(붉은색 별표형과 붉은색 글자로 표기)도 확인할 수 있다.

6) Words-Comments Network 분석

총 20,565개의 Words-Comments Network에서 단어와 Weight를 상위 100개만 선별하여 시각화한 결과는 [그림 11-18]과 같다.

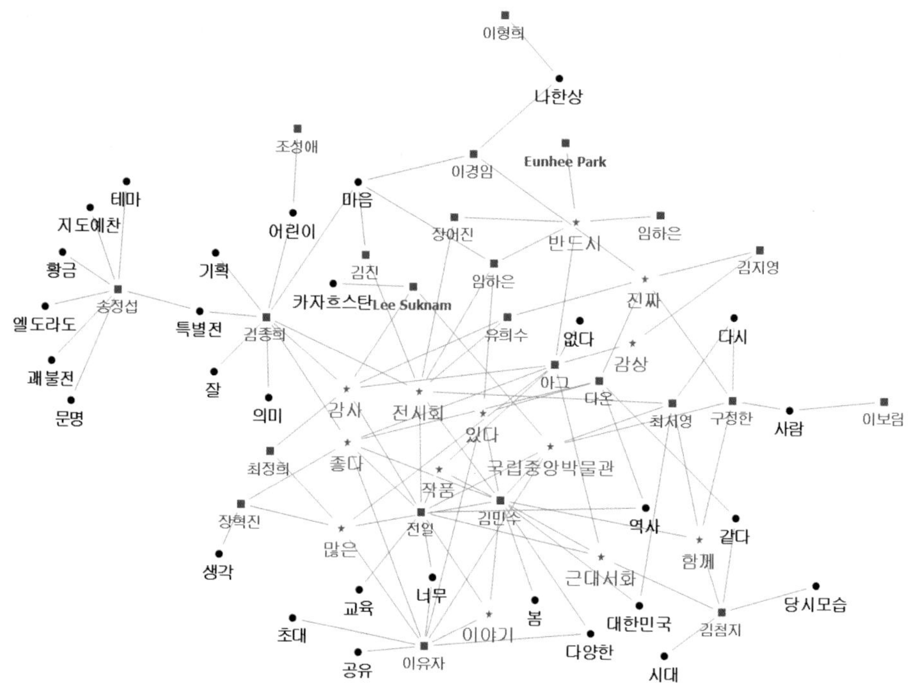

[그림 11-18] 페이스북 Words-Comments Network 시각화 1

국립중앙박물관 페이스북 콘텐츠에 대한 댓글을 작성한 user들(파란색 사각형과 파란색 글자로 표기)이 사용한 주요 단어들(검은색 원형과 검은색 글자로 표기)을 볼 수 있으며, 여러 명의 user가 높은 빈도로 공통적으로 자주 사용한 단어들(붉은색 별표형과 붉은색 글자로 표기)도 확인할 수 있다.

이 책에서는 빅데이터 기반의 소셜미디어 분석을 통하여 SNS 플랫폼별 특정 이슈에 대한 온라인 공동체 user들 간의 상호작용(커뮤니케이션) 패턴과 반응을 탐색하고, 공유 · 확산 네트워크 구조가 어떻게 형성되고 변화되는지를 규명하고자 하였다. 이 책에서 제시한 소셜미디어 분석 방법은 하나의 단편적인 사례이며, 독자만의 분석 패턴을 개발하여 각자의 연구 및 분석 목적에 따라 이 책의 내용을 응용 및 적용하여 활용하길 바란다. 또한 추후 출간될 소셜 네트워크 분석 교재를 통하여 심도 있는 소셜미디어 분석을 경험해 보길 권유한다.

참고문헌

강성중, 이보임(2011). 소셜미디어 특성에 기반한 공공공간 인터랙션 디자인연구. 한국디자인포럼, 32, 357-370.

경기연구원(2015). 소셜미디어 분석을 통한 경기도 관광 트렌드 연구.

곽기영(2014). 소셜네트워크 분석. 서울: 도서출판 청람.

김재영(2011). Social Network Service의 정보품질과 서비스 품질이 이용자 만족도에 미치는 영향에 관한 연구. 한성대학교 대학원 박사학위논문.

나종연(2010). 사용확산모형을 적용한 소비자의 온라인 소셜 네트워크 활용에 대한 연구. 소비자학연구, 21(2), 443-472.

남민지, 이은지, 신주현(2015). 인스타그램 해시태그를 이용한 사용자 감정 분류 방법. 멀티미디어학회논문지, 18(11), 1391-1399.

노기영(2008). 뉴미디어의 의사소통성과 쌍방향성. 한국사회의 방송 · 통신 패러다임 변화연구, 15, 1-162.

동아일보 미래전략연구소(2009). 인터넷 소셜미디어. 저널리즘 동아비즈니스 리뷰, 40, 22-31.

손동진, 김혜경(2017). 소셜 인플루언서를 활용한 디지털 마케팅 전략 연구: 올레드TV 글로벌 디지털 캠페인 사례를 중심으로. 광고PR실학연구, 10(2), 64-95.

송기은, 이덕희(2015). 온라인 패션커뮤니티 네트워크에서의 구전 영향력과 확산력에 관한 연구. 한국복식학회, 65(6), 25-35.

유호종(2010). 소셜미디어를 이용한 웹 홍보전략에 관한 연구: 충청관광 사례를 중심으로. e-비즈니스연구, 11(5), 97-116.

이경렬(2012). 페이스북 광고의 효과에 관한 실증적 연구: 노출형 광고와 '좋아요' 메시지의 광고 효과의 차이를 중심으로. 미디어 경제와 문화, 10(4), 39-84.

이수범, 김남이(2012). 페이스북 팬페이지의 메시지 및 크리에이티브 전략에 관한 연구. 소비자문제연구, 42, 123-148.

이의훈(2010). SNS를 마케팅에서 활용하는 데 중요한 점들. 마케팅, 44(7), 20-24.

이희수(2009). Social Media의 진화와 Social Media Marketing. 마케팅, 43(12), 39-45.

장우영, 송경재(2017). SNS 사용자집단의 네트워크 특성과 정치참여인식에 관한 연구: 네트워크 사용 강도, 규모, 활동을 중심으로. 세계지역연구논총, 35(3), 353-376.

전범수(2010). 소셜네트워크서비스(SNS)와 문화예술 체험방식의 변화. 서울: 한국문화관광연구원.

정기주, 서효영, 조성도(2011). 소셜 네트워킹 서비스(SNS) 관련 연구의 분류와 연구 동향. 한국지식정보기술학회논문집, 6(5), 81-96.

정원준, 김대욱, 윤호영, 이형민, 박진우, 김동성, 손영곤, 전홍식, 천용석, 정유미, 박종구(2019). 빅데이터의 분석방법과 활용. 서울: 학지사.

정혜림(2015). 효과적인 소셜미디어 마케팅 전략요인에 관한 실증적 연구. 성신여자대학교 대학원 박사학위논문.

최민재, 양승찬(2009). 인터넷 소셜미디어와 저널리즘. 서울: 커뮤니케이션북스.

표원정(2011). SNS 관광정보가 지역이미지 형성에 미치는 영향. 관동대학교 대학원 박사학위논문.

한국인터넷진흥원(2014). 2014년 인터넷이용 실태조사.

한국지능정보사회진흥원(2012). 빅데이터 시대! SNS의 진화와 공공정책. IT & Future Strategy, 13, 1-37.

FKII 조사연구팀(2006). 소셜미디어(Social Media)란 무엇인가. 정보산업지, 6, 52-55.

KOTRA (2017). 소셜 인플루언서를 활용한 미국시장 진출 전략. Global Market Report 17-033.

Agichtein, E., Castillo, C., Donato, D., Gionis, A., & Mishne, G. (2008). Finding high-quality content in social media. *Proceedings of the International Conference on Web Search and Web Data Mining*, 183-193.

Boyd, D. M., & Ellison, N. B. (2007). Social network sites: Definition, history, and scholarship. *Journal of Computer-Mediated Communication, 13*(1), 210-230.

Chan N. L., & Guilet, B. D. (2011). Investigation of social nedia marketing: How does the hotel industry in Hong Kong perform in marketing on social media websites? *Journal of Travel & Tourism Marketing, 28*(4), 345-368.

Chatterjee, P. (2001). Online review: Do consumers use them? *Advances in Consumer Research, 28*, 129-133.

Chen, Y., Fay, S., & Wang, Q. (2011). The role of marketing in social media: How online consumer reviews evolve. *Journal of Interactive Marketing, 25*(2), 85-94.

Kaplan, A. M., & Haenlein, M. (2010). Users of the world, unite! The challenges and opportunities of social media. *Business Horizons, 53*(1), 59-68.

Lazarsfeld, P. F., Berelson, B., & Gaudet, H. (1948). *The people's choice: How the voter makes up his mind in a presidential campaign*. New York, NY: Columbia University Press.

Moran, E., & Gossieaux, F. (2010). Marketing in a hyper-social world: The tribalization of business study and characteristics of successful online communities. *Journal of Advertising Research, 50*(3), 232-239.

Trottier, D., & Fuchs, C. (2014). Theorising social media, politics and the state: An introduction. In *Social media, politics and the state: Protests, revolutions, riots, crime and policing in the age of Facebook, Twitter and YouTube* (pp. 3-38). Routledge Research in Information Technology and Society. New York, NY: Routledge.

찾아보기

저자 소개

정원준(Chung, Wonjun)

수원대학교 미디어커뮤니케이션학과 PR학 전공 교수이다.
연세대학교(B.S.), Illinois State University(M.A.) 그리고 Purdue University 커뮤니케이션(Communication)학과에서 PR학 전공 박사 학위를 취득하였다. 미국 University of Louisiana에서 커뮤니케이션학과 부교수를 역임하였다. 세부 연구 분야는 국정 PR, 정부 · 정책 PR, 빅데이터 분석 기반 공공PR, 투자자 관계(IR), 지역 관계, 이슈 · 위기 · 쟁점 · 갈등 관리, 국제 PR 등이다. 저서로 『디지털 시대의 PR 학신론』(공저, 학지사, 2021), 『빅데이터의 분석방법과 활용』(공저, 학지사, 2020), 『광고홍보 교육의 현재와 미래』(공저, 한경사, 2019), 『디지털 사회와 PR 윤리』(공저, 커뮤니케이션북스, 2018), 『정책 PR론』(공저, 커뮤니케이션북스, 2015), 『PR 전문직의 리더십과 윤리의식』(공저, 커뮤니케이션북스, 2014) 등이 있고, 국내외 다수의 저널에 연구 성과를 발표하였다.

NetMiner를 활용한 소셜미디어 분석 기법과 활용

Social Media Analyses and Applications: Using NetMiner

2022년 9월 10일 1판 1쇄 인쇄
2022년 9월 20일 1판 1쇄 발행

지은이 • 정원준
펴낸이 • 김진환
펴낸곳 • ㈜학지사
04031 서울특별시 마포구 양화로 15길 20 마인드월드빌딩
대표전화 • 02-330-5114 팩스 • 02-324-2345
등록번호 • 제313-2006-000265호

홈페이지 • http://www.hakjisa.co.kr
페이스북 • https://www.facebook.com/hakjisabook

ISBN 978-89-997-2737-5 93320

정가 19,000원